금손햄찌와 함께하는 아이패드 드로잉의 모든 것

다시 꺼내는
아이패드 Re:드로잉

with 프로크리에이트

금손햄찌 (김혜민)

안녕하세요! 저는 유튜브 디지털 드로잉 채널 <금손햄찌>를 운영하며

그림을 좋아하는 사람들과 함께 즐거움을 나누고 있는 금손햄찌 입니다.

만화 애니메이션을 전공하고 7년간 애니메이터로 일하며 쌓은 경험과 노하우를 바탕으로,

누구나 쉽게 그림을 배우고 즐길 수 있도록 다양한 콘텐츠를 제작하고 있습니다.

저는 그림을 통해 자신을 표현하고 소통하는 것이 즐겁습니다.

꾸준히 그림을 배우고 발전하며, 더 많은 사람들과 그림의 즐거움을 나누고 싶습니다.

이메일 angelet_min@naver.com
유튜브 〈금손햄찌〉 채널
인스타그램 www.instagram.com/gold_hamzzi
공식 홈페이지 www.goldhamzzi.com

다시 꺼내는
아이패드 Re:드로잉 with 프로크리에이트

초판 인쇄일 2024년 5월 25일
초판 발행일 2024년 6월 15일
초판 2쇄 발행일 2024년 11월 11일

지은이 금손햄찌 (김혜민)
발행처 앤제이BOOKS
등록번호 제 25100-2017-000025호
주소 (03334) 서울시 은평구 연서로21길 24 2층
전화 02) 353-3933   **팩스** 02) 353-3934
이메일 andjbooks@naver.com

ISBN 979-11-90279-20-8
정가 23,000원

금손햄찌와 함께하는 아이패드 드로잉의 모든 것

다시 꺼내는
아이패드 Re:드로잉

with 프로크리에이트

금손햄찌 (김혜민) 지음

앤제이 BOOKS

Preface

계획은 틀어져도, 행복은 찾아온다

저는 타고난 계획형 인간입니다. 모든 것을 꼼꼼하게 계획하고 실행하는 MBTI 'J'형 성격이죠. 하지만 인생은 항상 계획대로 흘러가는 것은 아니었습니다. 예상치 못한 계기로 회사를 그만두고 그림을 시작하게 된 것도 그렇습니다.

우연히 시작된 그림, 그리고 즐거움을 나누는 유튜브

처음에는 단순한 취미였지만, 그림을 그리는 과정을 영상으로 남기면서 흥미로운 일이 일어났습니다. 많은 사람들이 제 영상을 통해 그림에 대한 열정을 나누고 소통하기 시작했던 것입니다. 10대부터 70대까지 다양한 연령층의 분들과 나누었던 대화는 저에게 큰 영감을 주었습니다. 나이와 상관없이 많은 분들이 영상 플랫폼에 어색함을 느끼고, 제 속도로 따라갈 수 있는 책을 원한다는 것을 알게 되었죠. 그래서 이 책을 쓰게 되었습니다.

"계획된 것은 아니었지만, 이렇게 책을 쓰게 된 지금 저는 행복합니다. 이 책을 통해 더 많은 사람들과 소통하고 그림의 즐거움을 함께 나누고 싶습니다."

다시 한번, 그림의 즐거움을 만나다

'못 그린다'는 생각에 그림을 그만두는 것은 안타깝습니다. 어릴 때 우리는 순수하게 그리고 싶은 것을 그렸습니다. 하지만 시간이 지날수록 남들에게 보여줄 만한 그림이 아니라는 생각에 붓을 내려놓게 됩니다. 저는 당신을 다시 한번 그림의 즐거움으로 이끌고 싶습니다.

잘 그리는 법, 미술의 기초를 배우는 것보다 먼저, 그림을 통해 느낄 수 있는 순수한 즐거움을 느껴보세요. 다시 한번 그려보세요. 잘 그리려고 노력하기 전에 마음껏 즐기세요.

이 책에는 다양한 방법으로 그림을 그리고 만드는 내용이 담겨 있습니다. 수채화, 연필 드로잉, 유화, 픽셀, 애니메이션까지, 당신의 취향에 맞는 그림 도구와 기법을 찾아보세요.

이 중 하나라도 당신에게 즐거움을 선사한다면 저는 더 이상 바랄 것이 없습니다. 현대 사회에 맞게 디지털 드로잉에 초점을 맞췄지만, 누구나 쉽게 접근할 수 있도록 구성했습니다. 마치 퍼즐 조각처럼 여러 가지 방법을 통해 당신에게 딱 맞는 그림의 세계를 완성해 보세요.

저는 만화 애니메이션 전공 출신으로, 재미있어서 시작했던 그림이 현실적인 고민으로 이어졌던 경험을 가지고 있습니다. 하지만 지금은 과거의 경험이 쓸모없는 것이 아니라는 것을 깨달았습니다. 재미있는 것을 찾고 꾸준히 노력한다면 예상하지 못한 기회들이 찾아올 것입니다.

저에게는 잘 정리된 글과 그림이지만 어떤 독자에게는 생각지도 못한 길로 가는 첫걸음이 될지도 모릅니다. 이 책이 당신의 삶을 뒤흔들고 새로운 즐거움으로 채워줄 책이 되기를 바랍니다.

금손햄찌 **김혜민**

About this Book

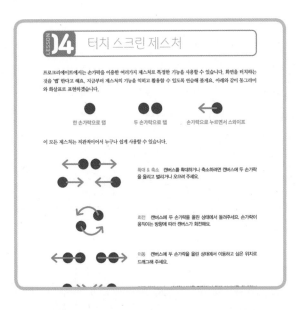

기초부터 차근차근

가장 먼저 Intro Chapter에서 프로크리에이트의 첫화면, 터치 스크린 제스처, 레이어의 개념 등 기본적 내용을 익히도록 했어요.

금손햄찌 파일 제공

금손햄찌 작가의 커스텀 브러시, 컬러 팔레트, 이 책을 활용하는 데 필요한 실습 파일과 완성 파일을 모두 제공합니다.

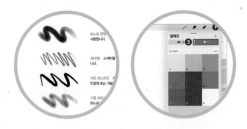

혼자서도 쉽게 따라하기

쉬운 설명과 함께 이미지에 제시된 번호 순서대로 차근차근 따라 할 수 있도록 구성했어요.

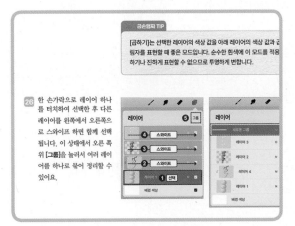

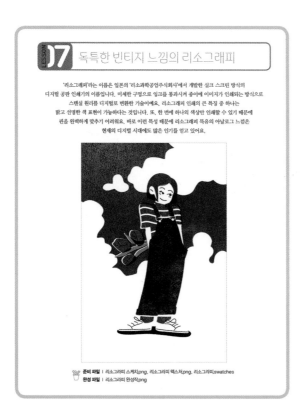

드로잉 시작하기

함께 그려볼 그림을 미리 보여줍니다. 금손 햄찌 작가와 함께 다양한 드로잉 기법과 프로크리에이트 기능을 이용한 멋진 일러스트를 그려보세요.

금손햄찌 TIP

그림을 그리다가 막히거나, 반드시 알아두어야 할 내용은 '금손햄찌 TIP'으로 구성하여 자세히 알려드려요.

브러시와 컬러 팔레트

지금 사용할 브러시와 컬러를 컬러 번호를 포함해 설명 바로 하단에 제시해 헷갈리지 않고 쉽게 사용하도록 했어요.

Contents

CHAPTER 02 다양한 기법으로 그리기

Contents

CHAPTER 05 프로크리에이트의 다양한 기능 익히기

드로잉, 애니메이션, 이모티콘, 영상 편집, 굿즈 제작까지,
초보자도 멋진 작품을 완성할 수 있어요!

그림이 쉬워지는 마법
금손햄찌 유튜브 채널

금손햄찌 작가가 쉽고 재미있게 알려주는
프로크리에이트 드로잉, 애니메이션, 굿즈
만들기 노하우까지, 활용도 높은 콘텐츠가
가득합니다!

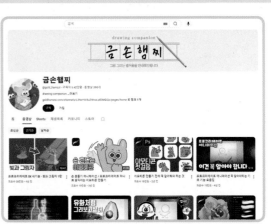

INTRO
CHAPTER

아이패드 드로잉 준비하기

디지털 드로잉을 시작하기 전 어떤 준비물이 필요한지 알아보고 함께 준비해 볼 거예요.

시중에 나와있는 아이패드의 종류가 참 많죠? 먼저 나에게 어떤 제품이 맞는지 알아보고

이 책에서 함께할 드로잉 앱 '프로크리에이트(procreate)'를 설치한 후 화면에 익숙해지도록 둘러봅니다.

기본 설정과 캔버스를 만들어보고 두 손을 자유롭게 하는 제스처까지 꼼꼼히 알아볼게요.

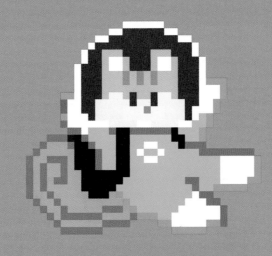

디지털 드로잉 세계에 오신 것을 환영합니다!

컴퓨터 그래픽을 처음 경험하는 분들을 위해 디지털 드로잉이란 무엇인지 간단하게 이야기해 볼게요. 우리가 사용할 디지털 기기(아이패드&애플 펜슬)에서 소프트웨어(프로크리에이트 앱)를 사용해 그림을 그리는 것은 종이에 그림 재료를 사용하는 실제 방식과 비슷한 점이 많으면서도 다릅니다.

가장 크게 다른 점은 디지털 드로잉에는 '레이어'가 있다는 거예요. 보통 한 이미지는 여러 레이어로 구성되고 각 레이어가 어떻게 상호 작용하는지에 따라 그림이 달라집니다.

예를 들어 물감을 덧칠할 때 어떤 부분은 섞고 싶고, 어떤 부분은 깔끔하게 덧칠하고 싶을 때가 있죠? 이렇게 레이어를 나누어 작업하면 각 구역을 분리할 수 있어서 시간이 절약되고 수정이 용이하며 작업의 방향, 방법도 달라집니다.

디지털 드로잉은 종이에 그림을 그릴 때보다 훨씬 더 자유롭고 빠르게 그림을 그릴 수 있습니다. 게다가 다양한 도구들과 색을 쉽게 사용해 볼 수 있습니다. 아이패드 하나만 들고 다니면서 말이죠!

스크린 화면에 그림을 그린다고 생각하면 처음엔 어색할 수 있지만 프로크리에이트 앱은 직관적이어서 처음 시작하는 초보자들도 작업 과정이 이해하기 쉽고 재미있게 할 수 있습니다. 책에 소개되어 있는 예제를 따라 하다 보면 빠르게 익숙해질 거예요.

아이패드 드로잉 준비물

아이패드

아이패드는 많은 사람들에게 사랑받는 드로잉 도구입니다. 저도 처음 구입할 때는 가격이 비싸다고 생각했는데, 사용할수록 성능과 휴대성을 고려하면 가성비가 정말 좋다고 생각해요.

아이패드는 드로잉을 할 뿐만 아니라 필기, 영화, 인터넷 강의, 게임, 영상 편집 등 활용도가 무궁무진합니다. 이렇게 많은 기능이 있음에도 불구하고 아주 얇고 가벼워서 장소에 구애받지 않고 언제든지 사용할 수 있다는 큰 장점이 있죠.

우선 나에게 맞는 아이패드가 무엇인지 선택해야 해요. 아이패드 크기는 10.5인치 이상을 추천합니다. 현재 제일 큰 크기는 12.9인치인데, 화면 크기는 무조건 커야 사용하기에 좋습니다. 그러나 크기가 큰 아이패드는 무게가 있기 때문에 휴대성이 떨어집니다. 휴대성을 더 중요시한다면 10.5인치도 좋은 선택입니다.

저는 iPad Pro 11, 용량은 64GB를 사용하는데, 자주 백업하기 때문에 낮은 용량도 무리가 없습니다. 아이클라우드를 등록하면 5GB의 저장 공간을 무료로 제공해 주기도 하고요.

주 목적이 필기, 인터넷 강의 등 그림 외의 용도로 사용한다면 낮은 사양을 선택해도 되지만, 그림을 그리는 게 주 목적이라면 128GB 이상을 추천합니다. 또는 큰 그림, 고해상도의 작업을 고려한다면 M1 칩이 탑재되어 있는 아이패드 프로 256GB 이상을 추천합니다.

펜슬 팁

아이패드에는 애플 펜슬과 스타일러스 펜 모두 사용할 수 있습니다. 스타일러스 펜도 쓰는 데는 별문제 없지만 애플 펜슬의 뛰어난 압력, 기울기 감지 기능을 사용한다면 더 다양하고 멋진 결과물을 기대할 수 있어요.

애플 펜슬 팁은 끝부분의 펜촉을 말합니다. 오래 사용하다 보면 팁이 마모되어 교체해 주어야 해요. 팁이 필요한 경우 애플 공식 사이트에서 별도로 구매할 수 있습니다.

마모된 펜슬 팁

팁이 마모되지 않도록 더 오래 사용하기 위해 시중에는 여러 가지 액세서리들이 판매되고 있어요. 경우에 따라 다르겠지만 개인적으로 미세한 유격이나 미끄러짐 등 느낌이 달라져서 액세서리는 사용하지 않습니다. 팁 4개를 구입해두면 꽤 오래 사용하므로 공식 사이트에서 별도 구매하는 것을 추천합니다.

Apple Pencil 호환성

애플 펜슬은 1세대와 2세대로 나뉘며, 호환 기종이 다릅니다. iPad 모델에 따라 호환되는 Apple Pencil은 다음과 같습니다.

Apple Pencil (1세대)

iPad mini (5세대)
iPad (6세대, 7세대, 8세대 및 9세대)
iPad (10세대)*
iPad Air (3세대)
iPad Pro 12.9 (1세대 및 2세대)
iPad Pro 10.5.
iPad Pro 9.7.

Apple Pencil (2세대)

iPad mini (6세대)
iPad Air (4세대 및 이후 모델)
iPad Pro 12.9 (3세대 및 이후 모델)
iPad Pro 11 (모든 세대)

프로크리에이트 앱 설치하기

프로크리에이트는 아이패드와 애플 펜슬로 디지털 드로잉과 페인팅을 하는 앱입니다. 프로크리에이트는 접근하기 쉬운 메뉴들과 직관적인 터치스크린 제스처 제어로 누구나 부담 없이 선택할 수 있는 앱이죠. 그 덕에 빠르게 퍼져 나가 현재는 그림 업계에서 광범위하게 사용되고 있어요.

앱스토어에서 한번 구입하면 기기를 변경하거나 업데이트 해도 추가 비용을 지불하지 않아 더 이상 신경 쓸 일이 없답니다. 자, 그럼 프로크리에이트 앱을 설치해 볼게요.

01 아이패드에서 [App Store]를 탭 합니다.

02 검색란에 'procreate'를 입력해 검색합니다. 구매한 후 아이패드에 설치합니다.

03 설치한 [Procreate] 앱을 탭
하여 실행합니다.

첫 화면에 익숙해지기

앱을 실행하면 맨 처음 나타나는 인터페이스 화면입니다. 파일을 생성, 관리할 수 있는 갤러리인데요. 처음 설치한 분들은 프로크리에이트에서 제공하는 예시 이미지가 몇 개 있을 거예요.

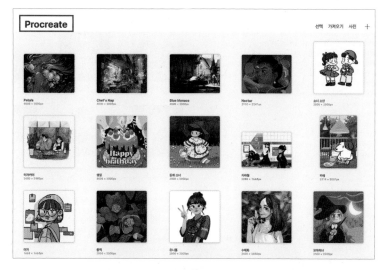

갤러리 왼쪽 상단 프로크리에이트 로고 [Procreate]를 탭 하면 소프트웨어 버전을 확인할 수 있습니다. 프로크리에이트는 추가 비용 없이 한번 구매 후 꾸준히 업데이트 할 수 있어서 매달 결제해야 하는 구독제 형식과 비교하면 큰 장점을 가지고 있습니다.

금손햄찌 TIP

[기본 아트워크 복원]이란 프로크리에이트에 기본으로 있던 2D 그림들을 다운로드 받는 것이고, [갤러리 복구 시작]은 손실 또는 손상된 파일을 복구합니다. 30일 이전에 삭제된 작품은 복구할 수 없으며, 백업 데이터가 손상되었거나 누락된 경우 작품을 복구할 수 없을 수 있습니다.

갤러리 오른쪽 상단에는 **[선택]**, **[가져오기]**, **[사진]**, **[+]** 메뉴 4개가 있습니다.

Procreate	선택 가져오기 사진 +

선택 파일 선택하기

가져오기 새로운 파일 불러오기

사진 아이패드 사진 앱에서 사진 가져오기

+ 사용자가 지정한 크기로 새로운 캔버스 만들기

[+]를 누르고 [스크린 크기]를 선택해 보세요. 여러분이 사용하는 아이패드 기기에 따라 스크린 크기는 조금씩 다를 수 있어요.

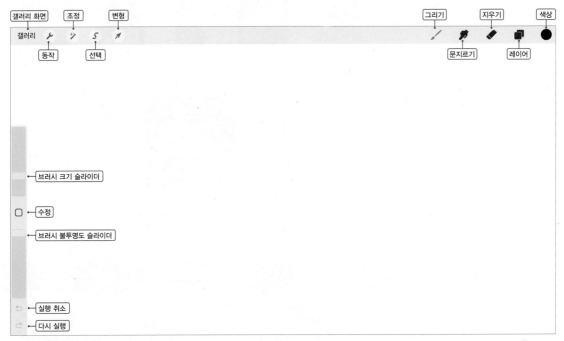

인터페이스가 아주 단순하죠? 딱 필요한 기능만 들어있어서 쉽고 편리합니다.

상단 왼쪽 툴바에는 갤러리로 돌아갈 수 있는 [갤러리 갤러리]와 [동작 ✦], [조정 ✦], [선택 ⑤], [변형 ↗]이 있습니다.

상단 오른쪽 툴바에는 [그리기 ✎], [문지르기 ✦], [지우기 ✦], [레이어 ▣], [색상 ●]이 차례로 나열되어 있습니다. 각 아이콘을 선택하면 관련된 창이 나타납니다.

화면 왼쪽 사이드바에는 브러시의 불투명도(브러시를 사용했을 때 색의 투명한 정도)와 크기를 조절하는 슬라이더가 있습니다. 아래쪽에는 [실행 취소 ↺]와 [다시 실행 ↻]으로 그림을 그리면서 이전 단계와 다음 단계를 왔다 갔다 할 수 있어요.

새로운 캔버스 만들기

사용자 지정 캔버스

[+]를 누르고 그 아래 [■] 아이
콘을 탭 합니다.

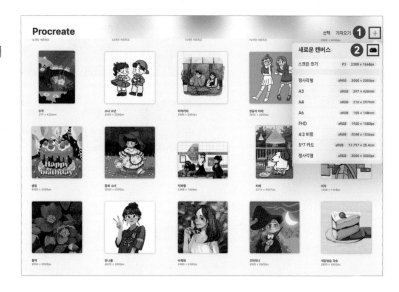

캔버스의 너비와 높이, 픽셀, 색상
모드 등을 설정할 수 있어요. 이번
수업에서 가장 많이 사용하는 캔
버스 설정을 미리 해볼게요. 3000
x 3000px 크기의 새로운 캔버스
를 만들어 주세요. 설정을 모두 끝
낸 뒤 마지막으로 오른쪽의 **[창작]**
을 탭하면 캔버스 화면이 열립니다.

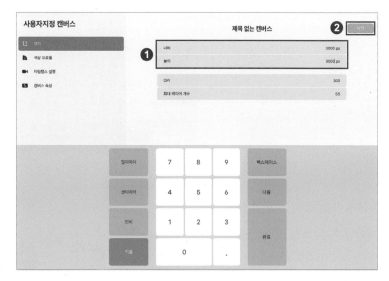

다시 **[갤러리]**를 눌러 프로크리에
이트 첫 화면으로 돌아갑니다.

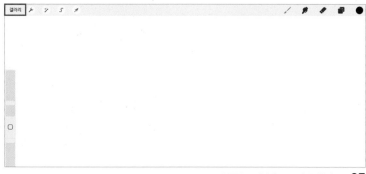

[+]를 눌러 볼까요? 이렇게 한 번 설정한 사용자 지정 캔버스는 아래 옵션으로 나타납니다.

왼쪽으로 슬라이드 하면 [편집] 또는 [삭제]를 하여 목록을 정리할 수 있어요.

[편집]을 탭 하여 '제목 없는 캔버스'를 누르고 '정사각형'으로 캔버스 이름을 변경합니다.

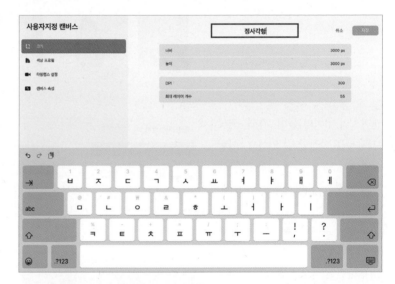

프리셋 캔버스

이렇게 자주 쓰는 캔버스 설정을 정리해 두면 편리합니다.

LESSON 04 터치 스크린 제스처

프로크리에이트에서는 손가락을 이용한 여러 가지 제스처로 특정한 기능을 사용할 수 있습니다. 화면을 터치하는 것을 '탭' 한다고 해요. 지금부터 제스처의 기능을 익히고 활용할 수 있도록 연습해 볼게요. 아래와 같이 동그라미와 화살표로 표현하겠습니다.

한 손가락으로 탭

두 손가락으로 탭

손가락으로 누르면서 스와이프

이 모든 제스처는 직관적이어서 누구나 쉽게 사용할 수 있습니다.

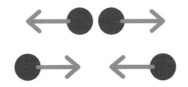

확대 & 축소 캔버스를 확대하거나 축소하려면 캔버스에 두 손가락을 올리고 벌리거나 오므려 주세요.

회전 캔버스에 두 손가락을 올린 상태에서 돌려주세요. 손가락이 움직이는 방향에 따라 캔버스가 회전해요.

이동 캔버스에 두 손가락을 올린 상태에서 이동하고 싶은 위치로 드래그해 주세요.

전체 화면 보기 세세한 부분을 작업하기 위해 이미지를 확대했다가 다시 전체를 보고 싶을 때 사용하면 편리한 기능입니다. 캔버스에 두 손가락을 올리고 빠르게 안쪽으로 오므렸다가 떼 주세요. 꼬집는 느낌으로요. 그러면 캔버스가 아이패드 전체 화면에 딱 맞는 크기로 조정됩니다.

[실행 취소]와 [다시 실행]은 모든 컴퓨터 그래픽 소프트웨어에서 작업할 때 꼭 필요한 기능입니다.

실행 취소 작업을 하다가 이전 단계로 돌아가고 싶다면 화면을 두 손가락으로 탭 해주세요.

다시 실행 실행 취소된 것을 다시 실행하려면 화면을 세 손가락으로 탭 해주세요.

여러 단계를 [실행 취소]하거나 [다시 실행]하고 싶다면 화면을 길게 눌러주세요.

세 손가락으로 캔버스 위를 빠르게 쓸어 내리면 [복사 및 붙여넣기] 옵션 창이 나타납니다.

자르기 현재 레이어에서 선택한 부분을 잘라내 어디든 원하는 곳에 붙여 넣을 수 있어요.

복사하기 선택한 부분을 복제할 때 사용합니다. 만약 선택한 부분이 없다면 현재 레이어 전체가 복사됩니다.

붙여넣기 잘라내기 또는 복사하기를 사용한 후 [붙여넣기]를 이용해 캔버스에 추가할 수 있어요.

모두 복사하기 레이어 구분 없이 현재 캔버스에서 보이는 모든 것을 하나로 통합된 새로운 레이어로 복사합니다.

자르기 및 붙여넣기 자르기는 대부분 다른 레이어에 붙여 넣으려고 사용하므로 이 버튼으로 두 가지 동작을 한 번에 실행할 수 있어요.

레이어 비우기 지우고 싶은 그림 레이어를 선택하고 화면에 세 손가락을 올려서 좌우로 왔다 갔다하며 밀어주세요.

금손앵찌 TIP

레이어를 탭하여 [지우기]를 눌러서 사용하는 방법도 있어요.

인터페이스 숨기기 화면을 네 손가락으로 한 번 탭하면 인터페이스가 사라집니다. 다시 인터페이스를 불러오고 싶을 때는 다시 한 번 더 탭 합니다. 주위 인터페이스를 숨겨서 화면을 넓게 사용하거나 그림만 보여주고 싶을 때 편리해요.

디지털 드로잉의 꽃 '레이어'

디지털 드로잉의 가장 큰 장점이자 차별점은 '레이어'가 있다는 것입니다. '레이어'란 한 장씩 따로따로 그림을 그리고 색칠할 수 있는 투명한 종이라고 생각하면 됩니다. 레이어를 활용하면 다른 레이어에 그린 부분을 망칠까 걱정하지 않아도 돼요.

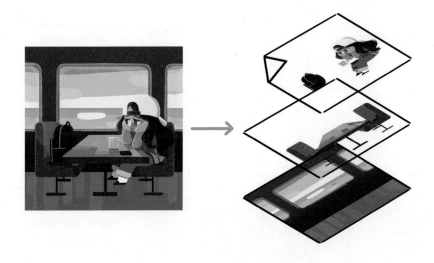

레이어 창 열기

[레이어] 아이콘을 누르면 인터페이스 오른쪽 상단에 레이어 창이 열립니다. 하나는 [배경 색상] 레이어고, 다른 하나는 [레이어 1]입니다. 프로크리에이트는 파일마다 기본으로 이 두 레이어를 생성해요. 모든 레이어의 왼쪽에 해당 레이어의 그림을 섬네일로 미리 볼 수 있어요.

레이어 아이콘

섬네일

레이어 숨기기

모든 레이어는 체크 상자를 탭 해
서 보이게 하거나 숨길 수 있어요.
지금 작업하고 있는 레이어를 더
확실하게 보고 싶을 때는 나머지
레이어를 숨기는 편이 좋아요. 레
이어 체크 상자 하나를 길게 탭 하
면 나머지 레이어가 숨겨집니다.
다시 모든 레이어를 보고 싶을 때
는 켜져 있는 레이어의 체크 상자
를 길게 탭 해주세요.

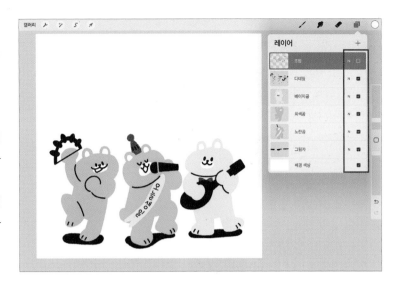

배경 색상 레이어

배경 색상을 바꾸고 싶을 때는 **[배
경 색상]** 레이어를 탭하고 원하는
색을 선택합니다.

PNG 파일 등 투명한 배경으로 파
일을 내보낼 때는 **[배경 색상]**의 오
른쪽 체크 상자를 선택 해제하여
배경을 투명하게 변경해 줍니다.

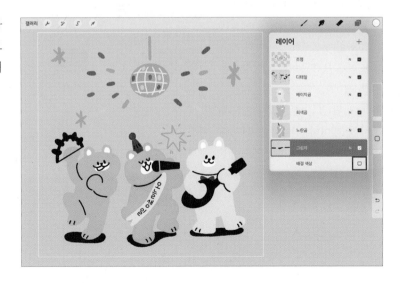

새 레이어 만들기

[레이어] 창의 오른쪽 상단에 있는 [+]를 탭 하면 새로운 레이어가 만들어집니다. 작가마다 레이어를 사용하는 방식은 모두 다른데, 새로운 요소마다 레이어를 하나씩 각각 따로 만드는 경우도 있고, 레이어를 두세 개로 유지하는 경우도 있어요. 지금까지 그린 그림을 망칠 것 같을 때는 새로운 레이어를 만드는 편이 좋아요.

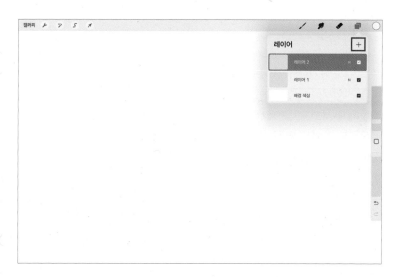

잠금, 복제, 삭제하기

레이어를 왼쪽으로 스와이프 하면 [잠금], [복제], [삭제]가 나옵니다. [잠금] 기능은 생소할 수도 있는데, 오랜 시간 공들여서 그렸는데 알고 보니 다른 레이어라면 앞이 캄캄하겠죠?

이럴 때는 [잠금] 기능이 아주 유용해요. 레이어를 잠그면 이후로는 그림을 그리거나 삭제하는 것을 포함해 어떤 방식으로도 그 레이어를 조작할 수 없죠. 잠금을 풀고 싶으면 다시 레이어를 왼쪽으로 밀어 [잠금 해제]를 탭 해줍니다. [복제]는 선택한 레이어의 복사본을 만드는 기능인데, 복사본은 원본 레이어 아래에 같은 이름으로 생성됩니다. 헷갈리지 않도록 복사한 레이어는 이름을 변경해 주세요. [삭제]를 탭 하면 레이어가 제거됩니다.

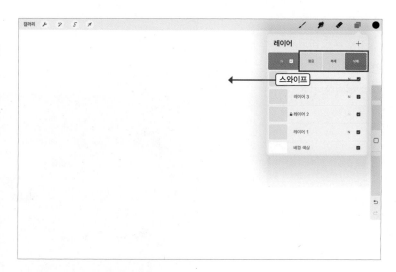

예제 파일 내려받기

아이패드 드로잉을 배우는데 어려움이 없도록 각 Lesson에 필요한 실습 파일을 제공합니다. 금손햄찌 커스텀 브러시 세트 및 컬러 팔레트, 스케치 이미지, 애니메이션 실습 파일, 완성작 등이 포함되어 있어요. 시작하기 전에 아래 안내를 따라 실습 파일을 다운로드 해주세요.

파일 다운로드 하기

01 아이패드에서 [**카메라 📷**] 를 실행합니다. 아이패드 카메라를 아래 QR코드에 갖다 대면 링크가 나타납니다. 링크를 터치하여 예제 파일을 다운로드 받으세요.

금손햄찌 부록 다운로드

02 다운로드 팝업창이 나타나면 [**다운로드**]를 탭 합니다. 파일은 아이패드 홈 화면의 [**파일 ■**] – [**다운로드**]에 저장됩니다. 다운로드한 ZIP 파일을 탭 하여 압축을 해제하면 [**금손햄찌 책 부록**] 폴더가 생성됩니다.

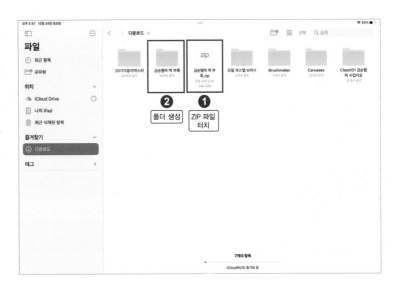

01 다운로드한 예제 파일을 보면 Chapter 별로 필요한 실습파일을 정리해 두었어요. **[금손햄찌.brushset]** 파일을 터치하면 자동으로 프로크리에이트가 실행되면서 커스텀 브러시가 설치됩니다.

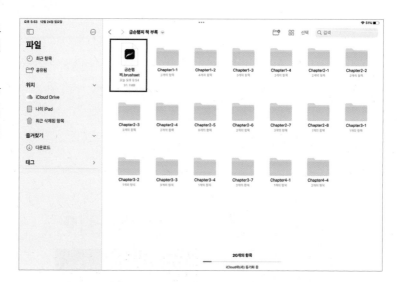

02 새로운 캔버스를 만들고 **[브러시 라이브러리]**를 확인해 보세요. **[금손햄찌]** 탭이 생성되었습니다.

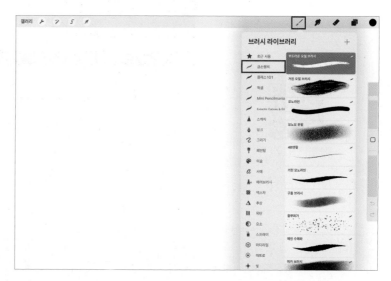

부드러운 오일 브러시 유화 느낌을 주는 브러시입니다.

거친 오일 브러시 조금 더 거친 붓으로 그리는 느낌의 브러시입니다.

모노라인 기본적으로 깔끔한 선을 그릴 수 있는 브러시입니다.

몽글몽글 브러시 가장자리의 모양을 부드럽게 만든 브러시입니다.

보노보 분필   보송보송한 느낌으로 자연스러운 그라데이션이나 명암을 넣을 때 사용합니다.

4B연필   스케치할 때 주로 사용합니다. 애플 펜슬을 눕히면 면적이 크게 그려집니다.

거친 모노라인   가장자리의 모양을 부드럽게 만든 몽글몽글 브러시와 유사하나 두껍게 또는 가늘게 선의 두께를 조절할 수 있습니다.

구름 브러시   마치 구름처럼 생겼다고 하여 구름 브러시로 이름을 붙였습니다. 보노보 분필과 비슷하게 사용합니다.

물뿌리기   하늘의 별이나 물감이 튄 느낌을 줄 때 유용한 브러시입니다.

메인 수채화   물을 많이 먹은 수채화 느낌을 주는 브러시입니다. 겹쳐서 칠하면 멋지게 표현됩니다.

마카 브러시   브러시는 사각 모양이며 종이질감이 묻어납니다.

구름 수채화   브러시의 가운데서 가장자리로 퍼져나가는 수채화 브러시입니다.

1 Pixel Size   아주 작은 사이즈의 브러시입니다. 픽셀아트를 할 때 유용합니다.

03 각각의 폴더에 들어 있는 swatches 파일은 색상 팔레트입니다. 이 파일도 터치하면 자동으로 프로크리에이트에 설치됩니다.

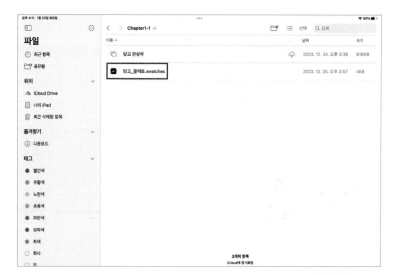

04 [색상] – [팔레트] – [카드]를 차례로 탭 하면 색상의 번호가 보입니다.

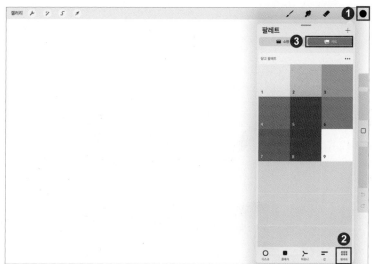

다운로드한 예제 파일 불러오기

01 [가져오기]를 탭 하면 아이패드에서 파일을 가져올 수 있는 창이 뜹니다.

 02 **[사진]**을 탭 하면 아이패드의 사진 앱에 저장된 파일을 가져올 수 있어요.

사진은 아이패드 내의 사진 앱에 있는 파일입니다.

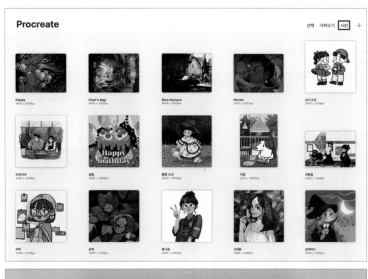

03 아이패드 화면을 분할한 뒤 파일을 프로크리에이트 [갤러리]로 드래그해서 가져올 수도 있어요. 확장자가 .procreate인 경우에도 자동으로 프로크리에이트가 실행되면서 예제 파일이 열립니다. 확장자 .procreate 파일은 프로크리에이트에서만 열리는 전용 파일입니다.

금손햄찌 TIP

아이패드에서 멀티태스킹 사용하기 - 화면 분할

01. 멀티태스킹 하려는 첫 번째 앱을 열고 화면 상단에 있는 멀티태스킹 버튼[...]을 탭 합니다. 저는 [프로크리에이트]를 열었어요.

02. [Split View] 버튼 또는 [Slide Over] 버튼을 탭 합니다. [Split View]를 선택하면 두 번째 앱이 현재 앱과 나란히 표시되고, [Slide Over]를 선택하면 두 번째 앱이 전체 화면으로 열리고 현재 앱이 화면 오른쪽이나 왼쪽으로 이동할 수 있는 작은 윈도우로 이동합니다.

03. 현재 열려 있는 앱이 한쪽으로 이동되고 홈 화면이 나타납니다.

좌우로 밀어 창 닫기

04. 멀티태스킹하려는 두 번째 앱을 홈 화면에서 탭 합니다. 저는 [프로크리에이트 앱]과 [파일]을 열었어요. 화면 분할을 끝내고 싶다면 상단의 [...]을 누르고 닫기 버튼을 누르거나 분할된 화면의 중앙을 탭 하여 좌우로 밀어 창을 닫을 수도 있어요.

01

무작정 따라 그리기

프로크리에이트는 다양한 기능을 제공하는 강력한 드로잉 앱이지만

처음 사용하는 분들에게는 다소 복잡하게 느껴질 수 있어요.

그래서 이번 Chapter에서는 무작정 따라 그려보면서 프로크리에이트의 기능들을 익히는 시간을 가지려 합니다.

한 번에 모든 기능을 익히기는 어려울 수 있지만 기능들을 잘 숙지하고 있다면 그림이 훨씬 쉽고 재미있어 질 거예요.

특히 [알파 채널 잠금]과 [클리핑 마스크] 기능은 앞으로도 계속 사용할 예정이니,

여기에서는 이런 기능이 있다는 정도만 알고 넘어가셔도 좋습니다.

그럼, 함께 프로크리에이트의 세계로 떠나볼까요?

LESSON 01 달콤 쫀득한 당고 그리기

쫄깃하고 달콤한 대표적인 일본 간식 중 하나인 당고를 그려볼게요.
동그란 찹쌀가루 떡에 간장소스가 발라져 있답니다.
프로크리에이트의 다양한 기능들을 조금씩 맛보면서 함께 그려보아요.

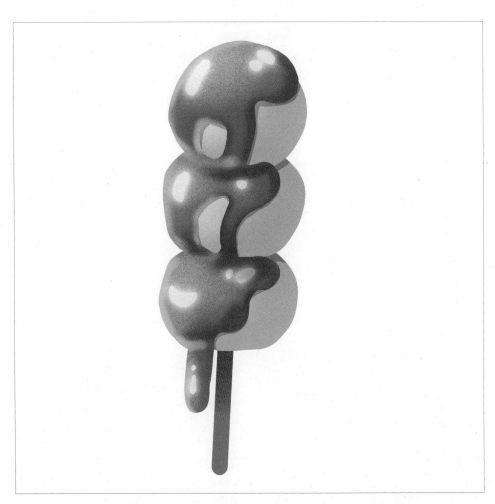

 준비 파일 | 당고팔레트.swatches   **완성 파일** | 당고완성작.png

01 [+] 버튼을 누른 후 [사용
자지정 캔버스 ◼]를 눌러
3000px x 3000px 크기의
캔버스를 만들어줍니다.

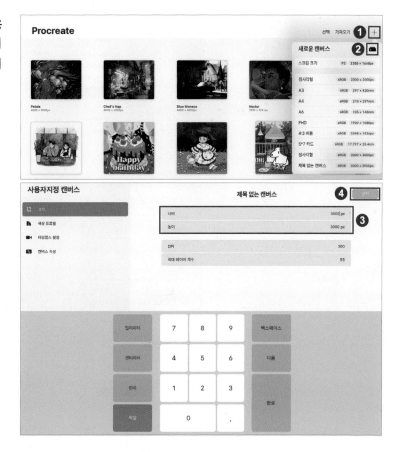

02 당고의 색상 팔레트를 불러
올게요. [색상]-[팔레트] 탭
에서 우측 상단 [+] 버튼을
눌러주세요. [파일로 새로운
작업]을 선택하고 [당고_팔레
트.swatches] 파일을 가져옵
니다.

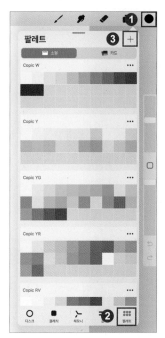

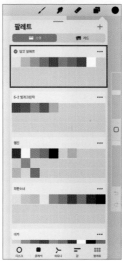

금손햄찌 TIP

[카드]를 탭하면 색상을 더 크게 번호와 함께 볼 수 있어요.

03 [브러시 ✏️]를 탭 하여 [금손 햄찌 커스텀 브러시]의 [모노라 인]을 선택하고 브러시 크기 는 50%로 해줍니다. 캔버스 에 원 하나를 그려주세요. 모 양이 찌그러져도 괜찮아요. 오히려 더 자연스럽습니다.

모노라인 / 크기 50%   [2]

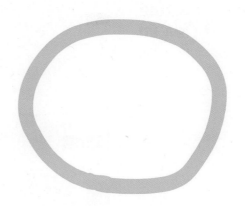

04 색상을 원 안에 드래그하여 원 안을 채워줍니다.

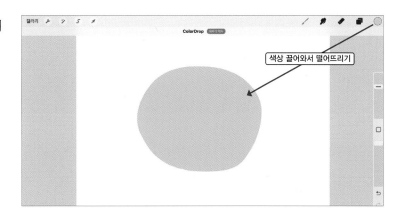

색상 끌어와서 떨어뜨리기

금손앰찌 TIP

색상을 도형 안쪽으로 드래그하여 색을 채우는 방식을 '컬러 드롭'이라고 합니다. 이때 선이 끊어진 부분이 있으면 색이 밖으로 빠져나갑니다. 컬러 드롭을 사용하고 싶을 때는 선이 끊어지는 곳이 없도록 주의합니다.

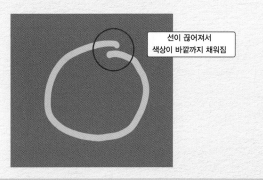

선이 끊어져서
색상이 바깥까지 채워짐

05 [레이어 ▣]를 터치하고 [레이어 1]을 선택 후 한 번 더 터치하여 [알파 채널 잠금]을 선택합니다. [레이어 1]의 섬네일 배경이 격자무늬로 변경되면 [알파 채널 잠금] 상태가 된 거예요.

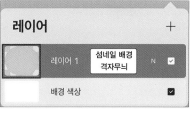

섬네일 배경
격자무늬

금손앰찌 TIP

좀 더 쉬운 [알파 채널 잠금] 제스처
두 손가락으로 레이어를 왼쪽에서 오른쪽으로 스와이프 하면 [알파 채널 잠금]이 설정되고, 다시 두 손가락으로 레이어를 왼쪽에서 오른쪽으로 스와이프 하면 [알파 채널 잠금]이 해제됩니다.

06 브러시로 왼쪽 위를 밝게, 오른쪽 아래를 어둡게 색이 자연스럽게 이어지도록 칠해주세요. [알파 채널 잠금]이 설정되어 있기 때문에 원의 바깥쪽까지 그려도 원의 영역 안쪽만 채색됩니다.

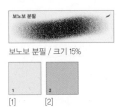

보노보 분필 / 크기 15%

[1]   [2]

07 왼쪽 우측 상단 [선택 ⊘] 툴을 누르고 아래 옵션 중 [균등]을 선택합니다. 그림을 둘러싼 파란 점을 눌러 크기를 작게 조절하고 위로 옮겨주세요.

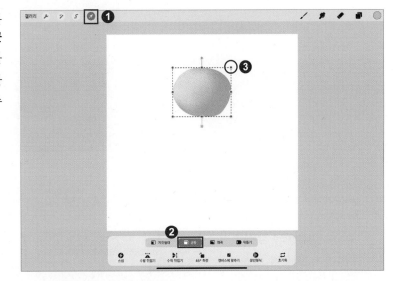

08 레이어 패널을 열고 레이어를 오른쪽에서 왼쪽으로 스와이프 하여 [복제]해 주세요.

09 한번 더 [복제]하여 총 3개의 원을 만듭니다.

10 위에서부터 레이어를 하나씩 선택하고 [선택 ⊘] 툴을 눌러서 원을 하나씩 아래로 내려줍니다. 그러면 동그란 떡 세 개가 나란히 쌓이겠죠?

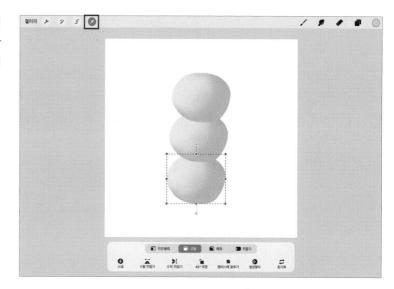

11 세 개의 레이어를 두 손가락으로 꼬집는 것처럼 모아 하나의 레이어로 합쳐주세요.

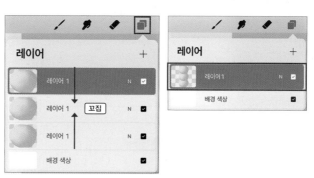

금손앵찌 TIP

쉽고 빠른 레이어 병합 제스처

여러 개의 레이어를 두 손가락으로 꼬집는 것처럼 모으면 레이어가 하나로 합쳐집니다. 레이어를 '병합'한다고 하는데요. '병합'은 두 개 이상의 개별 레이어를 하나의 레이어로 합치는 기능입니다. 레이어를 관리하는 편리한 방법 중 하나이죠.

레이어를 더 이상 분리해서 작업할 필요가 없을 때, 작업 과정의 마지막 단계에서 이미지를 전체적으로 조정하고 싶을 때, 또는 완성된 작품에 마지막으로 세밀한 터치를 하고 싶을 때 유용합니다. 일단 합치고 나면 레이어를 각각 따로 편집할 수 없으므로 100% 확신이 있을 때만 실행해 주세요.

12 채색을 마쳤으니 [알파 채널 잠금]을 해제할게요. 레이어를 터치하고 [알파 채널 잠금]을 선택합니다.

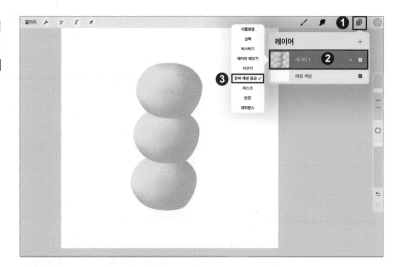

13 레이어의 섬네일 배경에 격자무늬가 사라지면서 [알파 채널 잠금]도 해제됩니다.

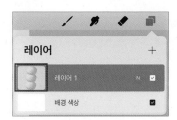

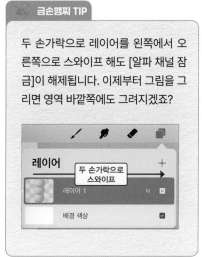

금손햄찌 TIP

두 손가락으로 레이어를 왼쪽에서 오른쪽으로 스와이프 해도 [알파 채널 잠금]이 해제됩니다. 이제부터 그림을 그리면 영역 바깥쪽에도 그려지겠죠?

자유롭게 형태 변형하기

14 드래그 하는 대로 형태가 변형되는 [픽셀 유동화]를 사용해 볼게요. 왼쪽 상단 [조정 ⊘]에서 [픽셀 유동화]를 선택합니다.

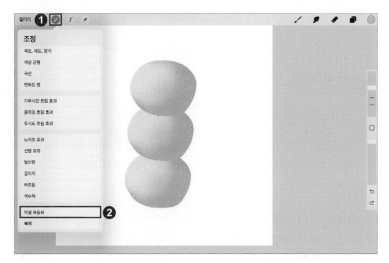

15 하단의 옵션 탭에서 **[밀기]**를 선택해 주세요. 크기는 브러시의 크기를 말하는데, 50%로 설정했어요. 자, 이제 원의 형태를 밀어서 다듬어 봅니다. 너무 크게 움직이면 형태가 부자연스러울 수 있으니 살짝살짝 터치합니다.

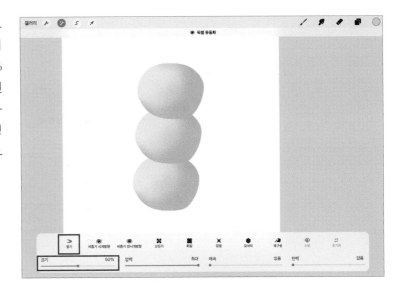

> **금손햄찌 TIP**
>
> [알파 채널 잠금]이 되어 있는 상태에서는 영역이 제한되기 때문에 [픽셀유동화]를 사용할 수 없어요. [알파 채널 잠금]이 해제되어 있는지 한번 더 확인하세요.

16 이번엔 동그란 떡 위에 소스를 그려볼게요. 새 레이어를 추가하고 소스를 그려줍니다. 색상을 드롭하여 안쪽도 채워주세요.

모노라인 / 크기 50%　　　[7]

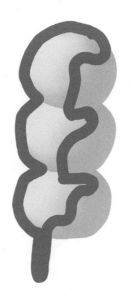

사용 중인 브러시 똑같이 사용하기

상단 툴바의 [그리기 ✏️], [문지르기 🖌️], [지우기 🧽]는 모두 같은 [브러시 라이브러리]를 공유합니다. 따라서 그림을 그릴 때, 색을 섞을 때, 지울 때도 같은 브러시를 사용해서 비슷한 느낌을 낼 수 있어요. 예를 들어 모노라인 브러시로 [그리기 ✏️]를 하다가 [지우기 🧽] 아이콘을 길게 누르고 있으면 [지우기 🧽]도 같은 모노라인 브러시로 선택됩니다.

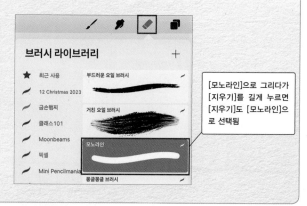

[모노라인]으로 그리다가 [지우기]를 길게 누르면 [지우기]도 [모노라인]으로 선택됨

17 같은 브러시로 [**지우기 🧽**]를 탭 하여 소스가 덜 묻은 것처럼 부분적으로 자연스럽게 지워줍니다.

모노라인 / 크기 50%

18 두 손가락으로 레이어를 왼쪽에서 오른쪽으로 스와이프 하여 [**알파 채널 잠금**]으로 설정합니다.

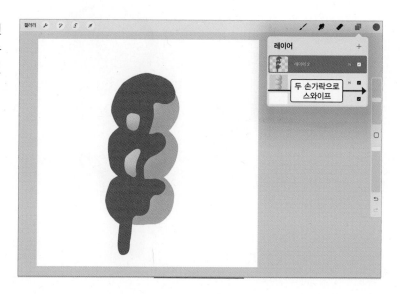

19 빛이 왼쪽 상단에서 비친다고 상상하며 밝고 어두운 부분을 표현해 줍니다.

보노보 분필 / 크기 자유

[2]   [8]

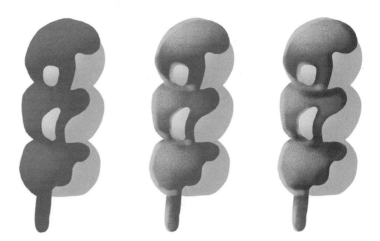

20 새 레이어를 추가하여 쫀득한 소스에 비치는 빛을 표현해 볼게요. 가장 빛나는 부분을 포인트로 톡톡 찍어서 그려주세요.

모노라인 / 크기 50%   [9]

반짝반짝 빛나는 효과 쉽게 주기

21 빛을 표현한 레이어를 선택 후 [조정 ◉]에서 [빛산란] 효과를 적용합니다.

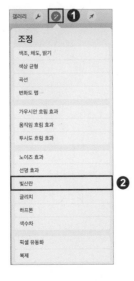

22 화면을 좌우로 드래그 하면 효과의 정도를 조절할 수 있어요. **[전환효과 – 최대]**, **[크기 – 30%]**, **[번 – 35%]**로 조절해주세요.

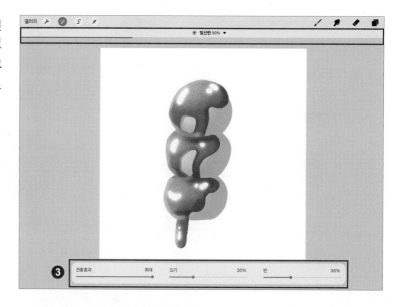

전환효과 빛의 가장 밝은 부분이 적용되는 영역을 조절합니다.

크기 빛의 크기를 조절합니다.

번 빛이 타오르는 정도를 조절합니다.

23 빛을 표현한 레이어의 [N]을 터치하고 레이어의 혼합 모드 중 [오버레이]를 선택합니다.

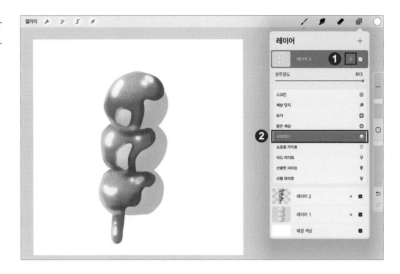

24 새 레이어를 추가하고 레이어를 소스 아래 위치합니다. 레이어의 섬네일을 한번 더 클릭하여 [클리핑 마스크]에 체크해주세요.

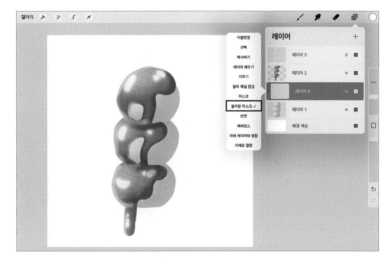

25 소스와 떡이 맞닿는 부분과 떡과 떡이 맞닿는 부분에 작은 그림자를 그려주세요.

모노라인 / 크기 50%   [4]

금손앰찌 TIP

클리핑 마스크와 알파 채널 잠금

[클리핑 마스크]는 [알파 채널 잠금]과 비슷한 기능입니다. 두 기능 모두 선택한 레이어의 이미 칠해진 부분에만 추가로 작업할 수 있죠. [알파 채널 잠금]은 선택한 레이어에서만 추가로 작업할 수 있는 반면, [클리핑 마스크]는 별도의 레이어에서 작업할 수 있기 때문에 레이어 합성 모드를 사용할 수 있고 수정도 용이하다는 장점이 있어요.

26 그림자 레이어의 [N]을 터치하고 레이어의 혼합 모드 중 [곱하기]를 선택합니다. [불투명도]는 50%로 설정해 주세요.

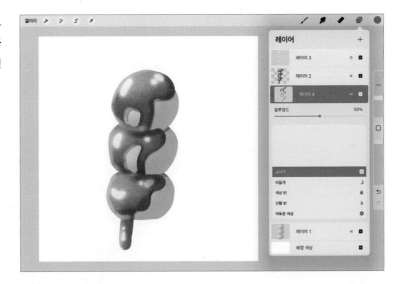

[곱하기]는 선택한 레이어의 색상 값을 아래 레이어의 색상 값과 곱하므로 그림자를 표현할 때 좋은 모드입니다. 순수한 흰색에 이 모드를 적용할 경우 곱하기나 진하게 표현할 수 없으므로 투명하게 변합니다.

27 한 손가락으로 레이어 하나를 터치하여 선택한 후 다른 레이어를 왼쪽에서 오른쪽으로 스와이프 하면 함께 선택됩니다. 이 상태에서 오른 쪽 위 [그룹]을 눌러서 여러 레이어를 하나로 묶어 정리할 수 있어요.

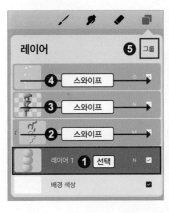

레이어 관리하기

작업의 흐름을 매끄럽게 유지하려면 레이어 정리가 필수입니다. 그렇지 않으면 자신이 만든 파일인데도 찾기 어려울 수 있어요. 레이어 이동하기&그룹으로 묶기, 여러 레이어 선택하기, 레이어 병합 등의 방법으로 레이어를 관리해 보세요.

레이어 이동하기 & 그룹으로 묶기

옮기고 싶은 레이어를 꾹 누른 상태로 드래그 해 레이어 목록의 위쪽이나 아래쪽으로 가져갑니다. 그러고 나서 손을 떼면 두 레이어가 그룹으로 묶입니다.

여러 레이어 선택하기

레이어를 한꺼번에 여러 개 선택하려면 원하는 레이어를 각각 오른쪽으로 밀어서 선택해 주세요. 선택한 레이어는 파란색으로 표시됩니다. 이렇게 선택한 레이어는 개별 레이어처럼 이동할 수 있고, 오른쪽 상단에 나타나는 [삭제]나 [그룹]을 적용할 수도 있습니다.

레이어 병합

레이어를 더 이상 분리해서 작업할 필요가 없을 때, 작업 과정의 마지막 단계에서 주로 사용합니다. [레이어] 창에서 손가락을 꼬집듯이 오므려 하나로 모으는 동작을 하면 레이어가 합쳐집니다.

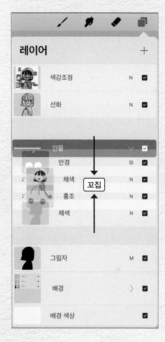

28 떡 아래에 막대기를 그릴 공간을 확보해 줄게요. 그룹을 선택한 상태에서 왼쪽 상단 [선택 ⑤] 툴을 누르고 하단 옵션 [균등] 상태로 크기를 조절해 줍니다.

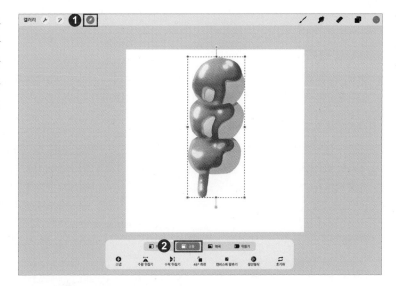

29 새 레이어를 추가하여 그룹 아래로 옮겨주세요.

30 막대기를 그려주세요.

31 막대기를 그린 레이어를 [알파 채널 잠금]으로 설정하고 브러시로 그림자를 넣어주면 먹음직스러운 당고 그림 완성입니다.

보노보 브러시 / 크기 50% [5]

금손햄찌 TIP

애플펜슬로만 그리고 싶은데, 화면에 손등이나 손가락이 터치되어 그려지는 경우, [동작 ⚡] - [설정] - [제스처 제어] - [일반] - [손가락으로 페인팅 켬] 옵션을 끕니다. 이 설정을 끄면 화면에 손등이나 손가락이 닿아도 펜슬만으로 작동하도록 설정되며, 그림을 그릴 때 의도하지 않은 선이 생기는 것을 방지할 수 있습니다.

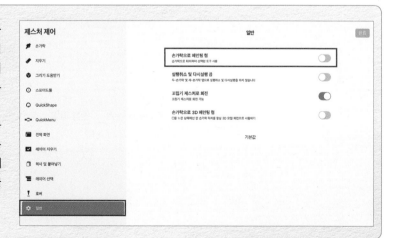

시원하고 상큼한 복숭아 에이드 그리기

프로크리에이트에는 그림을 쉽고 편하게 그릴 수 있도록 도와주는 기능들이 참 많아요.
이번에는 시원한 복숭아 에이드를 쉬운 방법으로 그럴듯하게 그려볼게요.

준비 파일 │ 에이드팔레트.swatches   **완성 파일** │ 복숭아에이드 완성작.png
참고 파일 │ 복숭아에이드 타임랩스.mp4

01 3000px x 3000px 크기의 새로운 캔버스를 만든 후 [에이드 팔레트]를 불러올게요. [색상]을 터치하고 [팔레트] 탭에서 우측상단 [+] 버튼을 눌러준 후 [파일로 새로운 작업]을 선택합니다.

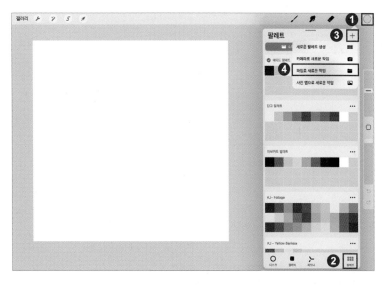

02 [에이드 팔레트.swatches] 파일을 가져옵니다.

금손햄찌 TIP

팔레트의 상단 바를 선택해서 끌어오면 화면에 따로 띄울 수 있어요.

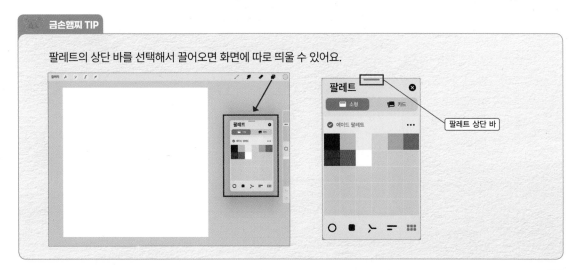

03 이제 [그리기 가이드]를 사용해볼 거예요. [동작]을 터치한 후 [캔버스] – [그리기 가이드]를 활성화합니다.

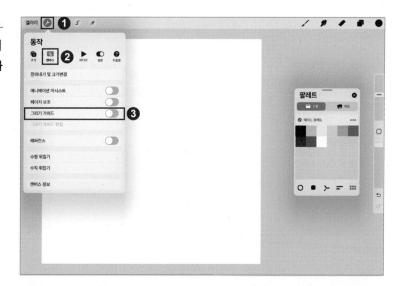

04 캔버스에 격자무늬가 생겼죠? 그 아래 [그리기 가이드 편집]에 들어갑니다.

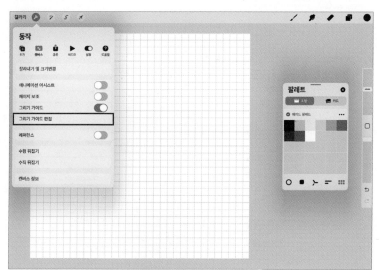

05 [그리기 가이드 편집] 화면입니다. 가이드 종류와 그 밖의 모든 속성을 선택할 수 있는 옵션이 있어요. [2D 격자], [등거리], [원근], [대칭] 중에서 하나를 선택할 수 있고 하나씩 사용해 보면 모두 이해하기 쉬운 편입니다. 상단 색상 바에서 [그리기 가이드]의 선 색을 바꿀 수도 있어요.

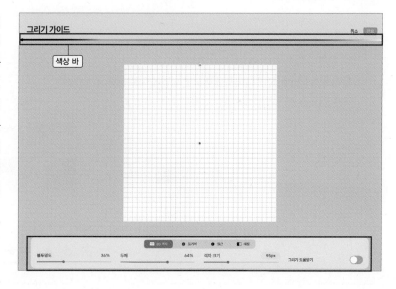

06 이번에는 [대칭]을 사용할 게요. 불투명도 100%, 두께 60%으로 설정하고 [완료]를 눌러주세요.

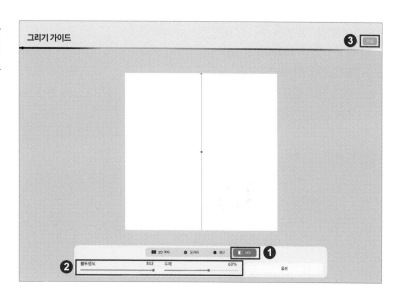

금손햄찌 TIP

화면에 나타난 가이드 선이 수직선이 아니라면 [옵션]을 터치하고 [가이드 옵션]에서 [수직]을 터치합니다.

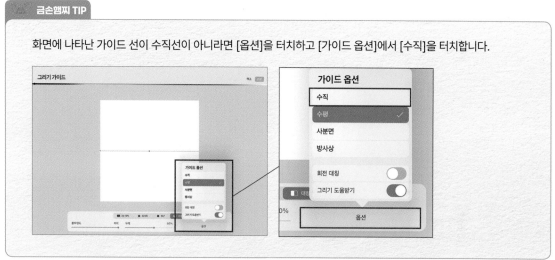

07 [그리기 도우미]는 각각의 레이어에 영향을 줍니다. 이 옵션이 활성화된 레이어는 레이어 이름 밑에 '보조'라는 표시가 보이는데, 이렇게 특정 레이어에 적용할 수 있어요. [그리기 도우미]를 한 번 더 눌러서 체크를 해제하면 그리기 보조를 끌 수 있어요.

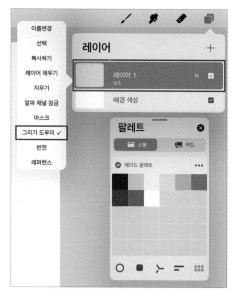

08 [대칭]을 설정한 후 그리면 반대편에 똑같은 모양이 그려집니다. 이제 스케치를 시작할게요. 컵의 동그란 입구부터 그릴 텐데요. 가이드 점을 표시한 후 타원을 그려주세요.

4B연필 / 크기 자유   [1]

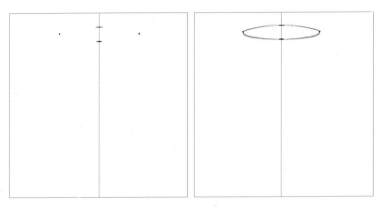

09 컵을 정면으로 보았을 때 가장 튀어나온 부분과 컵의 바닥면의 끝에 가이드 점을 찍고, 가이드 점을 따라 선을 이어주세요. 입체적으로 보이도록 컵의 바닥을 곡선으로 그려주세요.

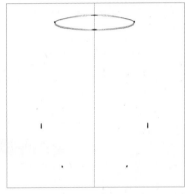

10 유리컵의 두께감을 주기 위해 안쪽에 선을 그리고 음료의 상단 부분도 그려줍니다.

11 대칭으로 그릴 수 있는 부분은 모두 그려주었으니 [대칭]을 해제합니다. [레이어] 패널에서 [레이어 1]을 터치한 후 [그리기 도우미]를 터치하여 체크를 해제합니다. [레이어 1] 레이어에 '보조' 글씨가 사라진 것을 확인할 수 있어요.

12 [그리기 가이드]도 보이지 않도록 [동작 ⚙]을 터치하고 [캔버스] – [그리기 가이드]를 비활성화 합니다.

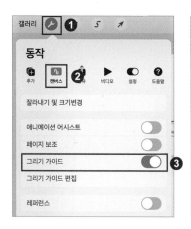

13 퀵셰이프는 선과 모양을 그린 뒤 쉽게 변형하는 방법입니다. 직접 해보면서 효과를 파악하는 게 가장 좋아요. 애플 펜슬로 선을 그은 뒤 잠시 멈춘 상태로 기다립니다. 그다음 애플 펜슬을 화면에서 떼고 화면 상단에 나타난 [편집]을 탭 해보세요. 선 주변에 파란색 동그라미 핸들이 나타납니다. 이 핸들을 이용해서 선을 움직이거나 조정할 수 있어요.

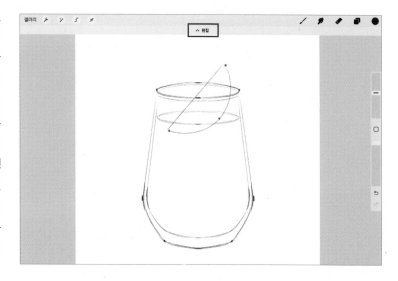

14 직선과 곡선으로 이루어진 복숭아 조각을 퀵셰이프 기능을 사용하여 컵 위에 그려 줍니다.

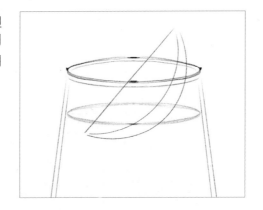

15 복숭아 옆에 싱그러운 로즈 메리를 추가해 볼까요? 잎이 달린 식물을 그릴 때는 중심이 되는 줄기부터 그려주면 좋아요. 줄기에서 뻗어나가는 잎을 하나씩 달아주세요.

16 [지우개 ✎]를 사용하여 선이 겹치는 부분을 지워서 스케치를 정리해 줍니다.

17 스케치 레이어의 [N]을 탭 한 후 혼합모드를 [곱하기]로 설정합니다.

18 새 레이어를 추가하고 스케 치 레이어 아래로 이동해주 세요.

19 색상이 들어갈 부분을 모두 칠해 줍니다.

구름 브러시 / 크기 자유   [2]

금손햄찌 TIP

회색으로 전체를 칠해주는 이유?

채색 방법의 하나인데요, 보통 하얀 캔버스에 그리기 때문에 채색이 안 된 부분이 잘 안 보일 수 있어요. 그래서 빈틈없 이 채색하려고 사용하는 경우도 있고, 또 그림의 형태가 한눈에 잘 들어오기도 합니다. 회색을 선택하는 이유는 밝은색 과 어두운색의 중간색이므로 식별하기 쉽기 때문입니다.

20 그 위에 새 레이어를 추가하 고 레이어를 터치하여 **[클리 핑 마스크]**를 선택합니다.

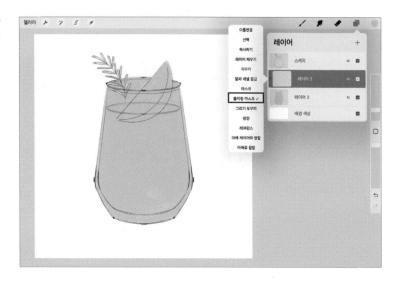

21 로즈메리를 칠해주세요. 미리 회색으로 칠해준 영역 내에서만 덧칠이 되기 때문에 선택 영역 밖으로 빠져나가지 않고 편하게 채색할 수 있어요.

구름 브러시 / 크기 자유   [8]

금손햄찌 TIP

회색 영역을 추가해야 한다면 [레이어2]를 선택한 후 회색으로 덧칠해 줍니다.

22 [클리핑 마스크]를 하나 더 추가한 후 복숭아를 채색해주세요.

구름 브러시 / 크기 자유   [3]

23 채색한 후 [알파 채널 잠금]으로 설정합니다. [클리핑 마스크]가 되어있는 상태에서 [알파 채널 잠금]을 해주면 이 안에서 채색이 가능해요. [클리핑 마스크]와 [알파 채널 잠금]을 적절히 혼용하여 사용하면 처음에는 헷갈릴 수 있으나 적응하면 작업시간이 많이 단축되고 편리해요.

24 복숭아의 가운데를 중심으로 손에 힘을 빼고 자연스럽게 그라데이션을 줍니다.

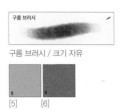

구름 브러시 / 크기 자유

[5]　[6]

25 **[알파 채널 잠금]**이 적용된 레이어를 터치하고 **[알파 채널 잠금]**을 해제합니다. 그리고 바깥쪽에 복숭아 껍질을 채색해주세요.

구름 브러시 / 크기 자유　　[6]

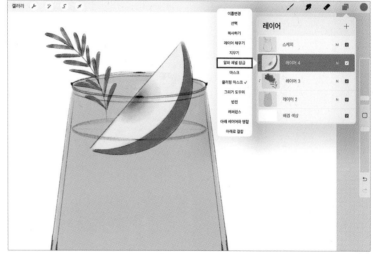

26 **[레이어 2]**를 선택한 후 새 레이어를 추가합니다. **[클리핑 마스크]** 사이에 새 레이어를 추가하면 자동으로 **[클리핑 마스크]**로 설정됩니다.

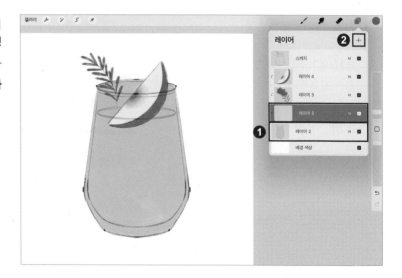

27 이번에는 잎과 복숭아 레이어 아래에 음료 영역을 그림과 같이 칠해주세요. 색이 겹치는 부분에서는 손에 힘을 빼보세요.

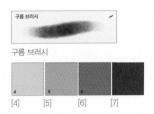

구름 브러시

[4]	[5]	[6]	[7]

28 각각 색의 경계선을 조금 더 자연스럽게 해볼게요. [문지르기] 탭을 누르고 색을 칠한 브러시와 같은 [구름 브러시]로 문질러 줍니다. [문지르기]는 캔버스 위의 물감을 끌고 나가며 자연스럽게 혼합합니다.

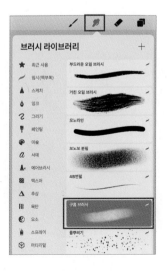

29 스케치 레이어 아래 새 레이어를 추가하여 얼음을 그려볼게요. 우선 정육면체를 그려주세요.

구름 브러시 / 크기 자유 [9]

30 흰색으로 속을 꽉 채운 후 [지우개 ✏]로 가장자리를 남기고 살살 지워줍니다. [지우개]도 [구름 브러시]를 사용합니다.

구름 브러시 / 크기 10%

31 [변형 ➚] 툴의 옵션 창에서 [균등]을 선택합니다. 정육면체가 찌그러지지 않도록 [균등] 옵션을 확인하세요. 파란색 조절점을 누르면 크기가 변경되고 초록색 조절점을 누르면 회전할 수 있어요.

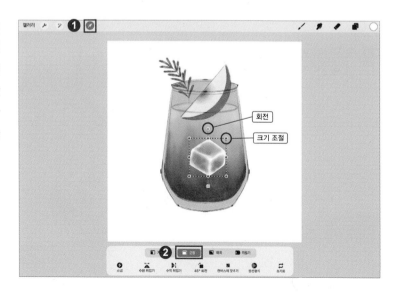

32 얼음을 원하는 위치로 옮겨
준 후 [변형 ◈]을 다시 터치
해 수정을 마무리합니다.

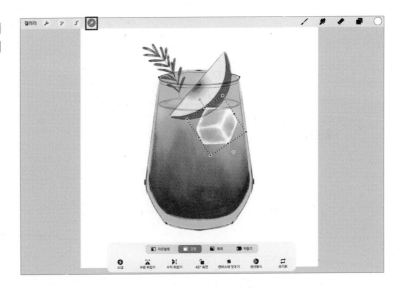

33 얼음 레이어를 왼쪽으로 스
와이프하여 여러 개 복제합
니다.

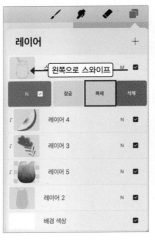
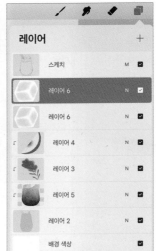

34 얼음 레이어를 각각 선택하
여 적절하게 배치해보세요.

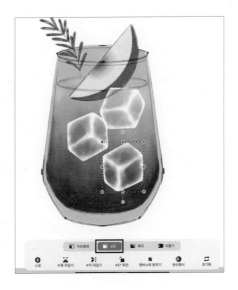

35 저는 총 7개를 복사해서 배치했어요. 배치가 끝났다면 얼음 레이어들을 두 손가락으로 꼬집어서 레이어를 하나로 합쳐주세요.

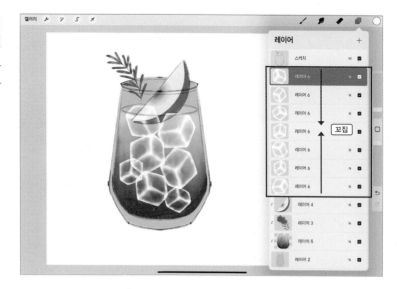

36 [얼음 레이어]의 혼합모드를 [소프트 라이트]로 변경합니다. [소프트 라이트]는 그림의 채도와 대비를 높여 작품에 다양한 변화를 줄 수 있어요.

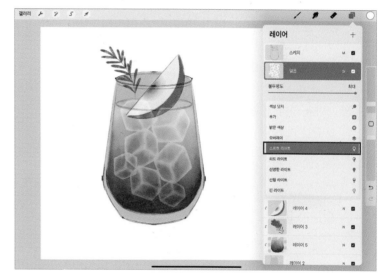

37 이번엔 불투명한 회색 유리잔을 투명하게 표현해볼게요. 새 레이어를 그림과 같은 위치에 추가하고 흰색으로 컵의 밝은 부분을 부분적으로 채색해주세요.

구름 브러시 / 크기 자유   [9]

컵의 밝은 부분 참고

38 이번엔 유리잔에 비치는 빛을 추가해서 컵을 반짝이게 해볼게요. 스케치 레이어 아래 새 레이어를 추가하여 컵의 모양을 따라 선을 그어주고 선 끝을 지우개로 살짝 지워줍니다.

구름 브러시

39 다음은 에이드의 청량한 느낌을 더해줄게요. 복숭아 레이어 위에 **[클리핑 마스크]**를 적용한 레이어를 추가하고 점들을 콕콕 찍어주세요.

물뿌리기

물뿌리기 브러시

40 스케치 레이어를 선택하고 **[구름 브러시]**로 가이드 점을 찍었던 곳이나 선이 두꺼운 부분을 지워서 정리합니다.

구름 브러시

41 얼음이 잘 보이지 않아 아쉽다면 레이어를 하나 더 복사해서 겹쳐주는 것도 좋은 방법이에요.
자, 복숭아 에이드 완성입니다. 수고하셨어요!

빈티지 배경 그리기

그림으로 그려보고 싶은 풍경이 한 번쯤은 있을 거예요.
'내가 그릴 수 있을까?' 하고 망설여졌다면
프로크리에이트의 [사진 삽입하기] 기능을 활용해 보세요!

준비 파일 | 빈티지 팔레트.swatches, 빈티지 일러스트 참고사진.jpg
완성 파일 | 빈티지 일러스트 완성작.jpg   **참고 파일** | 빈티지 일러스트 타임랩스.mp4

01 스크린 크기의 캔버스를 만듭니다. 사용하는 아이패드에 따라 스크린 크기가 다를 수 있어요. 이 책에서 사용한 아이패드의 스크린 크기는 2388px x 1668px 입니다.

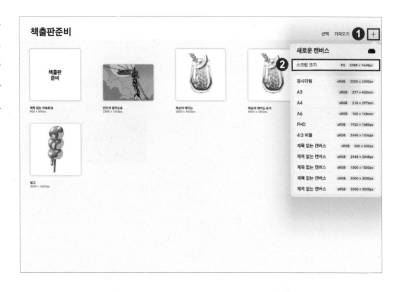

02 [동작 🔧] – [추가] – [사진 삽입하기]를 왼쪽으로 스와이프 합니다. 그러면 [비공개 사진 삽입]이 보일 거예요. 눌러서 [빈티지 일러스트 참고사진.jpg]을 불러옵니다.

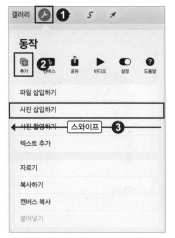
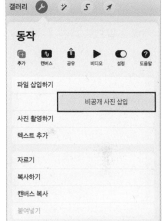

금손햄찌 TIP

비공개 사진 삽입하기

비공개로 사진을 삽입하는 경우 타임랩스에 밑그림이 나오지 않아요. [메뉴] – [동작] – [사진 삽입하기]를 선택해서 불러오면 밑그림이 타임랩스 녹화에 나타납니다.

03 [변형 🧭] 툴로 캔버스 중앙에 사진을 위치해 주세요.

04 [스냅]의 [자석]이 켜진 상태에서 [캔버스에 맞추기]를 누르면 캔버스에 꽉 차게 자동으로 사진 크기가 변형됩니다. 캔버스 밖으로 나간 부분은 [변형 🧭] 툴이 해제된 후에는 지워지니 주의하세요.

05 비공개로 삽입된 사진의 불투명도를 30%로 낮춰주세요.

06 아래 빈 레이어를 끌어서 사진 레이어의 위에 위치해 주세요.

사진 위에 대고 그리기

07 [브러시 ✏️] 툴에서 금손햄찌 브러시 중 [모노라인] 브러시를 선택합니다. 먼저 불러온 사진의 표지판과 전선의 가장자리를 따라 가볍게 선을 그어주세요. 아무 생각 없이 쓱쓱 그리는 그림이 잘 그려지는 경우가 많아요. 손에 힘을 빼고 자유롭게 선을 그어 보세요. 한번에 그어지지 않는다면 쉬어가면서 점을 찍고 다시 이어 그려도 좋아요.

모노라인 / 크기 2%   [10]

🖐️ 금손햄찌 TIP

떨리는 선을 보정하는 방법

[브러시 라이브러리]에서 원하는 브러시를 한번 더 탭 하여 [브러시 스튜디오] 창을 엽니다. [안정화] - [StreamLine] - [양]을 조절해줍니다. 100%로 갈수록 선의 떨림을 보완해 줍니다.

저는 손맛을 살리기 위해 너무 높지 않은 값을 사용해요. 사용자에 따라 느낌이 다를 수 있으니 양을 조절하면서 최적의 느낌을 찾아 보세요.

정해진 브러시 크기가 너무 크거나 작다면?

[브러시 스튜디오] – [속성] – [브러시 특성]의 [최대 크기], [최소 크기]로 조절할 수 있어요. 브러시 크기를 조절하는 막대의 값이 최소, 최대값에 따라 달라집니다.

08 표지판과 전선을 다 그렸다면 새 레이어를 추가하고 구름과 달을 그려서 배경을 채워볼게요.

09 동그랗게 그리고 싶다면 앞에서 배운 [퀵셰이프] 기능을 사용합니다. 원을 그린 후 펜슬을 떼지 않고 기다리면 모양을 편집할 수 있어요.

10 표지판과 전봇대를 그린 레이어 아래 새 레이어를 추가하고 색이 들어갈 부분의 영역을 칠해줍니다.

모노라인   [7]

11 그 위에 새 레이어를 추가하고 [클리핑 마스크]를 적용합니다.

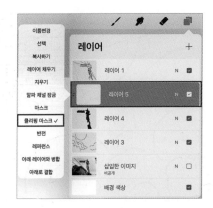

12 색을 칠해주세요. [클리핑 마스크]를 설정하여 정해준 영역 밖으로 색이 빠져나가지 않아요.

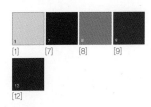

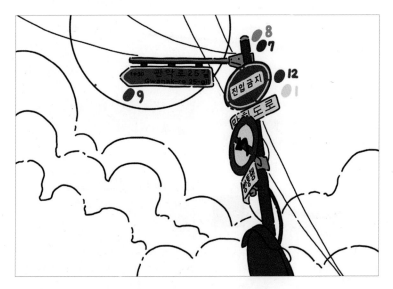

Color Drop 임계값

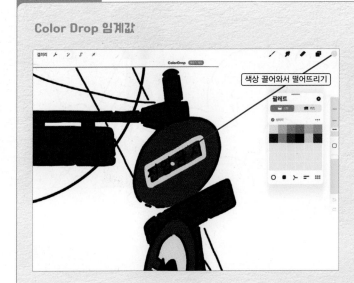

색상 끌어와서 떨어뜨리기

Color Drop을 사용하면 화면 상단에 [임계값]이 뜹니다.

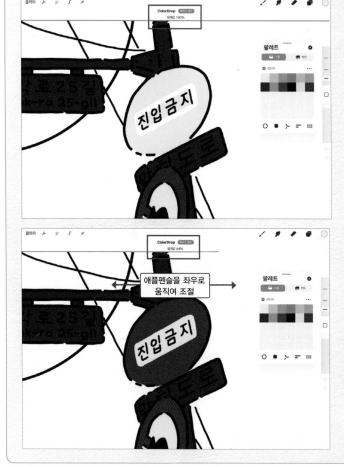

[임계값]이 일정 수치를 넘으면 전체에 색상이 채워져 버립니다.

컬러 드롭 임계값을 조절하려면 색상을 끌어오는 스케치 영역 안쪽에서 애플 펜슬을 바로 떼지 않고 잠시 기다립니다. 화면 위쪽에 [컬러 드롭 임계값]이라는 메시지가 표시되면 애플 펜슬을 좌우로 움직여 임계값을 조절할 수 있어요.

스케치 선이 열려 있으면 컬러 드롭 임계값과 상관없이 캔버스 전체에 색상이 채워지므로 주의합니다.

13 [삽입한 이미지 레이어]를 선택한 상태에서 새 레이어를 추가합니다. 항상 선택된 레이어의 위에 새 레이어가 생성됩니다.

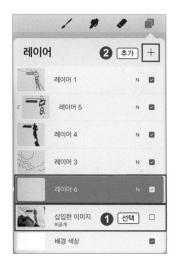

14 색을 선택한 후 **[레이어 채우기]**를 해주면 현재 선택된 상태의 색이 레이어 전체를 채워줍니다.

[5]

15 구름과 달 선 레이어 아래 새 레이어를 추가하고 달과 구름을 칠해줍니다. 선과 채색 레이어를 분리하면 나중에 선이나 색을 수정할 때 편리해요.

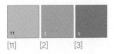
[11]   [2]   [3]

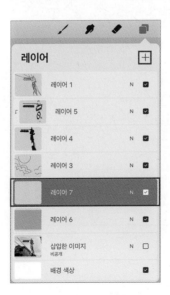

16 간단하게 원근감을 표현하기 위해 앞에 있는 표지판과 전봇대는 검은색 선으로 두고, 구름과 달 레이어는 비슷한 색감으로 연하게 정리할게요. [4]번 색을 선택하고 구름과 달 선 레이어를 [알파 채널 잠금]으로 해준 다음 [레이어 채우기]를 해줍니다.

[4]

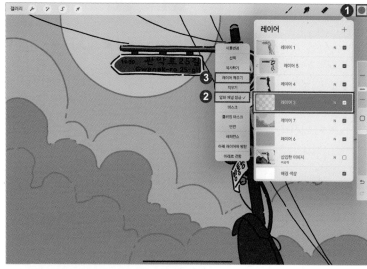

17 앞에서 했듯이 표지판 레이어도 [알파 채널 잠금]으로 해주고 표지판에 있는 글씨 일부분의 색을 바꿔볼게요.

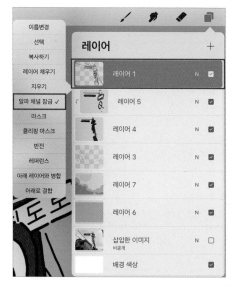

18 글씨 위를 브러시로 칠해 줍
니다.

[1]

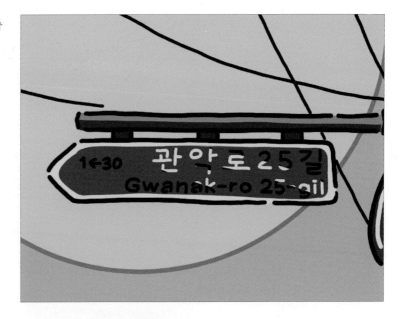

19 이번엔 하늘에 자연스럽게
그라데이션을 넣어볼게요.
먼저 [6]번 색상을 선택 후
[하늘 레이어]를 선택합니다.
그리고 [선택 ⑤] 툴을 누르
고 [직사각형] - [색상 채우기]
옵션을 켜줍니다.

[6]

20 하늘의 3분의 1 정도 영역을 선택해 주세요. 색이 채워졌다면 [선택 ⑤] 툴을 다시 한 번 눌러 선택을 해제합니다.

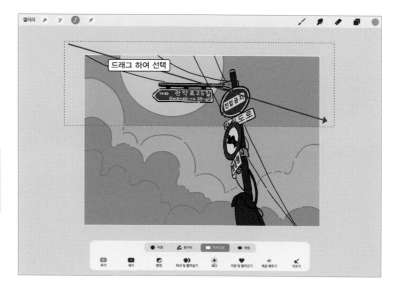

21 [조정 ⊘] – [가우시안 흐림 효과]를 탭 합니다.

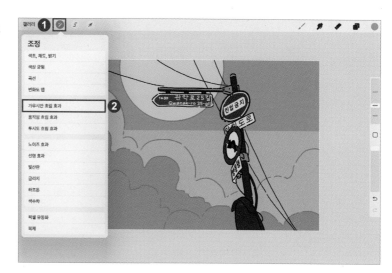

22 애플 펜슬을 화면에 대고 좌우로 움직여서 [가우시안 흐림 효과]의 퍼센트를 조절합니다.

23 더 이상 수정할 부분이 없다면 [클리핑 마스크]가 설정된 레이어와 하단 레이어를 두 손으로 꼬집어서 레이어를 합쳐줍니다. 이렇게 레이어를 정리하는 습관을 들이는 게 좋아요.

24 합쳐준 레이어에 프로크리에이트의 다양한 기능을 활용해 빈티지한 느낌을 내볼게요. [조정 ⊘] – [색수차]를 탭합니다.

🎨 **금손햄찌 TIP**

색수차 효과

과학시간에 프리즘으로 빛을 여러 색으로 분리했던 기억나세요? 모른다면 저와 세대가 다를 수도 있겠네요. 우리가 보는 빛은 여러 파장들의 집합체인데, 각 파장마다 매질을 통과할 때 발생하는 반사, 굴절률이 달라요. 그렇기 때문에 빛이 렌즈나 프리즘 등을 통과할 때 각 파장들이 서로 다른 방향으로 굴절합니다. 그래서 하나로 초점이 맺히지 않고 분산되어 파란색, 빨간색, 초록색, 보라색 등의 특정 색이 물체의 가장자리에서 돋보이게 되고 색수차가 발생하죠. 일부 비디오 게임에서는 특유의 분위기를 내기 위해 일부러 색수차 효과를 주는 그래픽도 있어요.

25 화면 하단에서 [원근] 옵션을 탭 하고, 펜슬을 화면에 대고 좌우로 움직여 봅니다. 가운데를 중심으로 파란색, 빨간색, 초록색, 보라색 등으로 색이 분리되죠? 가운데 있는 중심점을 이동시킬 수도 있어요.

26 색수차 효과가 강하면 눈이 아플 수도 있으니 10% 정도 효과를 넣어볼게요.

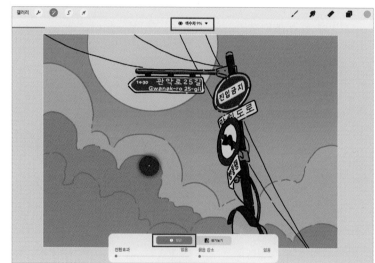

노이즈 효과 적용하기

27 최상단에 새 레이어를 추가한 후 [3]번 색을 선택하고 [레이어 채우기]를 클릭해 화면에 색을 꽉 채워주세요.

[3]

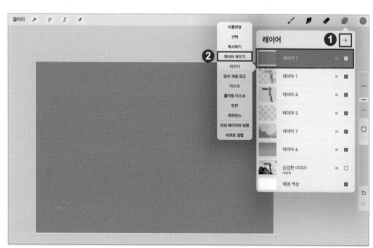

28 [조정 ⊘] – [노이즈 효과]를
탭 합니다.

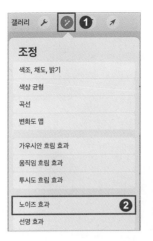

노이즈 효과

사진이나 영상을 자세히 살펴보면 전체적으로 노이즈가 있다는 것을 알 수 있습니다. 보일 듯 말 듯 한 알갱이가 많이 있죠. 디지털 드로잉은 매끄럽고 깨끗해서 사진이나 영상에 비해 질감 표현이 부족하다는 느낌이 들 수 있어요. 이럴 때 노이즈 효과를 이용하면 좋아요. 이미지 위에 노이즈 레이어를 한 겹 씌워 사진과 같은 느낌을 살리면 아쉬웠던 질감 효과를 보충할 수 있어요.

29 화면에 펜을 대고 좌우로 드래그 해서 노이즈를 추가하거나 줄일 수 있어요. 과하게 적용하면 인위적으로 보일 수 있으니 주의하세요.

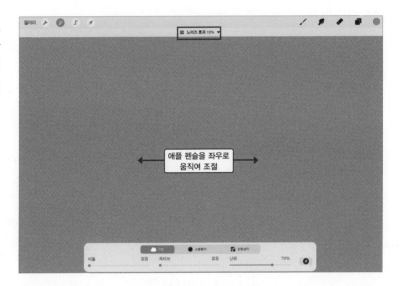

30 레이어 혼합모드를 [소프트 라이트]로 변경하여 전체적인 색감을 통일합니다.

색감 통일 전

색감 통일 후

31 자, 이렇게 빈티지 배경 그림
이 완성되었어요.

01 [동작] − [공유] − [이미지 공유] − [JPEG]를 차례로 탭 해주세요.

02 [이미지 저장]을 눌러줍니다. 아이패드 내의 [사진] 앱에 저장됩니다.

03 [사진] 앱에 들어가 저장한 이미지를 탭 한 후 왼쪽 상단 의 [공유 ⬆] 아이콘을 탭 합 니다.

04 마지막으로 [배경화면 지정]을 해주면 내가 그린 그림을 배경화면으로 설정할 수 있습니다.

몽글몽글 브러시로 따뜻한 그림 그리기

내가 원하는 브러시가 없다면 직접 만들 수도 있어요.

프로크리에이트의 [브러시 스튜디오]는 나만의 브러시를 만드는데 필요한

옵션을 모두 제공하고 있습니다. 처음에는 사용자 지정으로 설정할 수 있는 옵션이 많아서

복잡하게 느껴질 수도 있지만, 그 중 다양하게 시도해 볼 만한 중요한 설정 몇 가지만 소개해 볼게요!

준비 파일 | 곰돌이생일파티 스케치.jpg   **완성 파일** | 곰돌이생일파티 완성작.jpg

참고 파일 | 곰돌이생일파티 타임랩스.mp4

01 이번에는 스케치 위에 직접 만든 몽글몽글 브러시로 채색을 해 볼 거예요. 갤러리에서 [가져오기]를 누른 후 금손햄찌 부록에 있는 [곰돌이생일파티 스케치.jpg] 파일을 가져옵니다.

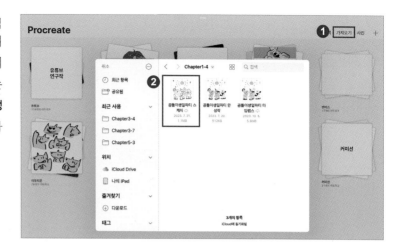

02 [브러시 라이브러리]를 열어주세요. [서예] 탭에 있는 [모노라인] 브러시를 변형해볼 거예요.

금손햄찌 TIP

기본 [모노라인]은 팬의 압력에 구애받지 않고 일정하게 선을 그릴 수 있는 브러시입니다. 깔끔한 선을 그릴 때 많이 사용해요.

03 [모노라인] 브러시를 왼쪽으로 스와이프 해서 [복제]해줍니다. 그러면 [모노라인 1]이 생성되고 오른쪽 상단에 깃털 표시가 생기는데, 프로크리에이트에 기본으로 포함된 브러시가 아닌 복제 또는 변형된 브러시를 뜻합니다.

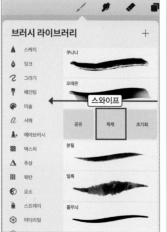

04 [모노라인 1]을 한번 더 탭 해서 [브러시 스튜디오] 창을 열어줍니다. 왼쪽에 [이 브러시에 관하여] 탭을 누르고 [모노라인 1]을 눌러 [몽글몽글 브러시]라고 이름을 바꿔주세요.

05 제작자에 여러분의 이름을 넣어 서명도 해줍니다. 프로필을 누르면 사진도 넣을 수 있어요. 벌써 나만의 브러시를 만든 것 같네요.

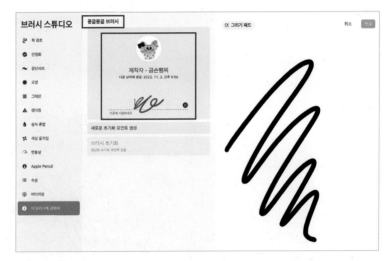

06 다음은 [획 경로] 탭을 열어줍니다. [간격]은 브러시의 밀도를 제어하는 곳인데, 수치를 높이면 점선효과를 낼 수 있어요. 수치를 변경하며 오른쪽 그리기 패드에 써보며 달라지는 점을 확인해 보세요. 간격은 25%로 설정할게요. [지터]는 군데군데 분산된 느낌이 나는 [구름 브러시] 같은 것을 만들 때 유용합니다. 지터는 20%로 설정할게요.

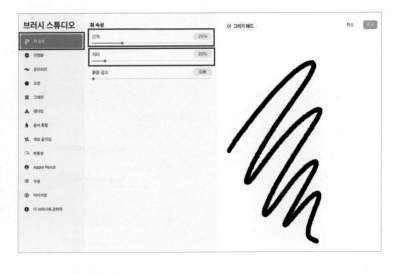

획 속성

간격 각 브러시의 간격을 나타냅니다. 값이 클수록 브러시 요소가 멀리 떨어져서 찍힙니다.

지터 지터는 랜덤값이라고 생각하면 됩니다. 획 경로를 중심으로 브러시를 랜덤하게 뿌려줍니다.

묽음 감소 획을 길게 그렸을 때 시간에 따라 점차 농도가 옅어집니다. 붓에 물감을 찍어서 그었을 때 붓에 머금어진 물감이 점차 줄어드는것 처럼 말이죠.

07 **[안정화]** 탭으로 가볼까요? **[안정화]**는 손떨림이 심한 경우 보조로 사용하는 건데요, 무조건 값을 높여서 사용하는 것 보다 내가 원하는 선이 나올 수 있는 값을 찾는게 좋아요. 옆에 그리기 패드에서 여러 번 시도해 보세요. 저는 제 손떨림을 모두 반영하는 그림이 재미있어서 값을 0으로 했어요.

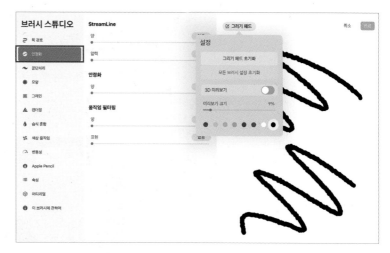

08 이번엔 가장자리가 종이로 찢긴 느낌의 거친 느낌을 내볼게요.

09 **[모양]**은 브러시의 끝부분 형태를 결정합니다. **[모양 소스]**에서 **[편집]**을 누르고 **[가져오기]** – **[소스 라이브러리]**를 열어주세요.

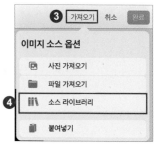

10 소스가 정말 많죠? 우리는 Blotch를 사용할게요.

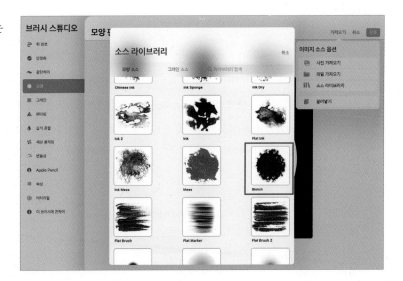

11 [모양 특성]에 [분산] 값은 최대로 하고 [완료]를 눌러줍니다. 이렇게 기본 [모노라인] 브러시를 변형해서 새로운 나만의 브러시를 만들어봤습니다.

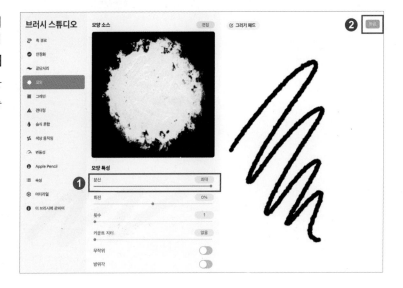

브러시 스튜디오 더 알아보기

1. 브러시 크기를 최대로 해도 마음에 들지 않아요.

브러시 스튜디오의 [속성] 탭에서 브러시의 최대 크기와 최소 크기를 조절할 수 있어요. 슬라이드 바에서 슬라이더를 최대, 최소로 올렸을 때 크기가 반영되는데, 슬라이더를 최대로 했는데도 내가 원하는 크기가 나오지 않는다면 이 속성을 조절하면 됩니다.

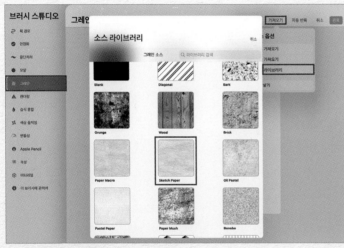

2. 브러시에 다양한 질감을 입히고 싶어요!

[그레인]은 붓으로 칠할 때 남는 텍스처라고 생각하면 되는데요. [그레인 소스]를 탭 해서 편집기를 연 다음 [가져오기] – [소스 라이브러리]을 탭 해서 프로크리에이트에 내장된 그레인 소스들을 선택해 보세요. 아래는 그레인 소스 Sketch Paper를 적용한 후의 브러시입니다.

3. 펜의 압력에 따라 굵기를 다르게 주고 싶어요.

[애플 펜슬] 탭에 들어가서 [압력]에 있는 크기를 최대로 맞춰줍니다. 내가 얼마나 애플 펜슬에 압력을 주느냐에 따라 얇고 굵게 나오는 정도를 조절합니다.

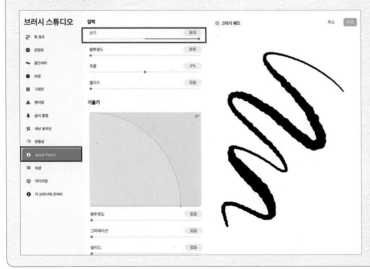

12 [레이어 1]의 불투명도를 30%
로 낮추고 레이어 혼합모드
를 [곱하기]로 변경합니다.

13 새 레이어를 추가하고 [레이
어 1] 아래로 내려줍니다. 스
케치를 보면서 몽글몽글 브
러시로 채색을 진행할게요.

14 색상은 완성작을 불러와서
직접 선택할 거예요. [동작
⦿] – [캔버스] – [레퍼런스]
창을 켜고 [이미지]에서 [곰돌
이생일파티 완성작.jpg]를 불
러옵니다.

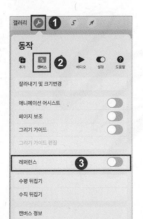

금손햄찌 TIP

[레퍼런스]에서 불러올 수 있는 [이미지]는 아이패드 내 [사진] 앱에 저장되어 있는 사진만 불러올 수 있어요. 다운받은 파일을 [사진] 앱에 저장하는 방법은 파일을 열고 오른쪽 상단 [공유] 버튼을 눌러 [이미지 저장]을 해주면 됩니다.

사진

15 레퍼런스 창에 손가락을 대고 원하는 색상을 길게 누르면 색상을 뽑을 수 있어요. 차근차근 하나씩 색상을 뽑아서 스케치의 윤곽선을 따라 그려보세요.

몽글몽글 브러시

몽글몽글 브러시 / 크기 10%

손가락으로 길게 터치

16 [몽글몽글 브러시]는 [모노라인]과 비슷하게 빈틈이 없어서 이렇게 외곽선을 따준 후 컬러 드롭 해주면 깔끔하게 색을 채울 수 있어요.

17 완성작을 참고하여 필요한 경우 레이어를 추가하며 하나하나 색을 칠해주세요.

18 이번 단계는 하나의 스타일 인데요. 선을 간소화 시켰습니다. 겹치는 부분에 검은 선을 그려주면 형태가 잘 보입니다. 스케치를 따라 전부 다 그려줘도 좋고요. 그림에 정답은 없으므로 자유롭게 진행하셔도 됩니다.

19 필요에 따라 레이어를 나누어주며 완성해주세요. 저는 아래와 같이 나누었어요. 수고하셨습니다!

CHAPTER 02

다양한 기법으로 그리기

이번 Chapter에서는 아이패드를 이용해 다양한 기법으로 그림을 그려보려 합니다.
유화, 수채화, 오일파스텔, 마카 등 다양한 재료를 흉내 내 표현해 볼 수 있어요.
아이패드는 재료를 직접 사지 않아도 되는 장점이 있습니다.

유화 브러시로 아보카도 그리기

과육이 촉촉하고 꾸덕한 아보카도는 유화와도 잘 어울리는 소재입니다.
이번 시간에는 디지털 그림을 더욱 더 손그림처럼 보이게 하는 유화 캔버스를 준비해 보고
유화 브러시로 아보카도의 단면을 그려보겠습니다.
실제 아보카도를 눈으로 직접 관찰하며 그리면 더 좋아요.

준비 파일 | 오일 캔버스 종이질감.jpg, 아보카도 팔레트.swatches
완성 파일 | 아보카도 완성작.png

01 3000px x 3000px 크기의 새로운 캔버스를 만든 후 **[동작 ⚙]**-**[추가]**-**[파일 삽입하기]**를 누르고 **[오일 캔버스 종이질감.jpg]**을 불러옵니다.

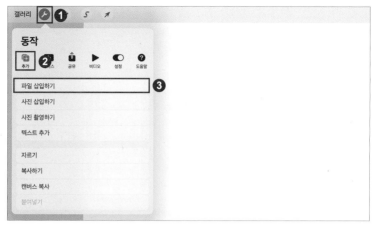

02 레이어 창을 열고 **[N]**을 눌러 레이어의 속성을 **[선형 번]**으로 변경합니다. 다음으로 레이어를 왼쪽으로 스와이프하여 **[복제]**해 주세요.

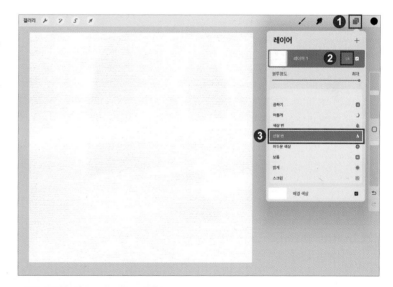

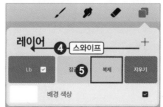

03 복제한 레이어의 속성은 **[색 상 번]**으로 변경합니다. 그리고 각각 '선형번', '색상번'으로 이름을 변경해서 레이어를 정리해 주세요.

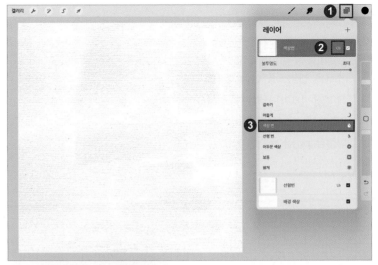

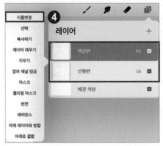

레이어 합성 모드

아래 레이어에 그려진 내용에 대해 효과를 넣을 수 있는 레이어의 기능입니다. 레이어의 합성 모드는 초기 상태에는 표준(N)으로 설정되어 있어요.

- **색상 번(Cb)** 아래 레이어 이미지의 색을 어둡게 하여 대비를 강하게 한 후 설정 중인 레이어의 색을 합성합니다.
- **선형 번(Lb)** 아래 레이어를 어둡게 한 후 설정 중인 레이어의 색을 합성합니다.

---

04 **[색상번 레이어]**를 선택한 후 **[선형번 레이어]**를 오른쪽으로 스와이프하여 레이어를 다중 선택합니다. 그 다음 두 레이어를 그룹으로 묶어 주세요. 그룹의 이름을 '종이질감'으로 변경할게요.

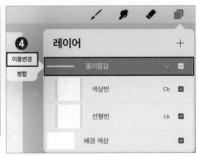

05 레이어를 실수로 지우거나 설정이 변경되지 않도록 그룹을 왼쪽으로 스와이프 하여 레이어를 [잠금] 합니다.

06 새 레이어를 추가하고 [종이질감] 그룹 아래에 끌어다 놓습니다. 이제 이곳에 그림을 그릴 거예요. 여기까지 오일 캔버스 세팅이 완료되었어요. 잠시 [갤러리]로 나가볼게요.

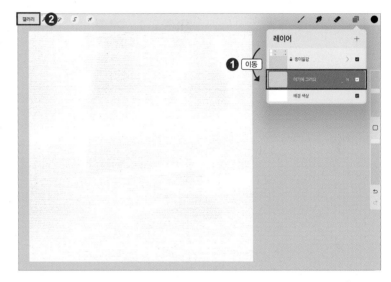

07 이렇게 오일 캔버스를 하나 만들어 두고 갤러리에서 왼쪽으로 스와이프하여 필요할 때 마다 캔버스를 복제해서 사용합니다.

08 다시 오일 캔버스를 열어 줍니다. [아보카도 팔레트]를 불러올게요. [색상] – [팔레트] 탭으로 가서 우측상단 [+] 버튼을 눌러줍니다. 그리고 [파일로 새로운 작업]을 선택하고 [아보카도 팔레트.swatches] 파일을 가져옵니다.

오일 브러시 활용하기

09 브러시는 [부드러운 오일 브러시]를 사용할게요. 크기는 45%, [1]번 컬러로 아보카도의 긴 타원형 모양을 그리고 [2]번 부터 [4]번까지 안쪽으로 한 단계씩 채워 줍니다.

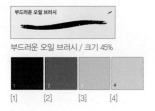

부드러운 오일 브러시 / 크기 45%

[1]   [2]   [3]   [4]

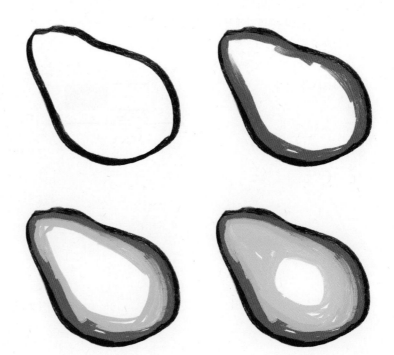

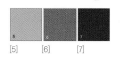 다음은 동일한 브러시로 아
보카도의 중앙에 있는 크고
동그란 씨앗을 그려주세요.

[5]   [6]   [7]

 [7], [8]번 컬러로 덧칠해서
그림자를 그려줍니다. 화면
상단에서 빛이 들어옵니다.
볼록 튀어나온 아보카도 씨
에 의한 그림자와 바닥에 늘
어진 그림자입니다.

[7]   [8]

 빛이 더 비치는 가장 밝은 부
분을 터치해 주세요.

[9]

13 이번엔 [거친 오일 브러시]를 사용하여 주변 색과 자연스럽게 섞이도록 덧칠합니다. 브러시 크기를 작게 하여 그림자가 맞닿는 부분을 다듬어 줘도 좋아요. 유화 느낌의 아보카도 완성입니다.

거친 오일 브러시

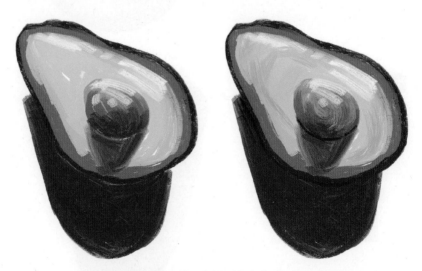

거친 오일 브러시로 다듬기 전 / 후

스포이드로 색 선택하기

사이드바의 스포이드를 터치하면 캔버스에 원이 나타납니다. 이 원을 원하는 색상 위에 올리면 색을 선택할 수 있습니다. 또 다른 방법은 선택하려는 색 부분을 손가락으로 2초 이상 길게 누르면 더 쉽고 빠르게 색을 선택할 수 있어요.

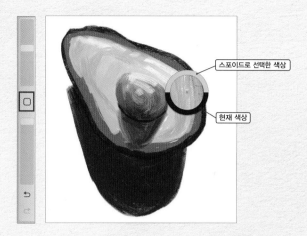

스포이드로 선택한 색상

현재 색상

[동작 🖉] – [설정] – [제스처 제어]- [스포이드툴]에서 원하는 방법으로 바꿀 수도 있어요. 터치 후 유지 시간이 2초가 길게 느껴진다면 지연 시간도 변경할 수 있어요.

LESSON 02 간단하게 그려보는 풍경화

어반 스케치는 현장에서 직접 눈으로 보고 느끼며 그리는 그림으로,
일상·여행지 등의 건물이나 거리, 경관, 인물 등을 사진처럼 기록하듯 그리는 것을 말합니다.
그리는 도구는 특별히 정해진 것이 없지만, 야외 현장에서의 편리함을 위해
일반적으로 펜, 연필, 볼펜, 물감의 경우 휴대용 수채물감이 주로 사용됩니다.
우리는 휴대하기 편한 아이패드가 있으니 좀 더 편하게 그릴 수 있겠죠?
실제 펜과 수채화 느낌을 가져와 어반 스케치의 자유로운 느낌을 디지털로 표현해 볼게요.

🖌 **준비 파일** | 풍경 일러스트 참고사진.jpg, 수채화 캔버스.procreate
🪣 **완성 파일** | 풍경화 완성작.png

01 프로크리에이트 갤러리에서 [가져오기]를 탭 한 후 [수채화 캔버스.procreate]를 가져옵니다.

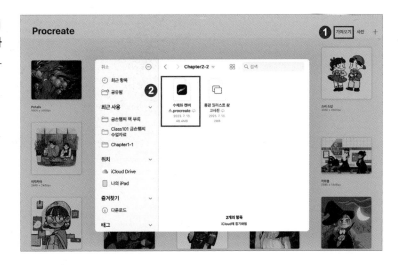

02 종이 질감이 세팅된 캔버스를 미리 준비했어요. 설정 옵션을 바꾸고 싶다면 수채화 캔버스 그룹을 왼쪽으로 스와이프 하여 [잠금 해제]를 하면 됩니다.

금손햄찌 TIP

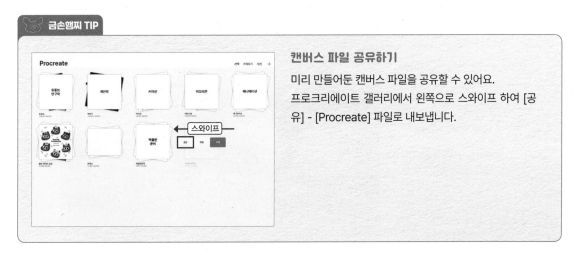

캔버스 파일 공유하기

미리 만들어둔 캔버스 파일을 공유할 수 있어요.
프로크리에이트 갤러리에서 왼쪽으로 스와이프 하여 [공유] - [Procreate] 파일로 내보냅니다.

03 보고 그릴 자료 사진을 화면 옆에 띄우고 진행할 거예요. **[동작 🔧] – [캔버스] – [레퍼런스]**를 켜주면 작은 화면이 뜨면서 이미지를 불러올 수 있어요. **[이미지 불러오기]**를 누르고 **[풍경 일러스트 참고사진.jpg]**을 불러옵니다.

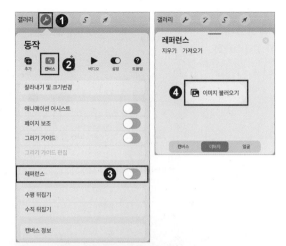

04 사진을 보고 그리는 순서를 정할게요. 첫 번째로 수평선을 찾습니다. 기준선을 찾아 그려주는 거예요. 두 번째로 중심이 되는 것을 그려줍니다. 이 사진에서는 큰 나무가 중심이 되겠죠? 세 번째로 저 멀리 있는 건물이나 나무를 그릴 거예요.

05 브러시는 모나미 볼펜 느낌이 나는 [나린더 연필]을 사용해 볼게요.

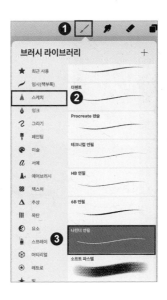

06 어반 스케치는 그림의 도구나 재료, 작법 보다는 일상의 소소한 재미나 행복을 중시한다는 특징이 있어요. 잘 그려야겠다는 생각을 버리고 손에 힘을 뺍니다. 수평선을 찾아 그어주세요. 구불구불해도 괜찮아요.

07 낮은 풀숲의 외곽선을 그려줍니다. 길을 그렸을 때보다는 뾰족하게 지그재그로 그려보세요. 주변에 작은 동그라미를 그려서 심심하지 않게 주변을 꾸며줍니다.

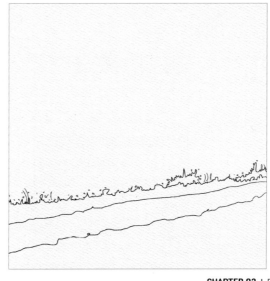

08 나무 앞에 있는 벤치도 그립니다. 선을 여러 번 겹쳐 그려도 그대로의 맛이 있어요. 실제 펜으로 종이에 그리면 지우개를 사용할 수 없죠? 디지털 드로잉은 되돌리기를 할 수 있지만, 이번 그림은 자연스러움이 묻어 나도록 **[지우개]**와 **[되돌리기]**를 되도록이면 사용하지 않을 거예요.

09 새 레이어를 추가하고 나무의 덩어리를 대략적으로 그린 후 **[변형 ↗]** 툴로 위치를 잡아주세요. 이렇게 **[레이어]**를 따로 분리해 두면 수정이 편리합니다.

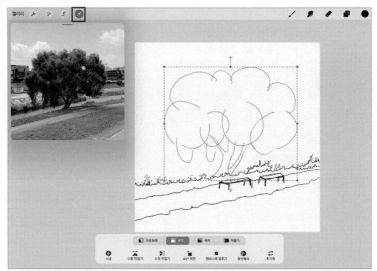

10 나무의 덩어리를 잡아준 레이어의 불투명도를 낮춘 후 잡아준 덩어리를 따라 나무의 외곽 라인을 지그재그로 가볍게 따주세요.

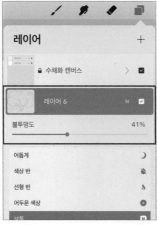

자세히 그리려고 하지 말고 형태만 비슷하게 맞춥니다. 곡선 형태여도 되고, 각이 져도 되고 좀 떨어트리면서 그어도 좋아요. 정답은 없습니다. 사이사이로 보이는 비어 있는 부분도 그려주고 그 사이로 보이는 나뭇가지를 그려줍니다.

11 이번에는 밝음과 어두움을 나누어볼게요. 음영을 표현할 때 가장 좋은 방법이 해칭(hatching)입니다. 해칭은 선의 간격, 밀도에 따라 음영의 밝고 어두움을 표현할 수 있어요.

12 세로선을 이용해 한 방향으로만 진행해 보겠습니다. 어두운 부분의 영역을 나눠주고 해칭 해줍니다.

조금 더 어둡게 표현하고 싶은 부분은 겹쳐서 한 번 더 해칭 해주세요. 해칭을 해둔 상태에서 더블 해칭을 하면 어두워 보이면서 조금 더 입체감을 살릴 수 있어요.

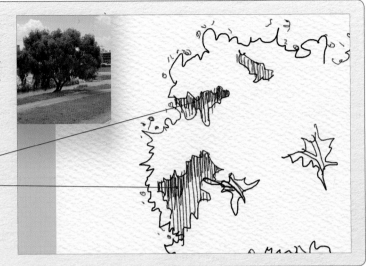

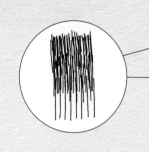

13 ❶ 나무 주변에도 작은 동그라미를 그려서 삐져나온 나뭇잎 느낌으로 꾸며주세요.
❷ 낮은 풀도 뒤쪽에 있는 부분은 해칭 해줍니다. 해칭 간격을 조절해서 음영을 표현해 주세요.

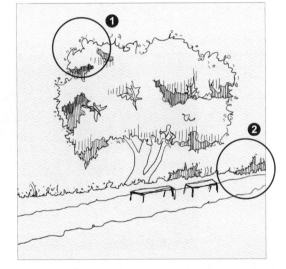

14 앞에서 했던 것처럼 나무 뒤쪽으로 이어지는 수평선과 낮은 풀을 그려줍니다. 어두운 부분을 찾아 음영도 표현해 주세요.

15 그 뒤 전봇대와 건물들도 간략하게 그려주세요. 멀리서 보면 그럴듯해 보이지만 자세히 보면 간단하게 그렸습니다. 생략한 것도 많고요. 건물을 그릴 때는 크게 덩어리로 그려주세요.

단순화   실제 사진

실제 사진   단순화

16 테두리를 그리기 위해 [**변형** ] 툴로 전체 사이즈를 살짝 줄여줍니다.

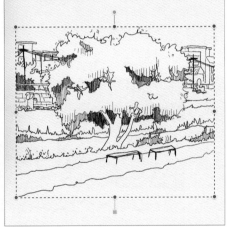

17 그 후 액자처럼 주변에 사각형을 그려줄게요. 삐뚤어지면 삐뚤어진 대로 한두 번 더 그어도 좋습니다.

18 스케치 위에 포인트로 색을 살짝 입혀주면 그림이 더 멋스러워요. 들어가기 전에 수채화 브러시 두 가지를 소개할게요. 부록으로 제공하는 금손햄찌 커스텀 브러시에는 **[메인 수채화]**, **[구름 수채화]** 두 가지 수채화 브러시가 있어요.

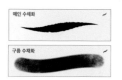

메인 수채화 브러시　펜슬에 압력을 강약으로 주면서 물감의 양을 조절할 수 있습니다. 펜을 떼었다 다시 겹쳐 칠하면서 자국을 남길 수도 있고 뭉개주면 자연스럽게 섞입니다.

구름 수채화 브러시　전체적으로 동글동글하고 부드러운 브러시 입니다. 넓은 면을 칠할 때 주로 사용해요.

19 **[스케치 레이어]**의 혼합모드를 **[곱하기]**로 변경합니다.

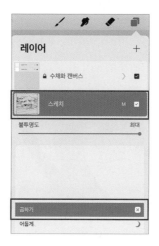

20 그 아래 **[채색 레이어]**를 선택하고 컬러는 녹색, **[메인 수채화]** 브러시로 나무를 칠해줍니다.

21 해칭 부분은 조금 더 어두운
녹색으로 덧칠해 줍니다.

22 검은색으로 나무 기둥을 채
색해 줍니다. 여러 번 덧칠
하면 색이 점점 진해져요.

23 마지막으로 손에 힘을 빼고 땅에 드리워진 나무의 그림자를 그려준 후 [문지르기 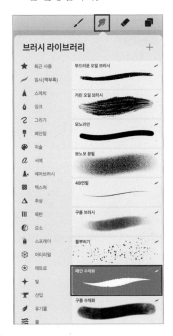] 탭에서 같은 [메인 수채화] 브러시를 선택하고 그림자를 넓게 펼쳐서 문질러 주면 완성입니다.

입체감이 살아있는 페이퍼 커팅 일러스트

페이퍼 커팅은 종이를 잘라내서 입체감을 표현하는 하나의 기법인데요,
디지털 드로잉으로도 충분히 표현이 가능해요. 아이패드에 그린 그림을
종이처럼 잘라낼 수는 없지만 프로크리에이트의 다양한 기능을 사용해 입체감을 주어
페이퍼 커팅처럼 표현해 볼 수 있어요. 자, 시작해볼까요?

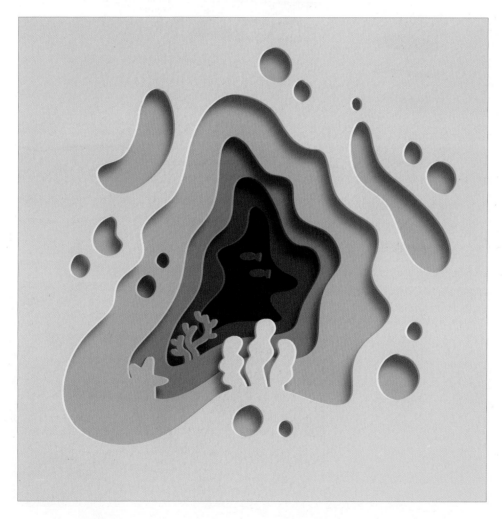

준비 파일 | 페이퍼커팅 스케치.jpg, 페이퍼커팅 종이질감.jpg, 푸른계열 팔레트.swatches
완성 파일 | 페이퍼커팅 완성작.png

01 프로크리에이트 갤러리에서 [가져오기]를 탭하고 [페이퍼 커팅 스케치.jpg] 파일을 가져 옵니다. 겹겹이 쌓는 컨셉과 어울리는 깊은 바다를 표현 해 보고 싶었어요. 바다의 물 결이 연상되도록 불규칙적인 모양으로 외곽 라인을 잡았 습니다.

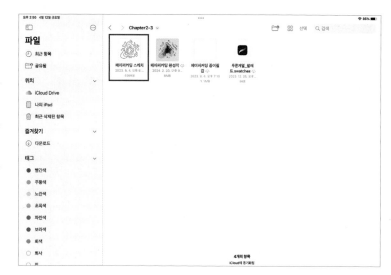

02 레이어 창을 열고 스케치 레 이어의 혼합모드를 [곱하기] 로 변경 후 불투명도를 15% 로 낮춰줍니다.

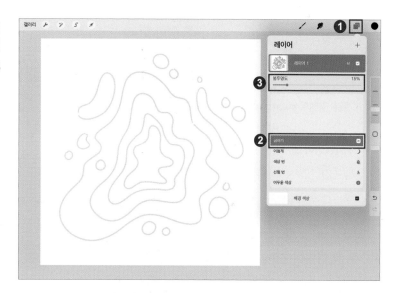

03 총 5개의 레이어로 층층이 쌓아볼 거예요. [+]를 눌러 다섯 개의 새 레이어를 추가 합니다.

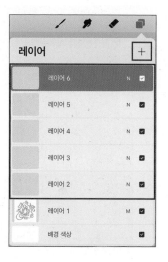

04 [스케치 레이어]가 잘 보이도록 끌어와서 맨 위에 올려줍니다.

05 제가 개인적으로 좋아하는 차분한 색감으로 이루어진 푸른색 계열의 팔레트를 사용할 거예요.
앞에서 배운 방법으로 [푸른 계열 팔레트.swatches]를 불러옵니다. 그리고 맨 아래 있는 [레이어 2]에 푸른계열 팔레트 중 어두운 색을 컬러 드롭 해줍니다. 이번 Lesson은 컬러를 번호로 지정하지 않았으니 팔레트에서 마음에 드는 색을 골라 사용하세요.

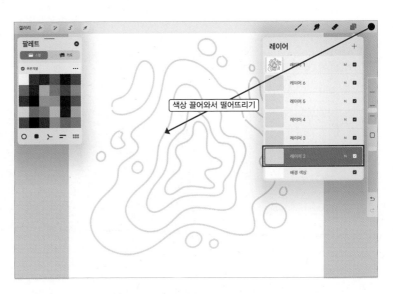

06 나머지 4개의 레이어에 색상을 점점 밝게 선택하고 순서대로 쌓아줄 거예요.

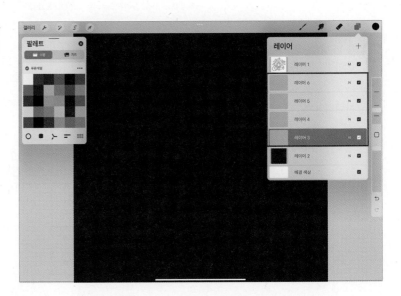

07 [레이어 3]을 선택하고 [**모노
라인**] 브러시로 스케치 가장
안쪽 라인을 따라 모양을 따
주고 바깥쪽에 컬러 드롭 해
주세요. 색상은 이전보다 살
짝 밝은 푸른 색감으로 선택
해 보세요.

모노라인

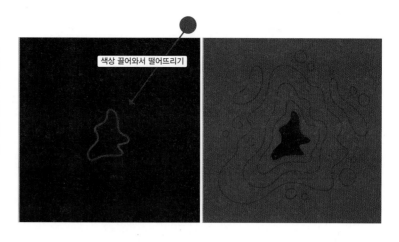

08 [레이어 4]도 스케치를 따라
선을 그리고 선의 바깥쪽에
색을 채워줍니다. 같은 방식
으로 어두운 색부터 밝은 색
까지 단계별로 쌓아 올릴 거
예요. 반대로 해도 좋고요.
알록달록한 색도 좋아요!

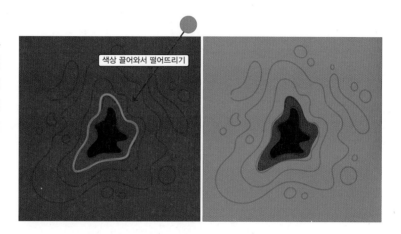

09 [레이어 5]와 [레이어 6]에도
각각 선을 따주고 색을 채워
주세요.

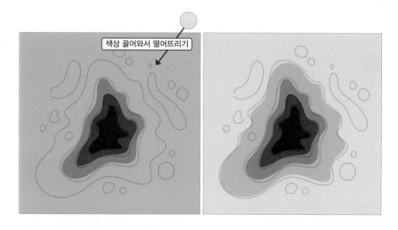

10 이번엔 주변에 물방울들을 종이에 구멍을 낸 것처럼 표현해 볼 거예요. [레이어 6]을 선택한 상태에서 같은 [모노라인] 브러시의 [지우개 🩹]로 주변 물방울 부분을 지워줍니다.

모노라인

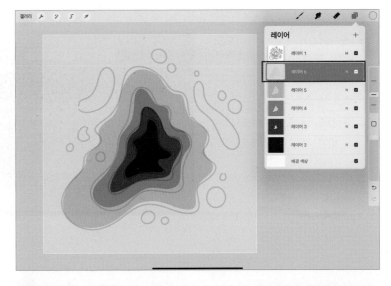

중요! 색을 칠하는 게 아니라 지워주는 거예요. 지워준 공간에 아래 레이어의 색상이 보이는 거예요. 배경 색상을 꺼서 보면 투명한 부분이 보이는 것을 확인할 수 있어요.

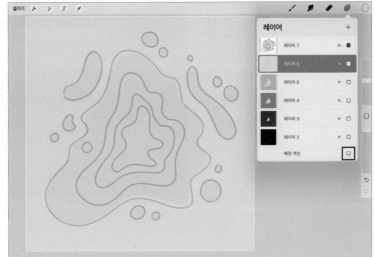

11 [스케치 레이어]는 이제 필요 없으니 왼쪽으로 스와이프해서 삭제합니다.

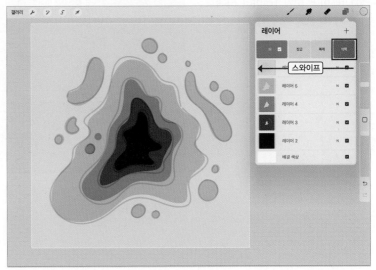

12 이제 조금 더 바다 느낌이 나도록 꾸며볼까요? [레이어 6]을 선택하고 한 장의 종이에 같이 오려낸 듯한 느낌이 들도록 같은 색상으로 해초를 그려주세요.

금손햄찌 TIP

같은 색상을 사용하고 싶을 때는 한 손가락으로 원하는 색상을 1~2초 꾸욱 누르고 있으면 선택됩니다.

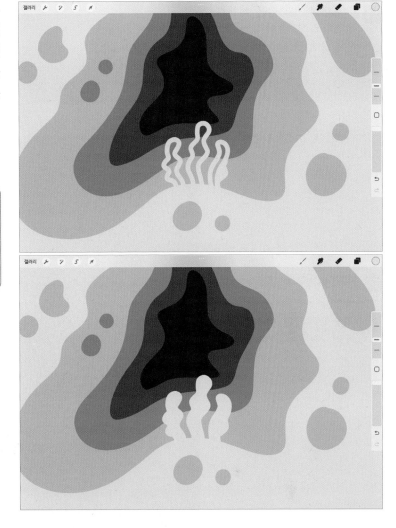

13 마찬가지로 [레이어 5]를 선택하고 같은 색상으로 종이 끝부분에 불가사리를 그려주세요.

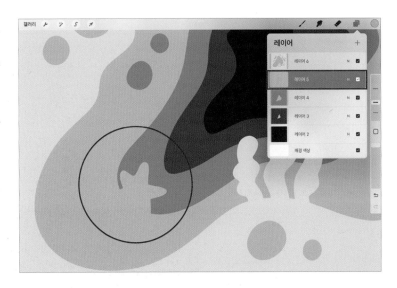

14 [레이어 4]에도 같은 색상을 선택하고 산호초를 그려주었어요.

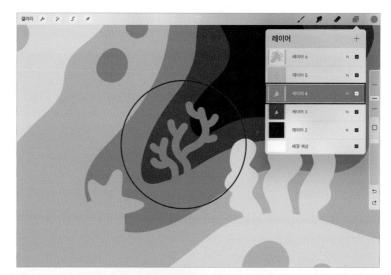

15 [레이어 3]에도 같은 색으로 물고기를 그려보아요. 종이 끝에 꼭 붙어있을 필요는 없어요. 자유롭게 바다 느낌이 나는 귀여운 친구들을 추가합니다.

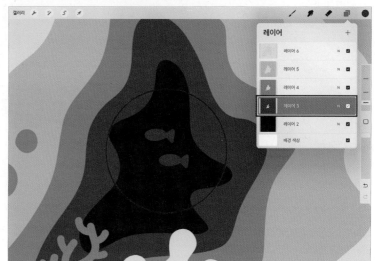

입체감 주기

16 이미지를 잘 보고 각 [레이어 3, 4, 5, 6]을 3번씩 복제합니다. 레이어가 갑자기 많아졌죠? 각 레이어의 3개 중 하나는 종이의 어두운 옆면, 하나는 종이의 밝은 옆면을 표현할 거예요. 잘 따라와주세요!

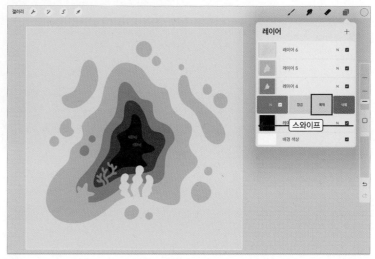

17 복제한 레이어 3개를 한 세
트로 봤을 때 각 위에서 두
번째 레이어를 다중 선택합
니다.

18 [변형 🔄] 툴을 누르고 [균등] 옵션이 선택된 상태에서 애플 펜슬로 오른쪽 화면을 톡톡 쳐서 오른쪽으로 미세하게 옮겨주세요.

🐹 **금손햄찌 TIP**

애플 펜슬로 끌어서 직접 옮길 수도 있지만 미세하게 옮기고 싶은 경우 화면을 원하는 방향으로 톡톡 쳐주면 그 방향으로 1픽셀씩 이동합니다.

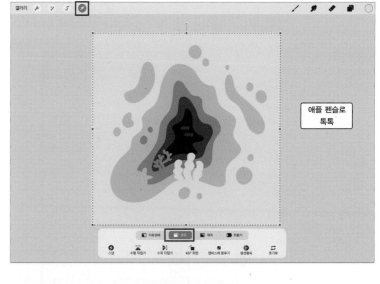

19 [레이어 6]의 두 번째 레이어를 선택하고 [조정 🔄] – [색조, 채도, 밝기]를 선택합니다.

20 화면 하단 탭에서 [밝기]를 55%로 살짝 올려주면 이 전에 이동시켰던 레이어의 면이 살짝 보이면서 종이의 두께감을 만들어 줍니다.

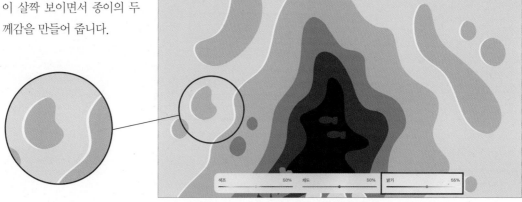

21 나머지 레이어에도 종이의 밝은 면을 표현해 줄게요. 각 레이어의 두 번째를 선택하고 [조정 ⊘] − [색조, 채도, 밝기]에 들어가 밝기를 55%로 올려줍니다.

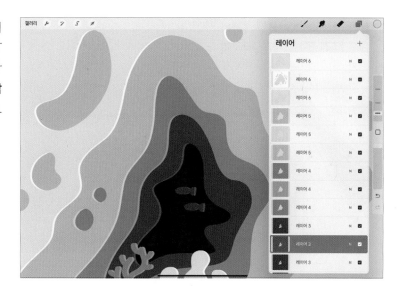

22 이번엔 종이의 어두운 면을 표현합니다. 각 레이어의 세 번째 레이어를 다중선택해 줍니다.

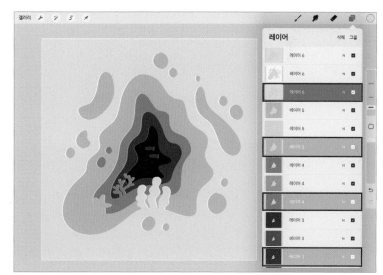

23 [변형 ⊘] 툴을 누르고 이번 엔 화면의 왼쪽을 애플 펜슬로 톡톡 쳐서 왼쪽으로 미세하게 옮겨줍니다. 너무 많이 옮겨주면 부자연스러우니 살짝만 옮겨주세요.

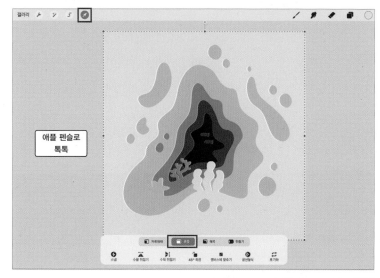

24 각 세 번째 레이어를 선택하고 [조정 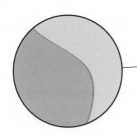] – [색조, 채도, 밝기]에서 밝기를 35% 정도로 낮춰줍니다. 어두운 면이 생겼죠?

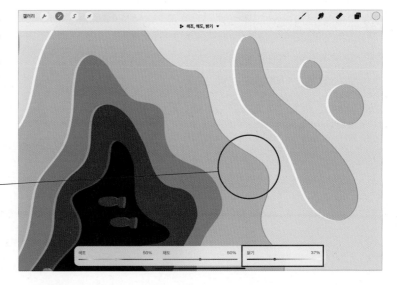

25 이렇게 밝은 면과 어두운 면을 넣어 종이의 두께감을 표현했어요.

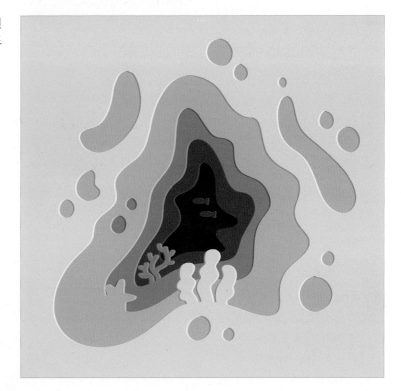

26 이번에는 그림자를 넣어서 종이가 겹겹이 쌓여 있는 것을 입체감 있게 표현할게요. 각각의 세 번째 레이어를 복제해 줍니다.

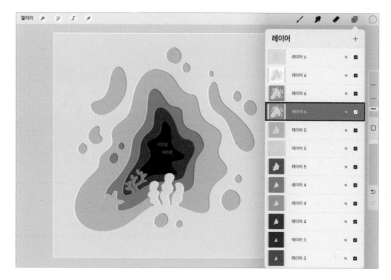

27 각 레이어들의 마지막 레이어들을 다중 선택합니다.

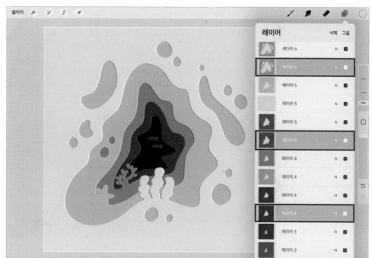

28 [변형 ⬈] 툴을 이용해 빛이 오른쪽 위 쪽에 있다고 가정하고 그림자가 될 레이어를 왼쪽 대각선 아래쪽으로 적당히 내려주세요.

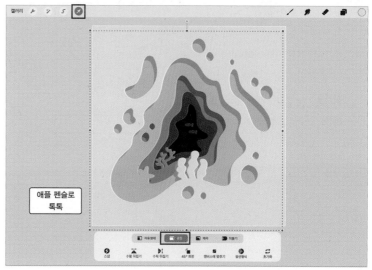

29 [조정 ⊘] – [색조, 채도, 밝기]
에서 [밝기]를 없음으로 내리
면 완전한 검은색이 됩니다.
검은색이 되도록 변경해 주
세요.

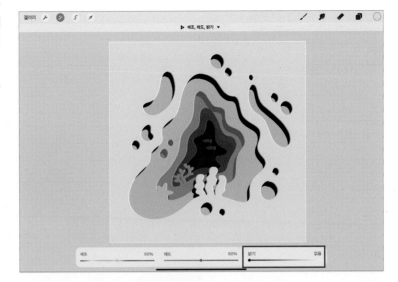

30 마찬가지로 네 번째에 있는
레이어 모두의 밝기를 0%로
변경해 줍니다.

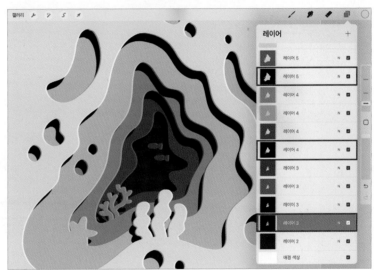

31 그림자가 선명해서 빛이 너
무 강해 보이죠? 그림자의
가장자리를 조금 더 부드럽
게 해줄게요. [레이어 3]의 네
번째 레이어를 선택한 후 [조
정 ⊘] – [가우시안 흐림 효
과]에 들어갑니다.

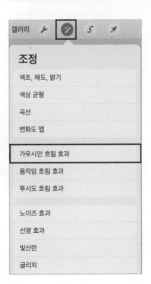

32 애플 펜슬을 좌우로 드래그
하여 가우시안 흐림 효과를
10% 정도 적용할게요. 경계
가 흐려지면서 조금 더 은은
한 느낌이 나죠?

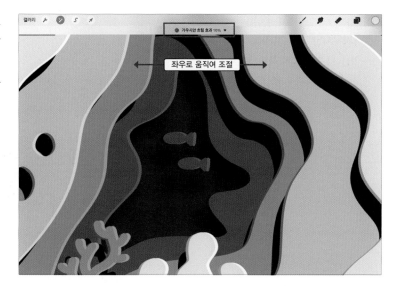

33 아래 레이어와 색이 좀 더 자
연스럽게 섞이도록 레이어에
서 [N]을 누르고 레이어 혼합
모드를 [곱하기]로 변경합니
다. 그림자가 너무 강하게 느
껴진다면 불투명도를 조절하
세요. 저는 60%로 낮췄어요.

34 나머지 그림자 레이어들도 [가우시안 흐림 효과]와 [곱하기] 모드, [불투명도 조절]을 통해 모두 적용해 주세요. 그러면 구멍 난 종이가 겹겹이 쌓인 느낌이 완성됩니다.

종이 질감 추가하기

35 [동작 🔧] – [추가] – [파일 삽입하기]에서 [페이퍼커팅 종이질감.jpg] 파일을 불러옵니다.

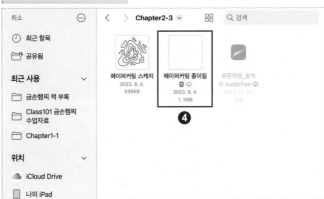

36 레이어의 맨 위에 올려주고 한 장 더 복사합니다.

37 레이어 혼합모드를 조금씩 바꿔서 전체 그림에 종이 질 감을 자연스럽게 입혀줍니 다. **[삽입한 이미지 1]**은 **[곱하 기]** 모드, **[삽입한 이미지 2]**는 **[색상 번]**으로 변경합니다. 하 나의 방법일 뿐이지 정답은 아닙니다. 기회가 될 때마다 다양한 레이어 혼합모드를 사용해보세요.

38 완성입니다. 페이퍼 커팅 일러스트 느낌이 나죠? 여러분의 아이디어로 무궁무진하게 꾸밀 수 있어요. 이번에 배운 방법을 응용해서 재미있는 그림을 다양하게 그려보세요.

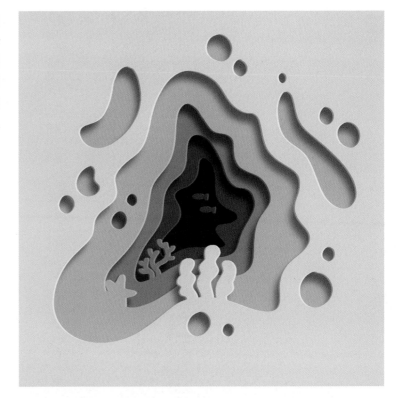

LESSON 04 픽셀아트로 그리는 네모난 우주 다람쥐

네모난 픽셀 스타일이 전달하는 특별한 감성은 매력적으로 다가옵니다.
픽셀아트는 그릴 수 있는 픽셀의 칸 수와 색을 의도적으로 제한하는데요,
저와 함께 복잡한 형태를 단순화시키며 네모난 우주 다람쥐를 그려봅시다.

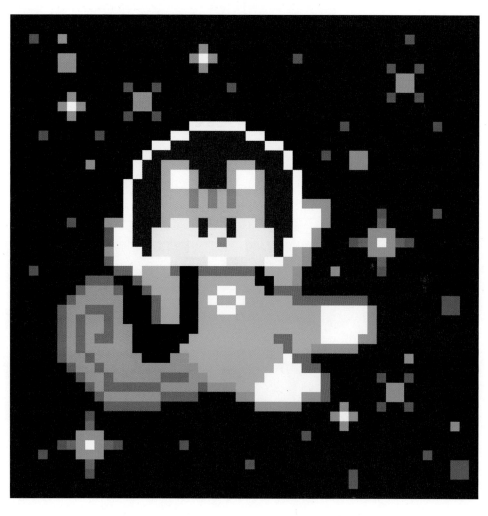

준비 파일 | 우주다람쥐 스케치.JPG, 우주다람쥐.swatches
완성 파일 | 우주다람쥐 완성작.png

픽셀아트를 만들기 전에 픽셀아트가 무엇인지 알면 좋겠죠?

사진이나 그림을 최대한 확대해서 보면 작은 사각형 단위의 픽셀을 확인할 수 있는데, 이렇게 이미지를 구성하는 최소 단위를 픽셀(Pixel)이라고 합니다. 그러면 다음 딸기 사진도 확대해 보면 픽셀이 보이니 픽셀아트일까요?

픽셀아트는 단순히 픽셀로 구성되어 있는 것이 아니라 옛날 컴퓨터 게임이나 비디오 게임 이미지가 연상되는 작품을 뜻합니다.

이미지 출처 https://www.adobe.com/kr

픽셀아트는 레트로 비디오 게임에서 시작되었는데요, 초창기 게임은 화면의 해상도가 그렇게 높지 않았고 자동으로 처리해주는 소프트웨어도 없었습니다. 그릴 수 있는 칸 수와 사용할 수 있는 색깔의 수가 제한적이어서 어쩔 수 없이 이렇게 표현했는데, 이런 느낌이 오늘날에는 하나의 스타일이 되었답니다.

픽셀아트의 파일을 만들 때 이미지에 얼마나 많은 픽셀을 사용할지 생각해 봐야 합니다. 다음은 픽셀아트를 만들 때 몇 가지 표준 크기들의 예시입니다.

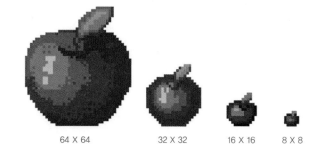

64 X 64   32 X 32   16 X 16   8 X 8

가장 왼쪽은 64픽셀입니다. 여기에는 많은 정보를 담을 수 있기 때문에 다양한 디테일을 추가할 수 있어요. 하지만 그만큼 디테일들을 담아내는 게 좀 더 어렵겠죠? 가장 오른쪽에 8픽셀을 볼까요? 정확한 형체를 알아보기 힘들고 디테일도 더 적어서 어떤 이미지인지에 대한 정보가 조금 부족하긴 하지만 그리기는 더 쉬울 거예요. 이렇게 보는 바와 같이 픽셀아트를 만들 때는 밸런스를 맞춰줘야 해요.

01 새로운 캔버스를 생성해 볼까요? [＋] – [사용자지정 캔버스 🖥]를 탭 합니다.

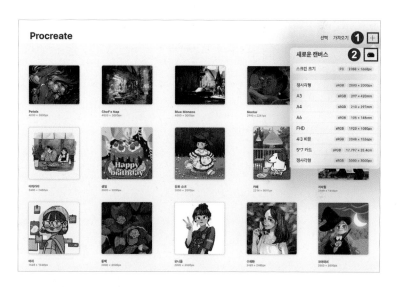

02 너비와 높이 모두 50픽셀로 설정할게요. 단위가 픽셀로 되어있지 않은 분들은 좌측 하단에서 선택하면 됩니다.

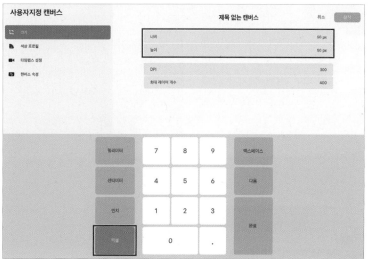

03 픽셀이 눈에 더 잘 보이도록 작업환경을 먼저 만들게요. **[동작 🔧] – [캔버스] – [그리기 가이드]**를 켜줍니다. 그리고 아래 **[그리기 가이드 편집]**으로 들어갑니다.

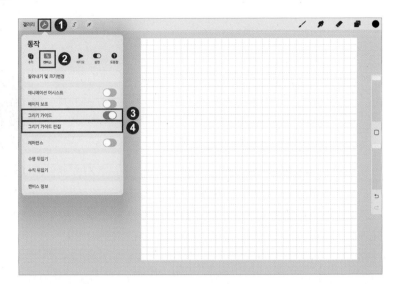

04 하단 옵션에서 **[2D 격자]**를 선택, 1픽셀 단위로 볼 수 있도록 **[격자 크기]**를 1로 해줍니다.

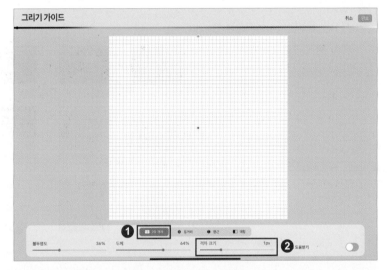

05 픽셀을 찍을 때 눈에 더 잘 보이도록 레이어를 열고 **[배경 색상]**을 연한 회색으로 변경합니다. 여기 까지가 픽셀아트를 시작하기 전 기본 세팅입니다.

06 작은 캔버스에서는 픽셀 수가 적어서 자세하게 그리기 어려워요. 3000픽셀 정사각형 캔버스를 새로 생성하여 그리고 싶은 이미지를 먼저 스케치해 줍니다. 이번 실습에 필요한 스케치 파일은 부록으로 제공합니다.

07 [동작 🔧] – [추가] – [파일 삽입하기]에서 [우주다람쥐 스케치.JPG] 파일을 가져옵니다. 이미지가 깨져 보여도 당황하지 마세요. 3000픽셀에서 그렸던 것을 50픽셀 캔버스로 가져와서 픽셀 수가 확연히 줄었기 때문에 깨져 보이는 게 당연해요. 그래도 대략적인 스케치 선이 보이죠?

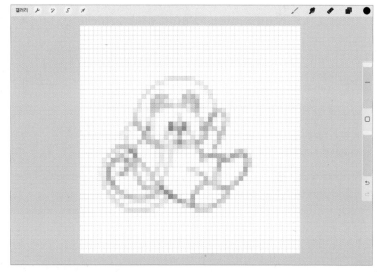

🐹 금손햄찌 TIP

내가 그린 스케치를 파일 저장 없이 복사해서 붙여 넣는 방법

[동작 🔧] – [추가] – [캔버스 복사] 한 후에 붙여 넣고자 하는 캔버스를 열어서 [동작 🔧] – [추가] – [붙여넣기] 해주면 됩니다.

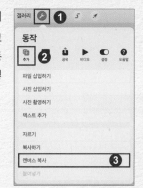

08 평소에 사용하는 [모노라인] 브러시를 보면 이렇게 크기가 꽤 크고 끝이 깔끔하지 않기 때문에 픽셀아트에 적합한 1픽셀 사이즈의 브러시가 필요합니다.

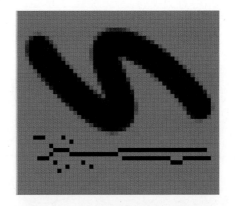

09 부록으로 제공된 커스텀 브러시 중 [1 Pixel Size] 브러시를 선택하고 화면을 콕 찍어보세요. 네모난 1픽셀을 볼 수 있을 거예요.

금손햄찌 TIP

[지우개 🖊]를 사용할 때도 같은 픽셀 브러시로 사용해야 한 칸씩 지워져요. [지우개 🖊]를 꾸욱 누르고 있으면 현재 사용하는 브러시와 같은 브러시로 선택이 됩니다.

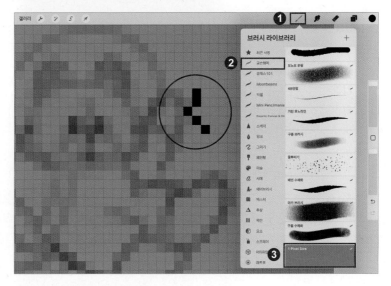

10 다음으로 스케치 레이어의 혼합모드를 [곱하기]로 변경합니다.

11 [스케치 레이어] 아래 새 레이어를 추가하고 그립니다. 흐릿한 스케치 선을 토대로 어떤 선을 사용할지 생각하면서 콕콕 점을 찍어보세요. 다 그린 후 [스케치 레이어]는 더 이상 필요하지 않다면 보이지 않게 끄거나 삭제합니다.

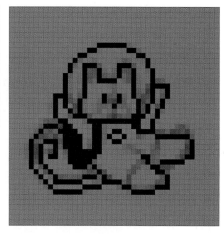

12 자 이제 색칠공부 시간이에요. 팔레트를 옆에 두고 콕콕 찍어서 그려볼까요? [색상] 탭에서 팔레트 [+]을 누르고 [파일로 새로운 작업] – [우주다람쥐.swatches] 파일을 불러옵니다.

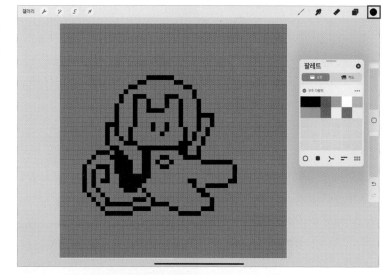

13 검은색 테두리 라인 안에 다람쥐 얼굴과 꼬리, 우주복의 색을 칠해주세요.

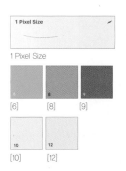

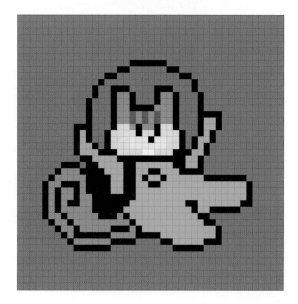

14 검은색 라인은 주변색과 비슷한 색감으로 연장해서 그림을 다듬어줍니다. 픽셀을 많이 쓰지 않은 아주 작은 그림이기 때문에 어디에 어떤 색의 픽셀을 찍느냐에 따라 느낌이 많이 달라질 거예요.

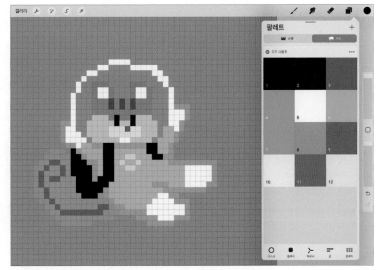

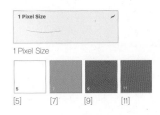

[5]   [7]   [9]   [11]

15 새 레이어를 추가하고 이번 엔 우주복의 유리를 표현해 보겠습니다. 머리 부분을 흰 색으로 채워줍니다.

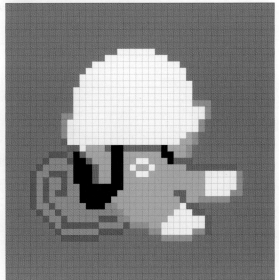

16 레이어 혼합모드를 [**소프트 라이트**]로 변경한 후 불투명도를 50%로 낮춰서 투명한 느낌을 쉽게 내주세요.

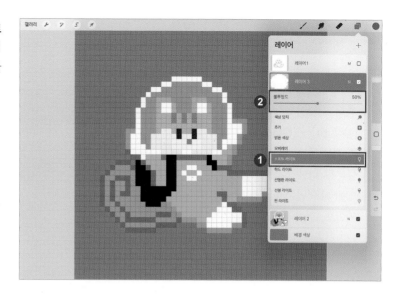

17 가장 아래 새 레이어를 추가하여 [**2**]번 컬러로 배경 전체를 깔아주고 가장 위에 새 레이어를 추가하여 네모난 별을 그려봅니다.

[2]

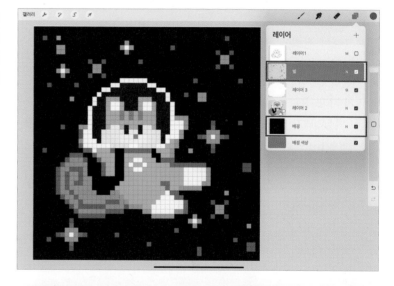

18 1픽셀 하나만 찍어도 좋고, 4픽셀 네모로 조금 더 큰 별을, 또 4픽셀 주변에 조금 더 꾸며서 다양한 별 모양을 자유롭게 표현할 수 있어요.

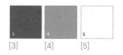

[3]   [4]   [5]

19 아직 완전히 끝난 게 아니에요. 왜냐하면 이 작업은 50픽셀로 만들어졌기 때문이죠. [동작 🔧] – [캔버스] – [캔버스 정보]에 가서 크기를 보면 물리적 너비와 높이가 4mm밖에 되지 않는다는 걸 알 수 있어요. 만약 이대로 그림을 저장하거나 굿즈를 만든다면 이미지가 너무 작아서 보이지 않아요. 실제 이미지 크기가 1cm도 안되기 때문이죠.

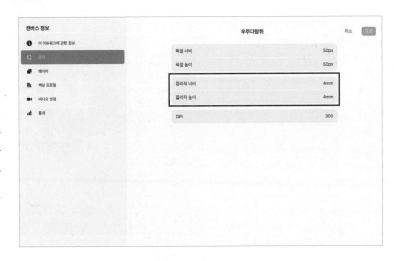

20 그래서 픽셀아트의 마무리 단계가 가장 중요해요. 먼저 [동작 🔧] – [캔버스] – [그리기 가이드]는 꺼주세요. 그리고 [잘라내기 및 크기변경]에 들어가서 크기를 키워줘야 해요.

21 설정에서 3000 픽셀 정사각형으로 캔버스 사이즈를 키워줍니다. [캔버스 리샘플]은 꺼져 있는 상태입니다. [완료]를 눌러줍니다.

22 캔버스가 엄청나게 커지면서 우리의 그림은 저 구석에 아주 작게 있죠? 레이어 창에서 4개의 레이어를 다중 선택합니다.

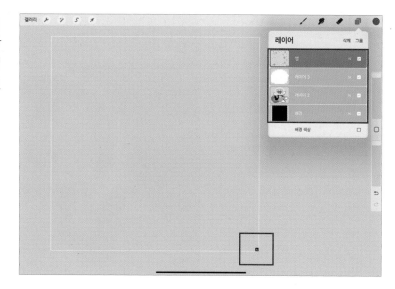

23 [변형 ✐] 툴을 누르고 [스냅]과 [균등] 옵션이 켜진 상태에서 눈에 잘 보일만큼 크기를 크게 키워주세요.
이때 중요한 것은 [보간법] – [최단입점]인데요, 먼저 [보간법]이란 이미지의 크기가 조정, 회전, 변환될 때 픽셀 값의 계산 방식입니다. 프로크리에이트에는 세 가지의 옵션이 있어요.

최단입점(최근방) 형태를 수정할 때 비슷한 색을 묶어서 수정합니다. 선명하지만 경직된 느낌이에요. 픽셀아트를 수정할 때 사용하면 좋아요.

쌍선형식 수정될 픽셀의 2 x 2 영역을 고려하여 값을 계산합니다. 경계 부분이 좀 더 부드럽게 표현돼요. 일반적으로 가장 많이 사용합니다.

쌍사차식 주변 픽셀의 4 x 4 영역을 고려하여 가장 부드러운 결과를 제공합니다. 부드럽지만 선명함은 떨어져요. 뿌연 이미지에 사용하면 좋아요.

24 이 이미지는 **[쌍선형식]**으로 진행해봤어요. 이렇게 하면 이미지가 커지긴 했지만 이미지를 늘리면서 새로운 픽셀들과 정보를 자동으로 만들어 냈기 때문에 이미지가 번져 보이죠. 평소 그림에서는 자연스럽게 보정해 주기 때문에 **[쌍선형식]**을 사용하면 좋아요. 하지만 픽셀아트에서는 픽셀 자체의 각진 모양을 살려야 하기 때문에 **[최단입점(최근방)]**으로 옵션을 바꿔서 진행해 볼게요.

25 가장자리가 깔끔하죠? 픽셀을 있는 그대로 보존했기 때문입니다. 이것이 픽셀아트를 만들 때 가장 중요한 점 중 하나인데요. 픽셀아트를 만든 후 가장 마지막 단계에는 큰 사이즈로 키워줘야 합니다. 크기를 키운 후에는 1 픽셀이 아주 작기 때문에 수정이 어려워요. 그래서 크기를 키우기 전 파일을 복사해 두는 것도 좋은 방법이죠. 자, 이렇게 우주다람쥐 완성입니다. 수고하셨습니다!

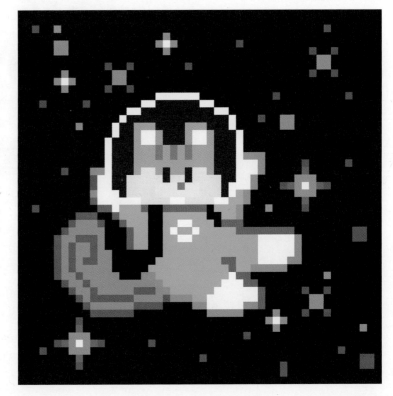

LESSON 05 나만의 종이 질감 만들기

매끈한 디지털 드로잉에 종이 질감 소스 한 스푼으로 더 멋지게 그림을 완성할 수 있어요.

Before
After

종이 질감 디지털 파일은 무료로 제공되는 파일도 있고, 유료로도 구매할
수도 있어요.

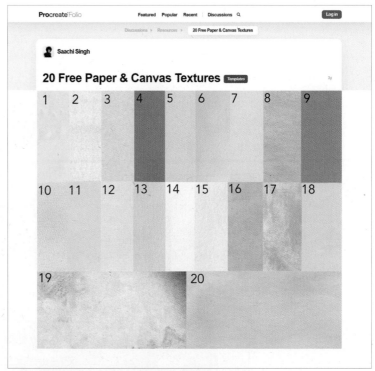

프로크리에이트 홈페이지 내 유저들끼리 공유되고 있는 무료 소스들
20가지 종이 질감 https://folio.procreate.com/discussions/10/28/36677

판매되고 있는 종이 질감 소스
https://www.designcuts.com/product/the-magic-canvas-for-procreate-texture-
overlays/

아니면 직접 우리 주변에 있는 종이를 스캔해서 종이 질감 소스를 만들 수
도 있어요. 이번 시간에는 실제 도구들을 사용해서 디지털 소스를 만들어
볼 거예요. 잘 만들어서 정리해 두면 판매로도 이어질 수 있겠죠? 이 방법
을 참고해서 나만의 소스도 만들어보세요.

오일 파스텔은 우리가 어렸을 적 사용해봤던 크레파스와 유사하며 꾸덕꾸덕한 느낌이 매력적인 재료입니다. 두께감 있게 올릴 수도 있고, 지우개 똥처럼 찌꺼기가 남기도 합니다. 이런 자연스러운 느낌을 디지털로 표현하는 데는 살짝 아쉬움이 있어서 질감 소스를 만들어볼까 합니다.

제가 사용하고 있는 오일 파스텔입니다. 디지털로 하면 재료를 사고 준비하는 수고를 더는 장점이 있지만 재료를 직접 손으로 느껴볼 수는 없어요. 재료를 직접 사용해봤던 경험의 유무에 따라 디지털로 표현할 때 이해도가 다르기 때문에 오일 파스텔에 관심이 더 생기면 직접 구매해서 그려보는 것도 적극 추천합니다.

문교 소프트 오일 파스텔 72색

01 하얀 종이에 네모난 사각형 모양을 오일파스텔로 빈틈없이 꾸덕하게 칠해주세요.

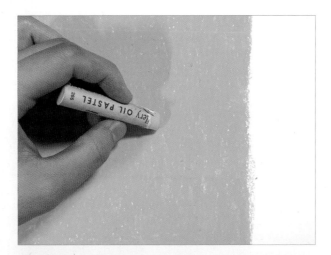

02 디지털로 옮겨오기 위해 스캔을 합니다. 저는 복합기를 사용했어요.

03 스캔한 이미지를 디지털 파일로 만들기 전에 밝기, 대비, 감마를 조절할 수 있는데요. 내가 원하는 질감이 제일 잘 보이도록 이미지를 간단하게 보정할 수 있습니다. 요즘엔 핸드폰 카메라도 좋기 때문에 스캔 어플을 사용해도 좋아요. 후보정을 할 수 있지만 원본이 좋으면 훨씬 결과물이 좋을 거예요. 꼭 밝은 곳에서 촬영해 주세요.

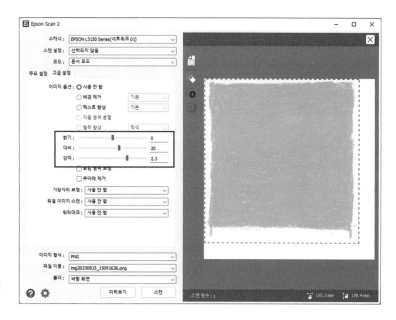

앱손 스캐너 설정 화면

04 프로크리에이트 앱에서도 사진이나 그림을 간단하게 보정할 수 있어요. 스캔한 이미지를 보정하고 캔버스로 만들어 볼게요. 3000px x 3000px 크기의 새 캔버스를 만들고 [**동작 ⚙**] – [**추가**] – [**사진 삽입하기**], 또는 [**파일 삽입하기**]에서 스캔 또는 촬영한 파일을 가져옵니다.

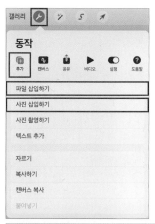

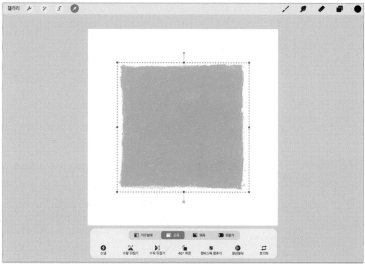

05 캔버스에 이미지가 꽉 차도록 크기를 키워주세요.

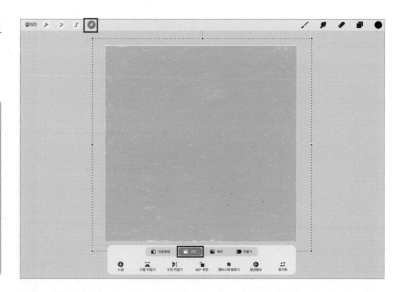

06 [조정 ∅] – [색조, 채도, 밝기]에 들어가서 [채도]를 없음으로 낮추어 회색으로 바꿔주세요.

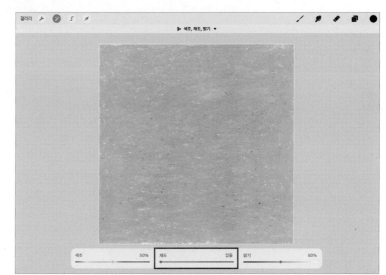

07 [밝기]를 높여 줄게요. 질감이 다 날아가지 않을 정도로만 조절해 주세요.

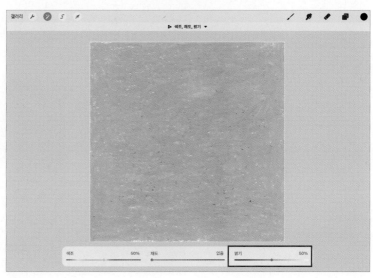

08 이번엔 [조정 ] – [곡선]을 사용해 볼 거예요. [곡선]은 그림의 색을 섬세하게 관리할 수 있는 도구입니다. 처음 사용할 때는 조금 어려울 수 있지만 이해하고 나면 다른 도구처럼 간단해요.

09 [조정] – [곡선]을 탭 하면 화면 하단에 히스토그램 창이 활성화됩니다.

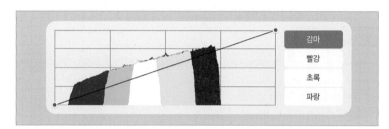

금손앵찌 TIP

히스토그램은 이미지의 색상과 명도를 그래픽으로 나타낸 것을 말하는데요. 왼쪽이 검은색, 오른쪽이 흰색이고 그 사이에 다른 모든 톤이 들어갑니다. 각 섹션의 막대 높이는 그림에서 해당하는 값이 얼마나 들어가 있는지를 나타내요.

10 히스토그램 선의 중앙을 드래그 하면 파란색 핸들이 생성됩니다. 이 점을 움직여 이미지의 명도를 각기 다른 범위로 조절할 수 있어요. 파란색 핸들을 드래그 해서 곡선을 위로 올리면 이미지가 밝아지고 아래로 내리면 어두워져요. 선의 다른 곳을 클릭하면 파란색 핸들을 추가할 수도 있고, 꾹 눌러서 삭제할 수도 있어요.

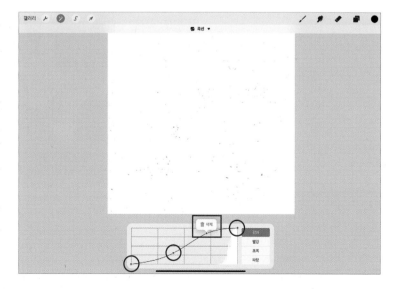

11 밝은 부분은 더 밝게, 어두운 부분은 더 어둡게 조정해서 질감이 뚜렷해 보이도록 보정했어요. 여러분도 그래프를 움직여서 원하는 이미지가 나올 때까지 보정해보세요.

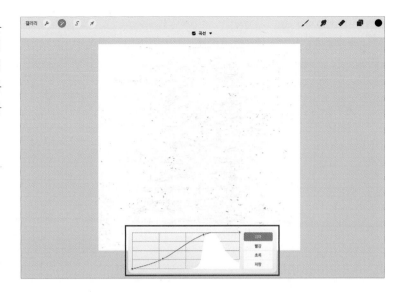

[곡선]은 포토샵 같은 이미지 편집 프로그램에서도 유용하게 쓰이는 기능입니다.

이미지 전체의 색조와 명도를 수정할 때 사용하는데요. 빨간색, 초록색, 파란색의 양을 조절할 때도 쓸 수 있어요.
예를 들어 그림에 전체적으로 따뜻한 색감이 부족하다고 느낀다면 [곡선] - [빨강]을 탭 하고 [곡선] 오른쪽 부분을 위로 끌어 올려보세요. 그러면 붉은색의 양이 늘어나면서 조금 더 따뜻한 색감을 찾을 수 있어요.

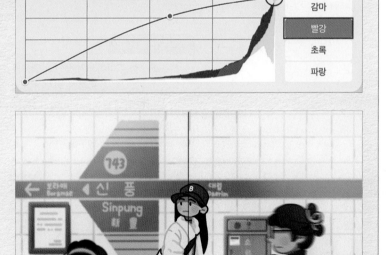

[곡선] 보정 전   [곡선] 보정 후

12 [레이어 1]을 [복제]한 후 위에 있는 레이어를 선택하고 [N]을 눌러 레이어 혼합모드를 [곱하기]로 변경합니다.

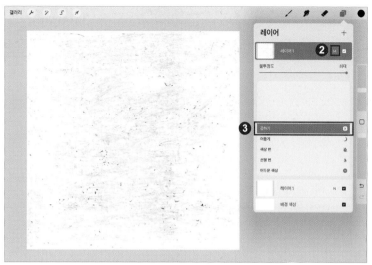

13 이번에는 아래에 있는 레이어를 선택하고 [N]을 눌러 레이어 혼합모드를 [색상 번]으로 변경합니다. 효과가 너무 진하다면 불투명도를 조절하세요. 이 과정은 정해진 정답도 아니고 하나의 방식일 뿐이기 때문에 눈에 띄는 큰 차이가 없다면 [곱하기]만 해주어도 좋아요.

14 어떤 효과를 주었는지 알아보기 쉽게 레이어 이름을 변경했어요. 두 레이어를 다중 선택하여 하나의 그룹으로 묶어준 후 그룹 이름을 [오일 파스텔 질감]으로 변경해서 레이어를 정리해 줍니다.

15 종이 질감의 세팅이 완료되었습니다. 그룹을 왼쪽으로 스와이프 하여 **[잠금]** 설정합니다.

금손햄찌 TIP

잠금 설정

정신없이 그림을 그리다 보면 잘못해서 다른 레이어에서 작업하고 절망하는 경우가 있어요. 레이어는 모두 [잠금] 기능을 켜고 끌 수 있는데, 레이어를 잠그면 그림을 그리거나 삭제할 수 없어요. 변형을 원하지 않는 레이어가 있다면 [잠금] 기능을 활용하세요.

16 새 레이어를 추가하고 그룹 아래에 둡니다. '그리기'라고 레이어 이름을 변경했어요. 이제 종이 질감 아래에 그림을 그리면 질감이 함께 표현됩니다.

스케치 – 미술 크레용

[브러시] – [스케치] – [미술 크레용]

17 [갤러리]로 나가서 만들어 둔 캔버스의 이름을 [**오일파스텔 캔버스**]로 변경합니다.

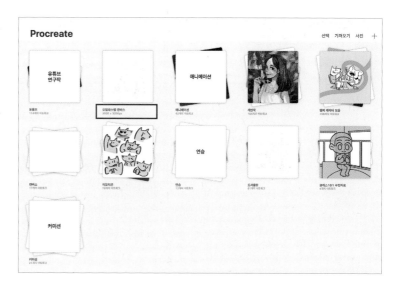

18 이렇게 파일을 만들어 두고 필요할 때 캔버스를 [**복제**]해서 사용하면 좋겠죠? 다음 Lesson에서는 만들어 둔 오일파스텔 캔버스를 사용해서 따뜻한 동화 느낌의 일러스트를 그려볼게요.

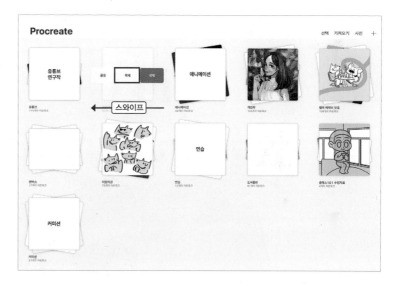

오일 파스텔로 그리는 동화 일러스트

다이어트를 시작한 고양이가 야밤에 피자가 먹고 싶어서
엄청 큰 피자를 껴안고 침을 흘리고 있어요. 제 이야기를 반영했는데요.
다이어트를 해야겠다고 마음먹으면 꼭 페퍼로니 피자가 생각나더라고요!
아기자기한 캐릭터와 이야기를 풀어나갈 때는
이렇게 파스텔 느낌의 따뜻한 일러스트가 잘 어울립니다.
함께 그려 볼까요?

준비 파일 | 피자고양이.procreate, 피자고양이.swatches
완성 파일 | 피자고양이 완성작.png

01 갤러리 메뉴에서 [가져오기]를 탭 하고 [피자고양이. procreate] 를 불러옵니다.

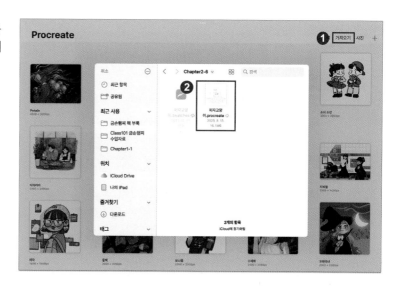

02 제가 만들어 둔 파일을 잠시 살펴볼게요. 앞서 만들었던 [오일파스텔 종이 질감] 캔버 스를 세팅해 두었어요. 그림 을 그리는 동안 실수로 옵션 이 바뀌지 않도록 [잠금] 설 정을 했습니다. [스케치]의 불 투명도는 50%으로 낮춰주고 [곱하기] 모드로 설정했어요.

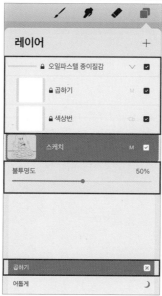

03 새 레이어를 만들어 레이어 이름은 '채색'으로 변경한 후 [스케치 레이어] 아래로 옮겨 주세요. [오일 파스텔 종이질감] 그룹은 잠시 꺼둘게요. 브러시는 [스케치] – [미술 크레용]을 사용할 거예요. [미술 크레용] 브러시를 한번 더 탭해서 [브러시 스튜디오] 창을 열어줍니다.

04 브러시 속성을 조금 재미있게 변경할게요. [색상 움직임] 탭에서는 애플 펜슬의 압력과 기울기에 따라 브러시의 색상, 채도, 밝기 등을 바꿀 수 있어요. [획 색상 지터]는 획을 그을 때마다 변화를 줄 때 설정하는데, [색조]를 10%로 바꾸고 오른쪽 그리기 패드에 테스트 해볼게요.

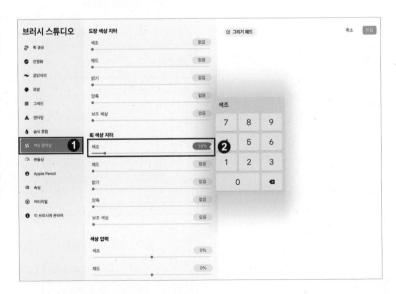

05 [그리기 패드]에서 색상을 파란색으로 바꿔볼게요.

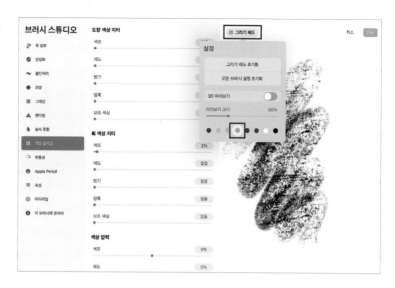

06 한 획을 그을 때마다 비슷한 계열의 색상이 랜덤으로 변경됩니다. [채도], [밝기]에 값을 주면 채도와 밝기도 획을 그을 때마다 랜덤으로 변경되겠죠?

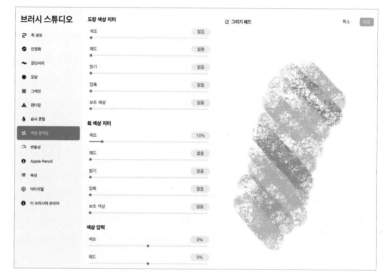

07 색의 변화가 너무 강한 것 같으면 퍼센트를 줄여주면 됩니다. 저는 2%로 해볼게요. 그리고 [완료]를 눌러줍니다.

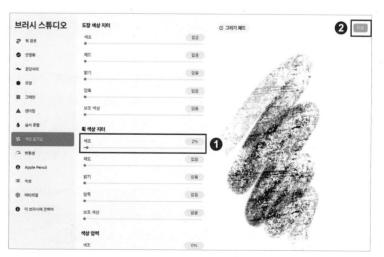

08 [미술 크레용] 브러시는 전체적으로 빈틈이 많은 거친 느낌의 브러시입니다. 뭉툭한 오일 파스텔의 특성이 돋보이도록 꼼꼼하지 않게 빈틈이 있는 그대로 진행할게요. [색상] 탭에서 [팔레트] - [+]을 누르고 [파일로 새로운 작업] - [피자고양이.swatches] 파일을 불러옵니다. 가장 먼저 [1]번 컬러로 고양이 전체를 칠해주세요.

미술 크레용   [1]

09 [2]번 컬러로 눈과 코 주변, 이빨을 칠하고, [6]번 컬러로 피자 전체를 칠해줍니다.

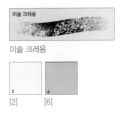

미술 크레용

[2]   [6]

10 [7], [8]번으로 피자 위 페퍼로니를 칠해주세요.

미술 크레용

[7]   [8]

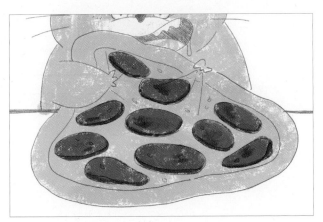

11 [4]번으로 입안과 혀, [5]번은 입 안쪽, 마지막으로 [3]번으로 피자의 겉 테두리를 색칠해주세요.

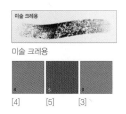

미술 크레용

[4] [5] [3]

12 밑색을 모두 칠해줬다면 이번엔 [스케치] – [오일 파스텔] 브러시로 덧칠을 해주세요. [미술 크레용] 브러시보다 [오일 파스텔] 브러시가 좀 더 매끈하게 채색됩니다. [4]번으로 손에 힘을 빼고 살살 동그랗게 돌려가며 볼터치를 해주세요.

오일 파스텔   [4]

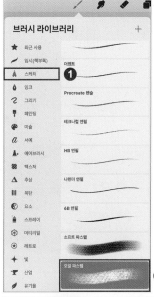

13 [오일 파스텔] 브러시를 한번 더 탭해서 [브러시 스튜디오] 창을 열어줍니다. [색상 움직임] – [획 색상 지터] – [색조] 값을 5%로 설정해주세요.

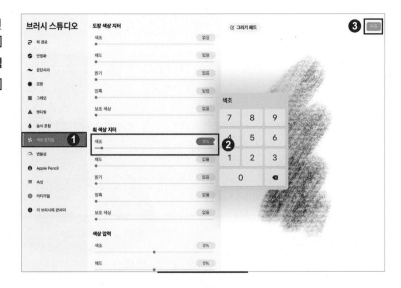

14 밑색과 같은 색을 선택하여 전체적으로 거친 부분의 빈 공간을 메꾼다는 생각으로 덧칠해 보세요. 획을 그을 때마다 색상이 조금씩 다르게 나와서 얼룩덜룩한 느낌이 듭니다. 색을 사용하다가 자연스럽게 섞이는 느낌이기도 하고요.

15 다시 [브러시 스튜디오]에 들어가 이번엔 [색조] 값을 15%로 바꿔볼게요. 꽤 높은 값이죠?

오일 파스텔

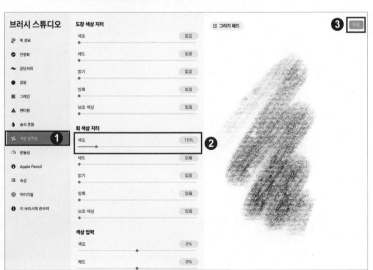

16 피자 도우 부분을 조금 더 얼룩덜룩하게 채색해 주세요.

17 [스케치 레이어]의 불투명도를 10%로 낮추고 전체적인 느낌을 한 번 체크합니다. 다음은 새 레이어를 생성하고 [채색 레이어] 위에 배치합니다.

18 [미술 크레용] 브러시의 크기를 1%로 하고, 컬러 [10]번으로 고양이의 눈, 코, 수염 등 더 돋보이고 싶은 곳에 라인을 추가하여 디테일을 높여주세요. [11]번 컬러로 피자위에 맛있어 보이는 파슬리도 콕콕 찍어줄게요.

미술 크레용 / 크기 1%

[10]   [11]

19 [스케치 레이어]를 완전히 꺼 주고 [8]번 컬러로 피자가 눈 에 더 확실히 들어오도록 외 곽선을 그려줍니다.

미술 크레용 [8]

20 자, 이제 [오일 파스텔 종이 질 감] 레이어를 켜볼까요? 그 림 전체에 얼룩덜룩한 질감 이 입혀졌죠? [클리핑 마스크] 기능을 사용해서 채색한 부 분에만 질감을 입혀볼게요.

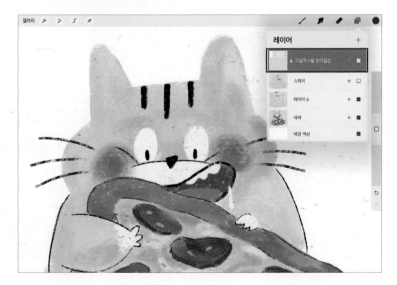

21 [스케치 레이어]는 삭제하고, [선과 채색 레이어]는 두 손가락으로 꼬집어 하나로 병합해주세요.

22 [오일파스텔 종이질감] 그룹을 왼쪽으로 스와이프 해서 [잠금 해제] 합니다. 다음으로 레이어 섬네일을 누르고 [아래로 결합]해 주세요. [채색 레이어]가 그룹에 포함됩니다.

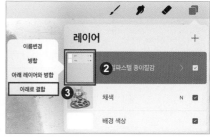

23 [오일파스텔 종이질감] 그룹의 레이어 두 개 모두 [클리핑 마스크] 해줍니다.

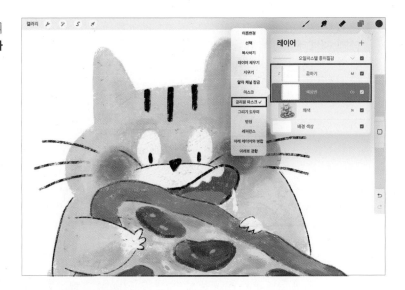

24 그러면 채색한 부분에만 오일 파스텔 질감이 입혀져요. 이렇게 동화 속에 등장하는 듯한 고양이가 완성되었어요. 수고하셨습니다!

LESSON 07 독특한 빈티지 느낌의 리소그래피

'리소그래피'라는 이름은 일본의 '리소과학공업주식회사'에서 개발한 실크 스크린 방식의
디지털 공판 인쇄기의 이름입니다. 미세한 구멍으로 잉크를 통과시켜 종이에 이미지가 인쇄되는 방식으로
스텐실 원리를 디지털로 변환한 기술이예요. 리소그래피 인쇄의 큰 특징 중 하나는
밝고 선명한 색 표현이 가능하다는 것입니다. 또, 한 번에 하나의 색상만 인쇄할 수 있기 때문에
핀을 완벽하게 맞추기 어려워요. 바로 이런 특성 때문에 리소그래피 특유의 아날로그 느낌은
현재의 디지털 시대에도 많은 인기를 얻고 있어요.

준비 파일 | 리소그래피 스케치.png, 리소그래피 텍스처.png, 리소그래피.swatches
완성 파일 | 리소그래피 완성작.png

01 프로크리에이트로 리소그래피의 몇 가지 특징을 살려서 매력적인 그림을 그려볼 거예요. 갤러리에서 [+]를 누르고 [📷]에서 새로운 캔버스를 생성합니다.

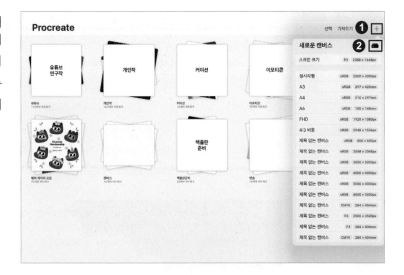

02 이번 완성작은 A3 사이즈의 포스터를 제작한다고 생각하고 만들어 볼게요. 337쪽부터 직접 주문하는 방법도 배울 거예요. 여러분의 그림을 실물로 만들어볼 수 있어요. A3 사이즈는 297mm x 420mm인데요. 인쇄를 고려한다면 작업 사이즈의 사방 2mm 재단 여유를 줘야 합니다. 캔버스의 사이즈는 밀리미터 단위로 변경하고 301mm x 424mm로 설정합니다.

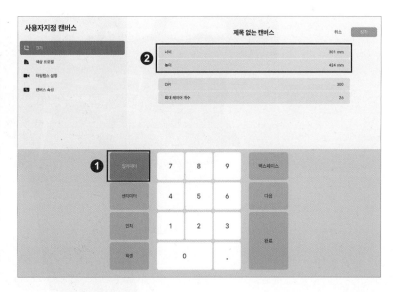

🐹 **금손햄찌 TIP**

제작 업체마다 원하는 재단 여유 사이즈가 다를 수 있으니 인쇄를 고려한다면 작업 전에 먼저 재단 사이즈를 알아보는 게 좋아요.

03 캔버스를 만들 때 인쇄가 목적이라면 컬러모드는 CMYK로 기본 세팅을 해야 합니다. **[색상 프로필]**을 터치하고 **[CMYK]**를 선택합니다. 그 중 첫 번째 색상 프로필 **[Generic CMYK Profile]**을 터치하고 **[창작]**을 탭 해서 새 캔버스를 만듭니다.

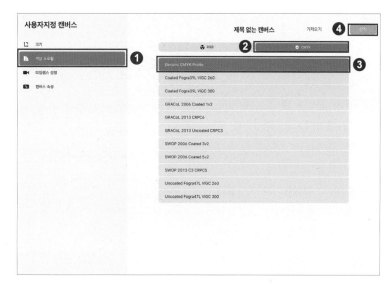

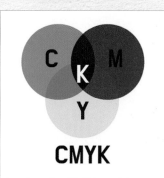금손햄찌 TIP

내 그림을 인쇄하기 전에 꼭 알아야 할 CMYK와 RGB 컬러 모드

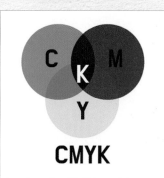

CMYK는 Cyan(청록), Magenta(자주), Yellow(노랑), Black(검정) 4가지 색상을 사용해서 만드는 색을 의미합니다. 인쇄물을 위해 표현되는 색상이며, 여러 가지 색이 섞일수록 더 어두운 색상이 나와요.

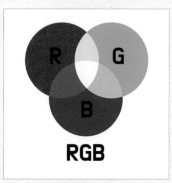

RGB는 Red(적색), Green(녹색), Blue(청색)를 이용해서 만들어내는 색입니다. CMYK와 달리 각각 표현해 낼 수 있는 수치가 더 넓어요. RGB는 인쇄가 아닌 모니터에서 보여지는 색상이며, 빛을 혼합하여 영상 장치(TV, 스마트폰, PC 모니터, 전광판 등) 등의 색상을 표현할 때 사용됩니다. 밝고 어두움을 나타내는 명암의 경우, 빛의 세기로 조절이 가능하며 빛의 세기가 약할수록 어둡고, 강할수록 밝은 색인 흰색으로 표현이 됩니다. 따라서 옆 이미지와 같이 R, G, B 3가지 색상이 혼합될 때 흰색으로 나타나는 것이죠.

동일한 색상이라도 CMYK와 RGB에서는 색을 구현해 내는 방식 자체가 다르기 때문에 모니터에서 보는 색을 실제 인쇄했을 때는 색감 차이가 생길 수밖에 없어요. 모니터 별로도 같은 색이라도 나타나는 컬러가 상이하기 때문에 원하는 색상을 실제 인쇄로 뽑아 내기 위해서 많은 작업자들은 수차례에 걸쳐 샘플 인쇄를 진행해요.

04 리소는 잉크 색상이 제한적입니다. 우리가 사용할 수 있는 색상은 사실 많지만 리소 느낌을 따라해 볼 것이기 때문에 색상을 몇 가지만 사용할 예정이에요. 한 가지 색만 사용해도 좋고, 두 세가지 색을 조합해서 사용해도 좋아요. **[색상]** 탭에서 **[팔레트]** – **[+]**을 누르고 **[파일로 새로운 작업]** – **[리소그라피.swatches]** 파일을 불러옵니다.

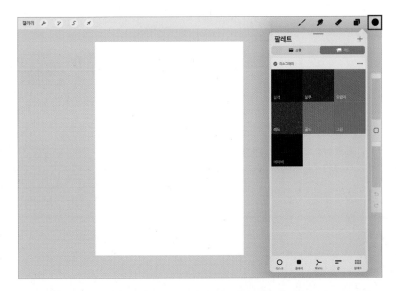

05 **[레이어 1]**을 선택하고 컬러 드롭으로 오렌지 색상을 채워주세요. 완성작을 보면 파란색을 주된 색으로 골랐는데요. 그림의 실루엣을 더 선명하게 보기 위해 오렌지 색상을 배경으로 선택했어요.

[오렌지]

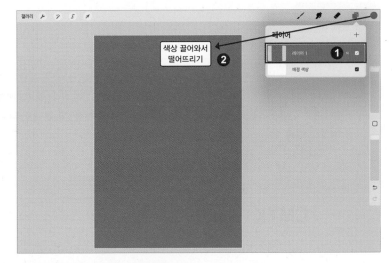

06 **[동작]** – **[추가]** – **[파일 삽입하기]**로 **[리소그라피 스케치.png]** 파일을 불러옵니다. 그리고 **[삽입한 이미지]** 레이어의 혼합모드를 **[곱하기]**로 변경합니다.

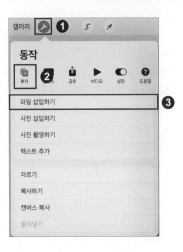

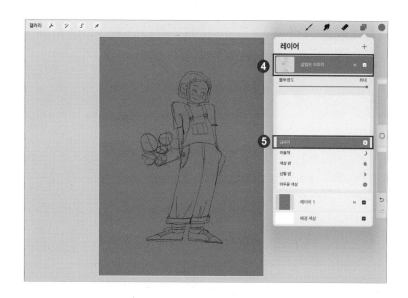

07 리소 인쇄의 멋진 점 중 하나는 색상이 서로 인쇄될 때 상호 작용하는 방식입니다. 몇 가지 안 되는 색으로 다양한 색상과 음영을 얻을 수 있죠. 이러한 색 겹침을 프로크리에이트에서는 레이어 혼합 모드로 표현해볼 거예요. 따라서 각 부분의 레이어를 구분해서 그려야 해요. 그럼 새 레이어를 추가하고 머리카락을 그려줍니다.

모노라인   [블루]

08 새로운 레이어를 추가하여 멜빵바지도 그려줍니다.

모노라인   [블루]

09 멜빵바지 레이어 아래 새 레이어를 추가하고 상의를 그려줍니다.

모노라인   [레드]

레이어

	스케치	M	☑
	머리카락	N	☑
	멜빵바지	N	☑
	레이어 5	N	☑
	배경	N	☑
	배경 색상		☑

🐹 금손햄찌 TIP

보이지 않는 부분이라도 선이 맞닿아 있어야 컬러 드롭 할 때 색이 빠져나가지 않아요.

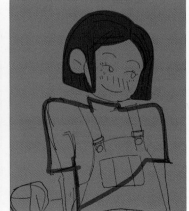

10 색을 채우고 [상의 레이어]를 [알파 채널 잠금]해 주세요.

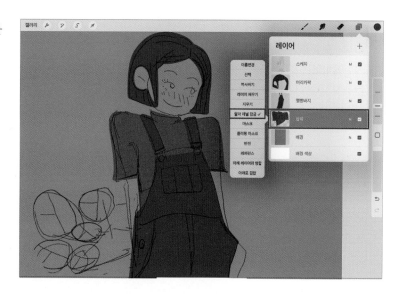

11 그 위에 흰색으로 줄무늬를 그려 넣어줍니다.

12 새 레이어를 추가하고 흰색으로 발목과 신발 부분을 그려줍니다. 그 위에 새 레이어를 추가해 [클리핑 마스크]로 연결한 후 [신발 레이어] 영역 내에서 양말을 그려줍니다.

13 새 레이어를 추가하고 흰색
으로 얼굴을 칠해주세요. **[상
의 레이어]**보다 아래에 있어
야 목 부분이 깔끔하게 이어
지겠죠?

14 팔 부분도 흰색으로 칠해주
세요. 그림이 겹쳐 잘 안 보
여 불편하다면 레이어를 잠
시 숨기도 작업해도 좋아요.

15 가장 위에 새 레이어를 추가하고 디테일을 넣어볼게요. 브러시 크기를 작게 해서 눈과 입, 귀를 그려줍니다.

모노라인   [블렉]

16 멜빵바지의 디테일과 신발끈도 그려줄게요.

[블렉]

17 오렌지색 배경 위에 새 레이어를 추가하고 그림자를 그려줍니다.

[블랙]

18 [그림자 레이어] 아래 새 레이어를 추가하고 구름을 그려준 후 흰색으로 컬러 드롭 해주세요.

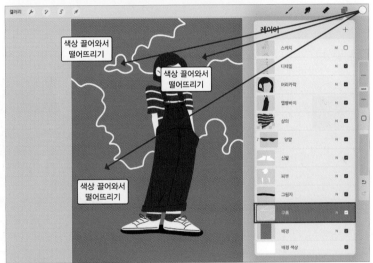

색상 끌어와서
떨어뜨리기

색상 끌어와서
떨어뜨리기

색상 끌어와서
떨어뜨리기

19 자, 이제 배경 색을 블루 색으로 변경할게요. 색상을 고른 후 컬러 드롭을 해도 되지만 레이어에서 **[레이어 채우기]**로도 할 수 있어요.

[블루]

20 하늘 배경과 멜빵바지의 색이 겹쳐서 구분이 잘 안 가네요. 바지에 스크린톤을 붙인 것 같은 효과를 내볼게요. **[멜빵바지 레이어]** 위에 새 레이어를 추가하고 **[클리핑 마스크]**를 적용합니다.

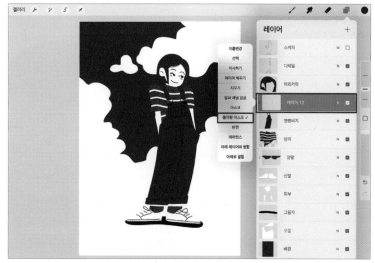

21 레이어 모드를 **[곱하기]**로 변경하고 **[그리기 ✎]** – **[텍스처]** – **[로제트]** 브러시를 골라줍니다.

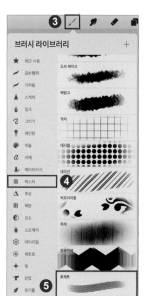

22 [로제트] 브러시로 멜빵바지 부분을 살살 문질러주세요.

23 [머리카락]의 레이어 모드를 [곱하기]로 변경합니다. 파란 배경과 겹쳐진 부분이 어두워지는 것을 볼 수 있어요.

24 [상의 레이어]를 선택한 후 레이어 모드를 [곱하기]로 변경합니다. 머리카락과 다르게 파란색 배경에 묻혀서 붉은색의 표현이 이상해졌어요.

25 [상의 레이어]를 왼쪽으로 스와이프 하여 [복제]해서 아래 레이어를 선택한 후 흰색으로 [레이어 채우기]를 실행합니다.

금손햄찌 TIP

레이어가 [알파 채널 잠금]이 되어있으면 그 영역 안에만 레이어에 색을 채울 수 있어요.

26 레이어 모드는 [보통]으로 변경해 줍니다.

27 [변형 ⚹] 툴로 왼쪽 아래로 살짝 옮겨주세요.

28 붉은색을 선명하게 보여주면
서 가장자리에는 자연스러운
색 겹침이 나타납니다. 리소
인쇄 특유의 핀이 엇나간 느
낌을 표현할 수 있어요.

29 리소는 잉크 자체의 밝고 선
명한 색감과 스탬프로 찍은
것 같은 독특한 질감이 특징
인데요. 디지털 소스를 사용
해서 질감을 표현해 볼게요.
[동작 🔧] – [파일 삽입하기]
– [리소그라피 텍스처.png]
를 불러옵니다. 레이어의 가
장 위에 위치시킨 후 레이어
모드를 [소프트 라이트]로 변
경합니다.

30 질감효과가 너무 진하다면 [지우기 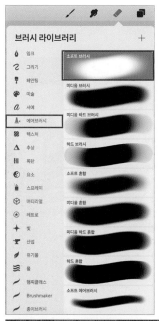] – [에어브러시] – [소프트 브러시]로 부분적으로 지워주거나 레이어의 불투명도를 조절해주세요. 자, 리소 기법의 그림이 완성되었어요.

01 앞에서 배운 기능을 복습하는 느낌으로 꽃을 추가해 보세요.

02 레이어를 각각 나누어 튤립과 풀잎을 그려줍니다.

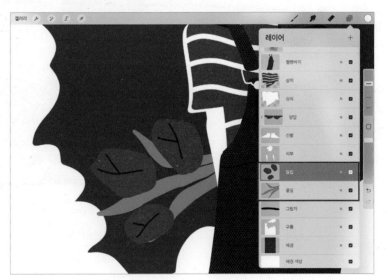

03 두 레이어를 스와이프 하여 각각 복제한 후 [알파 채널 잠금]을 설정합니다. 컬러는 흰색을 선택하고 [레이어 채우기]를 실행합니다.

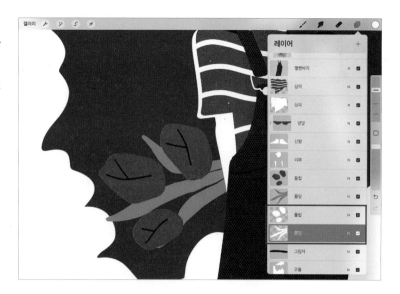

04 흰색 레이어를 선택한 후에 [변형 ↗] 툴로 살짝 엇나가게 옮겨줍니다. 그리고 튤립과 풀잎 레이어 모드를 [곱하기]로 변경하여 색이 겹치도록 만들어주면 완성입니다.

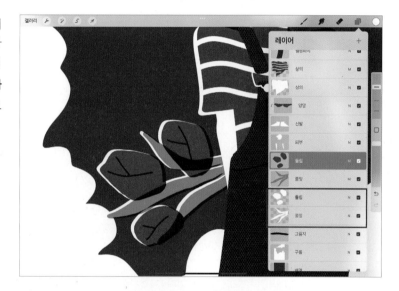

LESSON 08 마카펜 브러시로 그리는 네모난 풍경

마카펜은 펠트 또는 나일론 재질의 부드러운 펜촉이 있는 펜을 말합니다.
실제 마카펜은 잉크 성분에 따라 유성과 수성으로 나눌 수 있어요. 또한 사각형, 원형 등
펜촉의 형태도 다양합니다. 이번에는 사각형 마카펜 브러시를 함께 만들어볼 거예요.
펜촉의 끝이 사각형인 특성을 살린 네모난 풍경도 함께 그려볼까요?

준비 파일 | 마카.swatches
완성 파일 | 네모난풍경 완성파일.procreate, 네모난풍경 완성작.png

01 [+]를 누르고 [📷]에서 너비 2000px, 높이 3000px의 새 캔버스를 생성합니다.

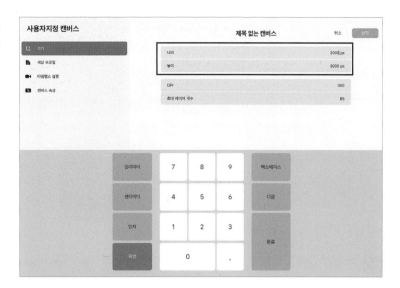

02 색상 프로필을 확인합니다. 최근에 CMYK로 작업을 했다면 새 캔버스를 생성할 때 최근 설정이 기본으로 되어 있으니 RGB로 되어있는지 확인합니다.

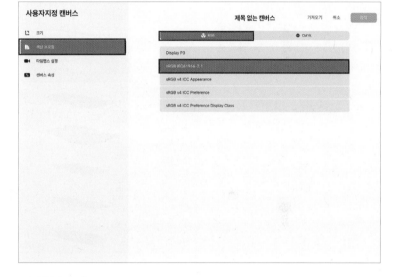

🐹 **금손햄찌 TIP**

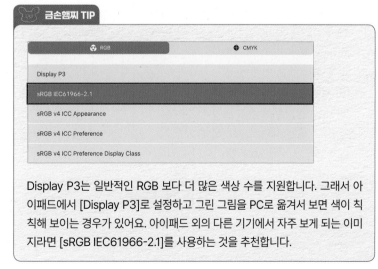

Display P3는 일반적인 RGB 보다 더 많은 색상 수를 지원합니다. 그래서 아이패드에서 [Display P3]로 설정하고 그린 그림을 PC로 옮겨서 보면 색이 칙칙해 보이는 경우가 있어요. 아이패드 외의 다른 기기에서 자주 보게 되는 이미지라면 [sRGB IEC61966-2.1]를 사용하는 것을 추천합니다.

본격적으로 그림을 그리기 전에 마카 브러시를 만들 거예요. 종이 질감 텍스처가 들어가고 브러시의 끝부분이 각져 있죠. 마치 사각 마카펜처럼 말이죠.

03 어렵지 않아요. 기존에 있는 브러시를 복사해서 설정 몇 가지만 변경하면 됩니다. [브러시 ✏️] – [그리기] – [글로밍] 브러시를 선택 후 왼쪽으로 스와이프 하여 복제해 주세요.

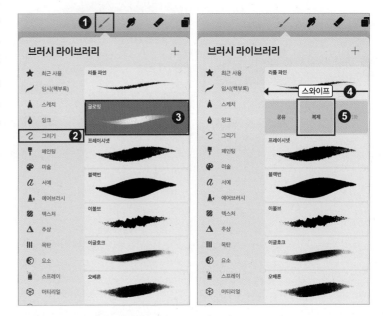

04 복제한 [글로밍 1] 브러시를 한 번 더 탭 해서 브러시 스튜디오 창을 띄우고 브러시 스튜디오 가장 아래에 있는 **[이 브러시에 관하여]**를 탭 해 '마카브러시'로 이름을 변경합니다. 제작자에 여러분 이름을 적고 서명도 해보세요.

05 [Apple Pencil] 탭에 있는 [압력] – [크기]를 0%로 바꿔줍니다. 애플 펜슬에 얼마나 압력을 주느냐에 따라 얇고 굵게 나오는 정도를 조절하는데, 압력에 구애받지 않고 언제나 같은 굵기를 유지하고 싶다면 0%로 값을 변경합니다.

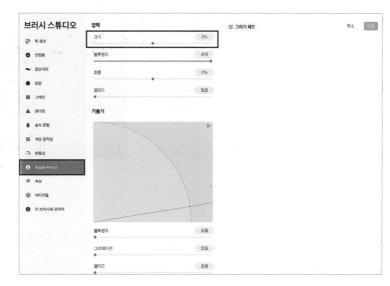

06 오른쪽 창은 브러시를 만들면서 미리 그려볼 수 있는 공간입니다. [그리기 패드]를 누르고 [그리기 패드 초기화]를 해 주세요. 미리보기 크기도 50% 정도로 올려주고 색상도 파란색으로 변경합니다.

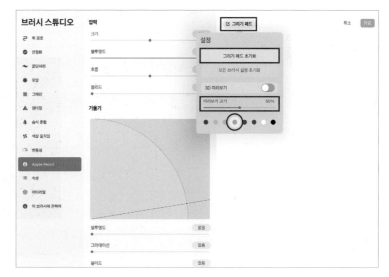

07 그리기 패드에 선을 그어봅니다. 설정 값에 따라 어떻게 변하는지 확인할 수 있어요.

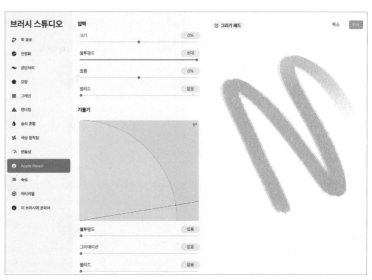

08 이번엔 [모양] 탭을 볼게요. [모양]은 브러시의 끝부분 형태를 결정해요. 우리는 각진 사각형으로 바꿀 건데요, 모양 소스에서 [편집]을 누르고 [가져오기] – [소스 라이브러리]를 열어줍니다.

09 소스가 정말 많죠? 아래로 내리다 보면 각진 모양의 [Charcoal Block]을 찾을 수 있어요. 선택해 주세요.

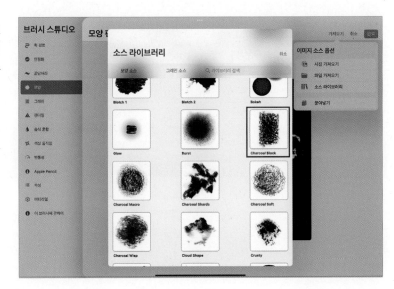

10 그리기 패드에 선을 그어보면 전체적인 모양이 각진 것을 확인할 수 있어요.

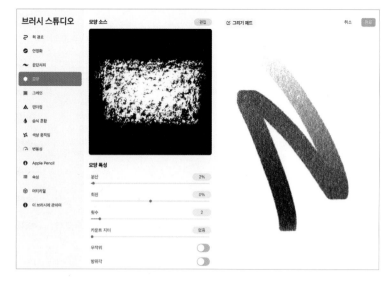

11 [브러시 스튜디오]의 [속성] 탭에서 브러시의 최대 크기와 최소 크기를 조절할 수 있어요. 슬라이드 바에서 슬라이더를 최대, 최소로 올렸을 때 크기가 반영되죠. **[브러시 특성] – [최대 크기]**를 330%으로 올린 후 **[완료]**를 눌러주세요.

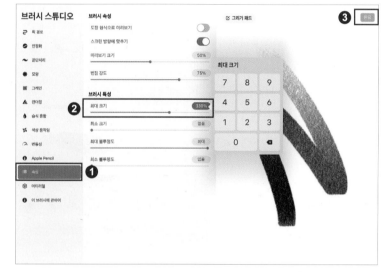

12 이렇게 기본 **[글로밍]** 브러시를 변형해서 새로운 **[마카 브러시]**를 만들었어요.

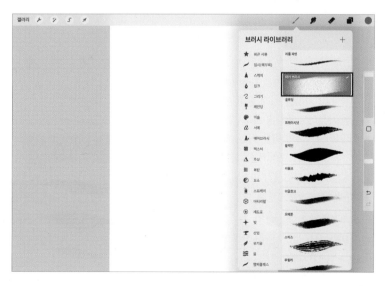

13 [금손햄찌] 브러시 세트에 [마카 브러시]를 추가할게요. [마카 브러시]를 선택하고 그 상태로 쭉 끌어서 [금손햄찌] 세트로 가져갑니다. 선택한 세트가 깜빡이고 오른쪽에 브러시 목록이 열리면 끌어간 브러시를 놓아주세요.

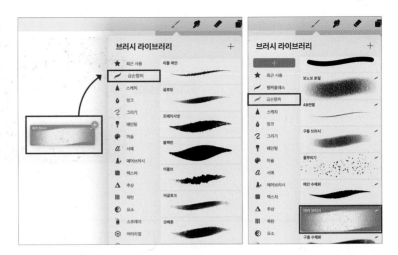

금손햄찌 TIP

브러시 관리하기

1. 새로운 브러시 세트 만들기

브러시 세트 목록 가장 위에 [+]를 탭 하면 새 브러시 세트가 만들어집니다.

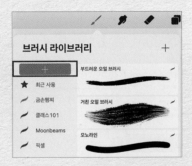

한 번 만들어진 세트는 다시 탭 해서 [이름변경], [삭제], [공유], [복제]를 할 수 있어요. 브러시 세트를 공유하는 경우 [brushset] 확장자로 파일이 저장됩니다.

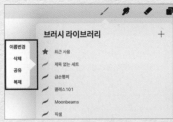

2.브러시 옮기기 & 복제하기

옮겨준 브러시가 프로크리에이트 기본 브러시라면 원래 들어 있던 기본 세트에도 똑같은 브러시가 남아 있어요. [복제]되는 거죠. 하지만 사용자 지정 브러시는 다른 세트로 옮기면 브러시가 이동되기만 합니다.

기본세트의 경우 깃털 표시가 없고 사용자 지정 브러시는 [깃털 아이콘 ✎]이 표시되어 있습니다.

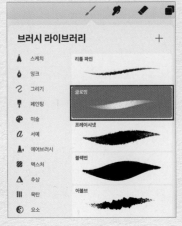
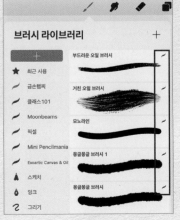

14 먼저 색상 탭에서 팔레트 [+]을 누르고 [**파일로 새로운 작업**] – [**마카.swatches**] 파일을 불러와 팔레트를 준비합니다.

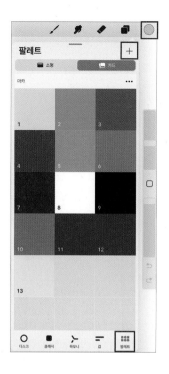

15 [동작 🔧] – [**캔버스**]로 들어가 [**그리기 가이드**]를 활성화합니다. [**그리기 가이드**]를 활용해 반듯하게 그릴 거예요.

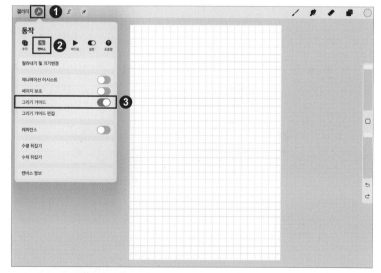

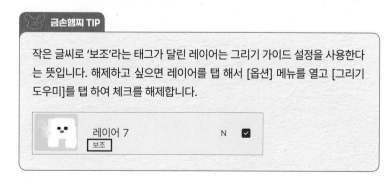

금손햄찌 TIP

작은 글씨로 '보조'라는 태그가 달린 레이어는 그리기 가이드 설정을 사용한다는 뜻입니다. 해제하고 싶으면 레이어를 탭 해서 [옵션] 메뉴를 열고 [그리기 도우미]를 탭 하여 체크를 해제합니다.

16 브러시의 크기를 100으로 올려주고 [1]번 컬러로 하늘을 그려주세요. 애플펜슬에 힘을 주면 더 진한색이, 힘을 빼면 연한색으로 표현됩니다. 색이 겹쳐져도 매력적이니 깔끔하게 하려고 노력하지 않아도 돼요.

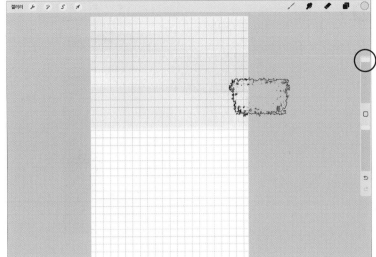

마카 브러시 / 크기 100%　　　[1]

브러시 크기와 불투명도 조절하기

브러시 크기와 불투명도를 조절하는 슬라이더는 인터페이스의 사이드 바에 있어요. 위쪽 슬라이더는 브러시 크기를, 아래쪽 슬라이더는 브러시의 불투명도를 조절합니다.

그림을 그리지 않는 손으로 조작할 수 있도록 위치가 설정되어 있는데, 저처럼 왼손잡이인 분들은 슬라이더의 위치를 반대로 바꿀 수 있어요. [동작 🔧] - [설정] - [오른손잡이 인터페이스]를 활성화 해주세요. 그러면 사이드 바 전체가 화면 오른쪽으로 이동합니다.

---

17 [2]번 컬러로 조금씩 겹쳐가면서 하늘에 그라데이션을 표현합니다.

마카 브러시 　　　　　　[2]

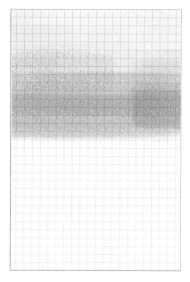

18 [3]번 컬러로 바다도 그려볼게요. 브러시 크기를 줄이고 펜슬에 힘을 주어 진하게 그어줍니다.

마카 브러시 　　　　　　[3]

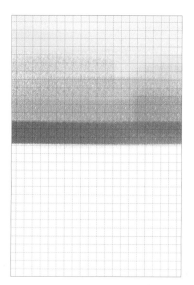

19 새 레이어를 추가하고 [**그리기 도우미**]에 체크해 줍니다.

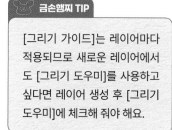

금손햄찌 TIP

[그리기 가이드]는 레이어마다 적용되므로 새로운 레이어에서도 [그리기 도우미]를 사용하고 싶다면 레이어 생성 후 [그리기 도우미]에 체크해 줘야 해요.

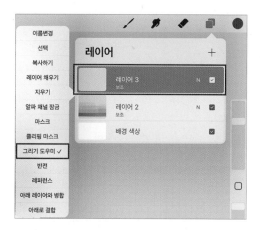

20 [4]번 컬러로 도로를 그려줍
니다. 힘을 주었다가 살짝 빼
서 그어보세요.

마카 브러시   [4]

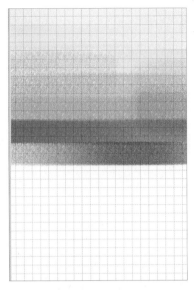

21 잔디밭도 그려볼까요? 새 레
이어를 추가하고 **[그리기 도
우미]**에 체크 후 [5]번 컬러로
반듯하게 선을 그어줍니다.

마카 브러시   [5]

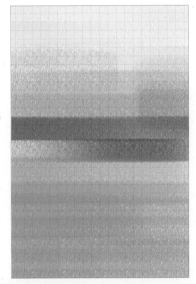

22 새 레이어를 추가하고 이번
엔 **[그리기 보조]**를 사용하지
않고 [6]번 컬러로 지그재그
로 색을 겹쳐봅니다.

마카 브러시   [6]

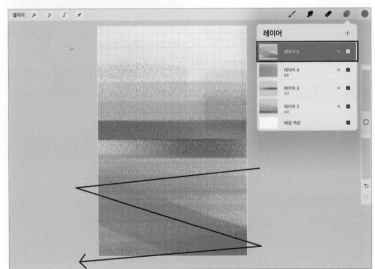

23 [그리기 가이드]선이 거슬린다면 꺼줘도 됩니다. 그래도 레이어에 [보조] 기능은 적용되어 있어요.

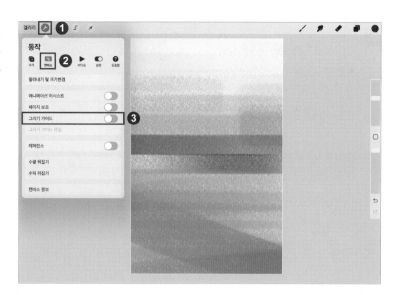

브러시 크기 저장하기

마음에 들고 여러 번 사용할 것 같은 브러시 크기는 조절 바에 저장할 수 있어요. 한번 더 탭 하면 작은 창이 하나 뜨는데요. [+]를 누르면 그 자리에 크기가 저장됩니다.

다시 저장된 크기를 선택 후 [-]를 탭하면 삭제할 수 있어요

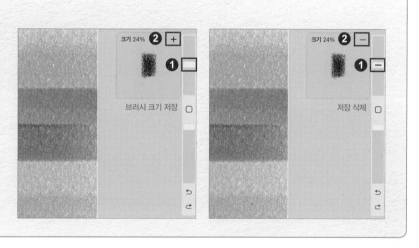

24 브러시 크기를 다양하게 사용하면서 빨간 자동차와 고개를 내밀고 있는 네모 강아지를 그려줍니다. 각각 새 레이어를 추가하고 [그리기 보조]를 적용했어요.

마카 브러시

[7]   [8]   [9]

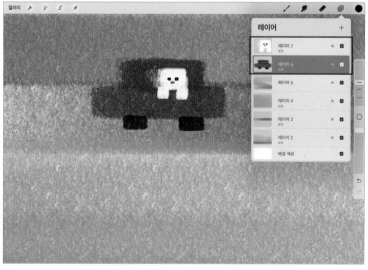

25 [자동차 레이어]를 선택한 상태에서 [조정 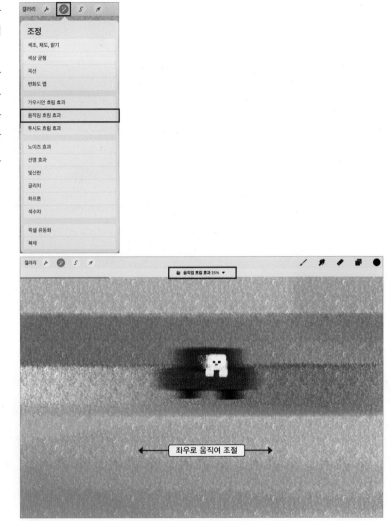] – [움직임 흐림 효과]를 적용해 볼게요. 애플 펜슬의 방향에 따라 움직임 흐림 효과가 적용되는데, 빠르게 달려가는 자동차 움직임에 맞춰 수평으로 방향을 정해줍니다. 차가 빠르게 이동하는 느낌이 듭니다.

26 바다 멀리 보이는 다리도 그려주세요. 새 레이어를 추가하고 [그리기 보조]를 적용합니다. 새 레이어를 한 번 더 추가하여 다리의 기둥 양쪽을 동그랗게 이어주세요. 여기에서는 [그리기 보조]를 사용하지 않아서 동그랗게 그릴 수 있어요. 도로에 차선도 그려주세요.

마카 브러시 [8]

27 다리 위에 그려준 둥근 선 레이어를 두 개 복사해서 양쪽으로 옮겨 이어줍니다.

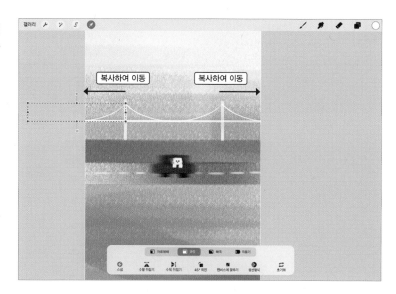

28 그리고 다리를 그렸던 레이어로 돌아가 세로선을 이어줄게요.

29 다 그렸다면 [다리 레이어]를 두 손가락으로 꼬집어서 병합해 주세요.

30 새 레이어를 추가하고 브러시 크기를 다양하게 사용하여 네모난 나무를 그려주세요. 도장을 찍듯이 콕콕 찍어서 표현했어요.

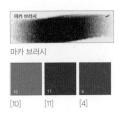

마카 브러시

[10]　　　[11]　　　[4]

31 [나무 레이어]를 [복제]한 후 나무 크기를 다르게 해서 배치합니다.

32 캔버스 밖으로 넘어간 이미지는 잘려요. 배치하다가 다시 되돌리고 싶다면 화면을 두 손가락으로 터치하여 되돌아가세요.

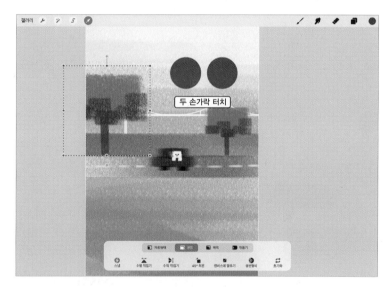

33 나무를 추가하니 다리가 잘 보이지 않아 아쉽네요. 다리가 조금 더 보이도록 오른쪽으로 옮겨줄게요.

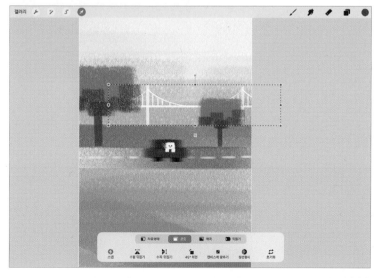

34 채색이 너무 연하다면 같은 레이어를 하나 더 복사해주는 방법도 있어요. 또 너무 진해 마음에 안 든다면 복사한 레이어의 불투명도를 조절하면 되겠죠?

35 여러 색을 겹쳐서 바다 위 물결을 표현해 주세요.

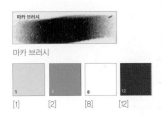

36 잔디밭, 하늘과 바다도 레이
어를 하나씩 더 복제해서 겹
쳐주니 색이 더 진하게 표현
되었습니다.

37 하늘과 바다 레이어 위에 새
레이어를 추가하고 **[그리기
도우미]**를 적용합니다.

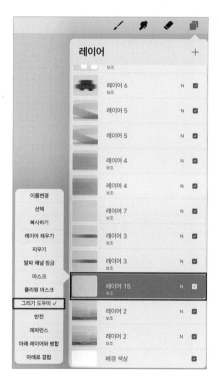

38 브러시 크기를 키워 두 번 정도 겹쳐 그어 구름 두 덩어리를 그려줍니다. 힘을 빼고 한 번에 스윽 그리면 구름의 끝 부분을 부드럽게 표현할 수 있어요. 어렵다면 진하게 그어 표현해도 좋고, 자동차에 적용했던 움직임 흐림 효과를 줘도 괜찮아요.

마카 브러시   [8]

39 이번엔 레이어 가장 위에 새 레이어를 추가하여 차도와 잔디밭 경계 부분에 노란색 꽃을 심어주세요. 톡톡톡 무작위로 그려 넣어주세요.

마카 브러시   [13]

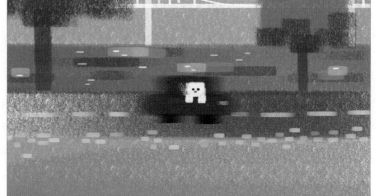

40 꽃 줄기도 그려보고요.

마카 브러시   [11]

41 네모난 풍경이 완성되었어
요! 수고하셨습니다.

03

애니메이션 및 영상 제작하기

프로크리에이트는 드로잉 앱이지만 간단한 애니메이션 기능도 제공합니다.

이 기능을 이용하면 움직이는 이모티콘도 만들 수 있어요.

이번 Chapter에서는 프로크리에이트의 애니메이션 기능을 이용해 움직이는 그림을 만드는 방법을 배워보겠습니다.

처음에는 조금 어려울 수 있지만, 차근차근 따라 하다 보면 금세 움직이는 그림을 만들 수 있을 거예요.

프로크리에이트 애니메이션 기능 둘러보기

이제부터 우리가 평소에 사용하는 이모티콘처럼 움직이는 그림을 그려볼 거예요.
여러분도 이모티콘을 만들어서 도전할 수 있답니다.
프로크리에이트는 애니메이션 만들기에 최적화되어 있는 앱은 아니지만
지속적으로 업데이트되면서 편리한 기능이 추가되고 있어요.

카카오 이모티콘 〈울프의 외적댄스〉 공동제작 카미, 햄찌

준비 파일 ㅣ 애니메이션 예제파일.procreate
완성 파일 ㅣ 예제파일 완성작.procreate

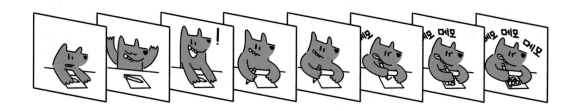

움직이는 그림, '애니메이션'이 처음이시죠? 먼저 영상의 가장 작은 단위인 '프레임'에 대해 알아볼게요. 프레임은 비디오나 영화 등 영상 매체를 전달할 때 화면에 뿌려주는 한 장 한 장의 그림을 말합니다. 여러 장의 그림이 빠르게 바뀌면서 움직이는 하나의 영상을 만들어 내요. 이때 그림 한 장을 '프레임'이라고 합니다.

한 장의 그림을 본 후 뇌에 전달하는 과정에서 또 다른 한 장을 이어 보여줌으로써 실제로는 한 장 한 장의 그림을 본 것임에도 불구하고 움직인다고 느끼게 만드는 일종의 눈속임이라고 할 수 있어요.

프레임 레이트 (Frame Rate)

직역하자면 '프레임 비율' 입니다. 1초에 얼마나 많은 프레임(한 장의 그림)을 보여줄지 비율을 말하는 것으로 단위로는 FPS(FRAME PER SECOND)를 사용해요.

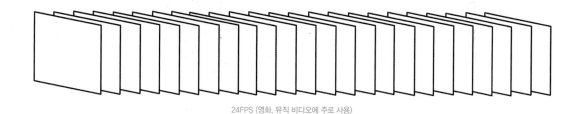

24FPS (영화, 뮤직 비디오에 주로 사용)

우리가 흔히 보는 영상들은 24FPS 이며 1초에 24장의 그림을 보여준다고 할 수 있어요. 프레임을 적게 사용할수록 영상이 끊기는 느낌이 들 거예요.

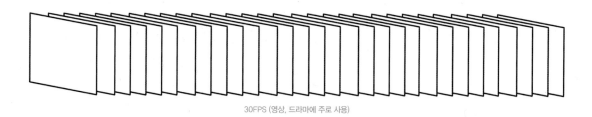

30FPS (영상, 드라마에 주로 사용)

프레임을 많이 사용할 수록 움직임이 부드러워 보여요. 따라서 그만큼 그림을 많이 그려야겠죠?

01 본격적으로 프로크리에이트의 애니메이션 기능을 살펴볼까요? 갤러리에서 [가져오기]를 누르고 [애니메이션_예제파일.procreate]을 선택합니다.

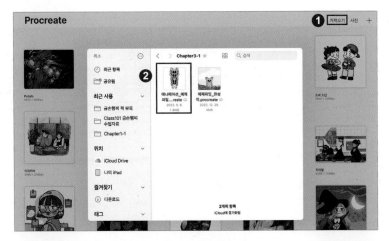

02 처음 파일을 열면 당황할 수도 있어요.

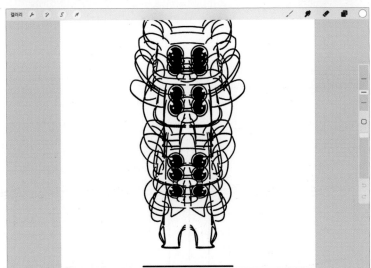

03 왼쪽 상단 [동작 ⚙] – [캔버스] – [애니메이션 어시스트] 기능을 켜주세요. 그러면 캔버스 하단에 [타임라인]이 생겨요. 손가락이나 펜슬로 [타임라인]을 훑어볼 수 있고 [재생/일시정지]를 할 수 있어요.

04 레이어를 보면 8개의 레이어가 보일 거예요. 이렇게 레이어를 터치하면 아래 [타임라인]도 현재 보여주는 프레임으로 이동합니다.

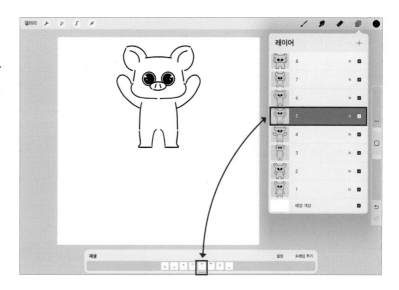

05 레이어를 추가하면 [타임라인]에도 프레임이 똑같이 생성되고, [타임라인]에 있는 [프레임 추가]를 눌러도 레이어가 함께 생성됩니다. 레이어와 [타임라인]에 있는 프레임이 서로 연동된 것을 알 수 있어요.

06 [프레임 1]을 선택한 후에 새 레이어를 생성합니다. 새 레이어를 선택하고 [프레임 1]을 오른쪽으로 스와이프 하여 다중 선택한 후 레이어 오른쪽 상단에 [그룹]을 눌러주면 [새로운 그룹]이 생성됩니다.

금손햄찌 TIP

항상 선택한 레이어의 상단에 새로운 레이어가 추가됩니다.

07 [프레임 1]을 눌러서 '스케치'라고 이름을 변경합니다. 새 레이어는 '채색'이라고 이름을 변경하고 [스케치 레이어] 아래로 옮겨주세요. 레이어 순서를 바꾸다가 그룹 밖으로 빠져나간 경우 그룹 레이어를 누르고 [아래로 결합] 해주면 그룹 안으로 해당 레이어가 들어갑니다.

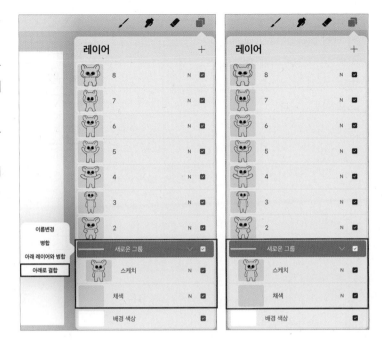

금손햄찌 TIP

애니메이션을 진행하면서 레이어가 많아지기 때문에 레이어 이름을 정리하는 습관을 들이면 좋을 거예요.

08 채색을 해볼게요. [채색 레이어]가 선택되어 있는지 한번 더 확인하고 여러분이 좋아하는 색으로 칠해줍니다. 애니메이션을 만들 때 하나의 레이어 또는 하나의 그룹이 애니메이션의 한 프레임이 됩니다.

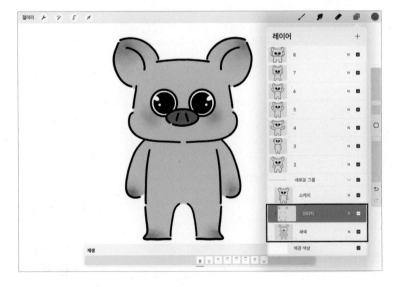

09 우리가 선택한 프레임이 레이어 그룹으로 되어 있다면 화면을 터치했을 때 이런 메시지가 뜹니다. 레이어 열기를 통해서 특정 레이어를 선택 후 작업을 할 수 있어요.

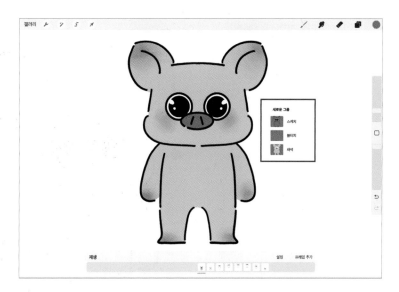

10 [타임라인]에서 프레임을 한 번 더 클릭하면 [프레임 옵션] 창이 뜹니다. 레이어를 열지 않아도 [타임라인]에서 [복제] 와 [삭제]가 가능해요.

11 [프레임 1]번의 가만히 서있는 모습을 더 보여주고 싶다면 아래 [타임라인]에서 프레임을 한 번 더 탭 하고, [프레임 옵션] 창에서 [유지 지속시간]을 4로 늘려보세요. 그리고 재생해 봅니다. 같은 4장을 더 보여주면서 가만히 서있는 시간이 좀 더 길게 느껴지죠? 레이어는 따로 추가되지 않지만 같은 그림을 보여주는 시간은 늘어나는 거죠.

12 이번엔 [타임라인]의 [설정]을 살펴볼게요. 가장 먼저 보이는 [루프], [핑퐁], [원 샷]은 세 가지 재생 옵션입니다.

루프 끝없이 재생됩니다. 예제 그림처럼 앞프레임과 끝프레임의 연결을 자연스럽게 이어주면 무한으로 재생되는 루프 애니메이션을 만들 수 있어요.

핑퐁 마치 탁구공을 주고 받듯이 왔다 갔다 재생됩니다.

원샷 한 번의 재생만 이루어지고 멈춥니다.

초당 프레임 숫자가 낮을수록 속도가 느려지고 숫자가 높을수록 속도가 빨라져요. 재생 중에도 바로 적용이 가능해서 보면서 조절할 수 있어요. 초당 보여주는 프레임이 많을수록 빨라지겠죠?

어니언 스킨 프레임 이 설정을 조절하면 현재 선택된 프레임 주변으로 앞, 뒤 프레임들이 표시가 돼요. 애니메이션의 이어지는 동작의 움직임을 볼 때 편리한 기능으로 최대 12장까지 가능해요.

어니언 스킨 불투명도 어니언 스킨 프레임의 불투명도를 조절합니다.

주프레임 혼합 현재 선택된 프레임을 좀 더 명확하게 처리하여 앞 뒤 프레임과 구분이 잘 됩니다.

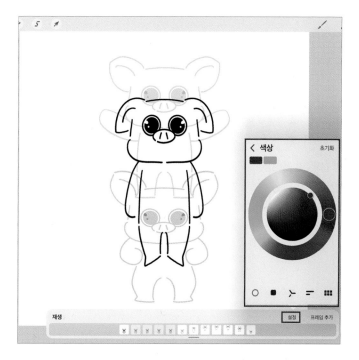

어니언 스킨 색상 빨간색과 녹색이 기본인데, 색상이 마음에 들지 않으면 어니언 스킨 색상을 변경할 수 있습니다.

13 [타임라인]에 [프레임 추가]를 합니다. 손가락 또는 펜슬로 꾸욱 누른 후 프레임을 가장 앞으로 옮겨주세요. 프레임을 잡고 있는 채로 다른 한 손으로 [타임라인]을 옮길 수도 있어요.

14 가장 앞으로 옮긴 프레임을 선택한 후 하늘색으로 컬러 드롭 해줍니다. 프레임을 탭해서 [프레임 옵션] 창을 켜면 [배경] 옵션이 보이죠? 활성화해 주세요. [재생]해 보면 모든 프레임에 배경이 보입니다.

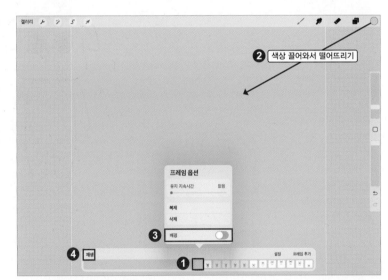

15 움직이지 않는 뒤쪽 배경은 이렇게 응용하면 되겠죠? 중간에 있는 다른 프레임들에서는 배경 옵션이 보이지 않을 거예요. 배경 옵션은 프레임의 위치가 가장 앞에 있어야 활성화됩니다.

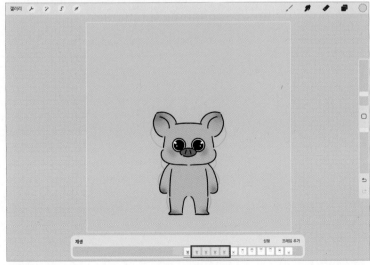

16 새 레이어를 2개 추가하고 다중 선택하여 그룹화 시켜 줍니다. 그룹 안에서 레이어를 추가하여 배경을 그려줄 수 있어요. 여러분도 구름과 잔디를 그려보세요!

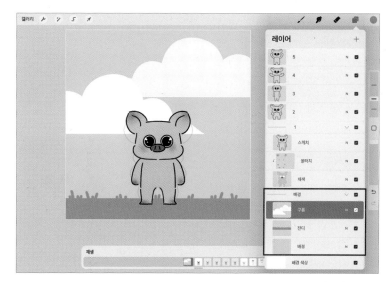

17 [타임라인]의 가장 뒤쪽(레이어 창에서는 가장 위)에도 프레임을 추가해 볼까요?

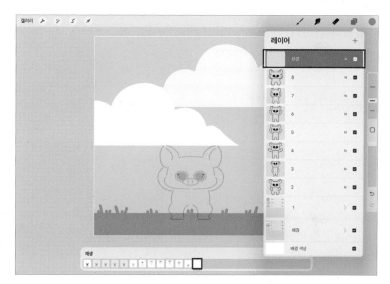

18 [프레임 옵션] 창을 열고 [전경]으로 지정해주세요.

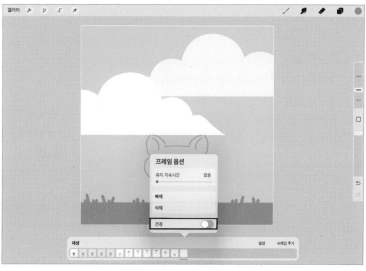

19 이번엔 앞에 덤불을 그리고 [재생]해 봅니다. 항상 앞에 있는 물체는 이런 식으로 추가하면 되겠죠? [전경] 옵션 또한 프레임의 위치가 가장 뒤에 있어야 활성화됩니다.

> **금손햄찌 TIP**
>
> [배경], [전경] 옵션이 보이지 않는 분들은 프레임, 레이어의 위치, 또 숨겨진 레이어가 없는지 다시 한 번 확인하세요.

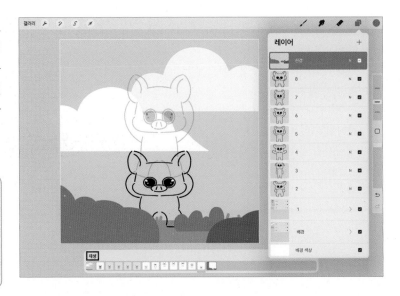

20 여기까지 프로크리에이트 애니메이션 기초 기능에 대해 알아보았습니다. 예제 파일 [스케치]에 각각 [채색] 그룹을 추가하여 채색을 마무리하면서 복습해 보세요!

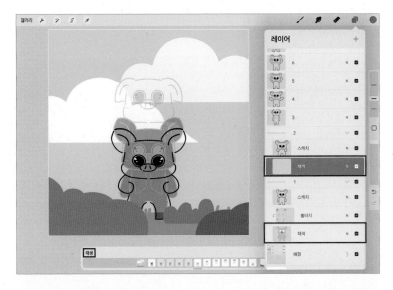

21 여러 장의 프레임이 눈에 보여서 헷갈린다면 [어니언 스킨 프레임]을 [없음]으로 하고 채색을 진행해도 좋아요. 배경과 전경도 각자의 스타일을 살려 완성해 봅니다.

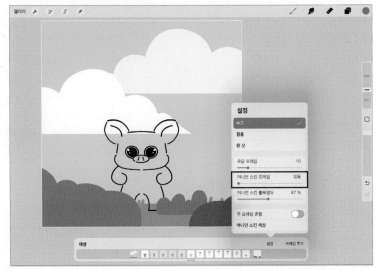

22 완성 후 [동작 🔧] - [공유] - [동영상 MP4]로 파일을 저장하여 공유해 보세요.

23 헷갈리는 분들은 완성본 파일 [예제파일 완성작.procreate]을 보면서 어떻게 작업했는지 [레이어]와 [타임라인]을 확인해 보세요. 다음 Lesson에서 이번에 배운 애니메이션 기능들로 간단한 루프 애니메이션을 만들어 볼게요.

이모티콘 스케치하기

이번에는 이모티콘에 들어갈만한 귀여운 동작을 스케치해 볼 거예요.

두 손을 펼치며 환영하는 햄스터를 그려보려 합니다.

그리기 도우미에 있는 '대칭 옵션'을 사용해서 조금 더 쉽게 스케치를 진행할게요.

준비 파일 | 이모티콘 스케치.procreate
완성 파일 | 예제파일 완성작.procreate

01 2000px x 2000px의 새 캔
버스를 생성합니다.

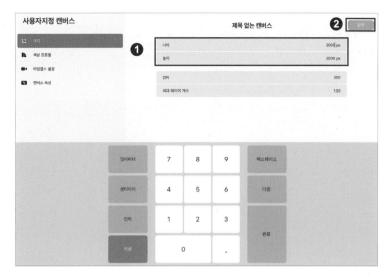

02 [동작 🔧] – [캔버스] – [그리
기 가이드]를 켜주세요.

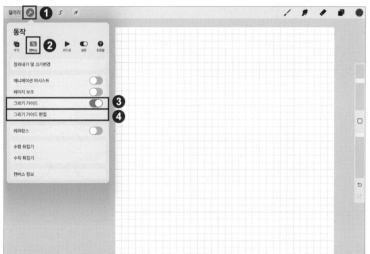

03 그 아래 [그리기 가이드 편집]
을 탭하고 아래 옵션 중 [대
칭]을 선택합니다.

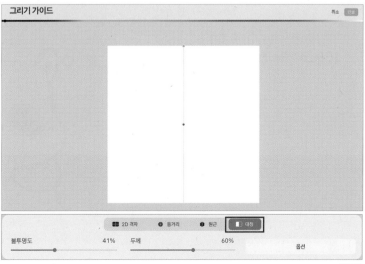

04 브러시로 기본 도형을 먼저 그려줍니다. 동그란 얼굴, 튀어나온 볼, 작은 귀, 그리고 작은 손. 눈을 그려줄 중심선을 잡고 가운데 작은 코도 그려주세요. 한쪽만 그려도 빠르게 완성되니 재미있을 거예요!

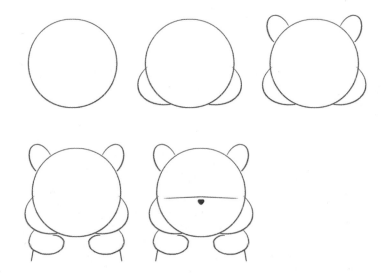

05 새 레이어를 추가하고 레이어를 한 번 더 눌러 [그리기 도우미]에 체크해 줍니다. 그 위에 햄스터 캐릭터를 좀 더 자세하게 그려볼게요. 저와 똑같지 않아도 괜찮아요. 좋아하는 캐릭터를 얹어봐도 좋고 변형해도 좋아요. 정답은 없으니까요!

06 귀여운 캐릭터가 준비되었다면 기본 도형으로 그렸던 스케치를 삭제하고 [동작 🔧] – [캔버스] – [애니메이션 어시스트]를 켜주세요.

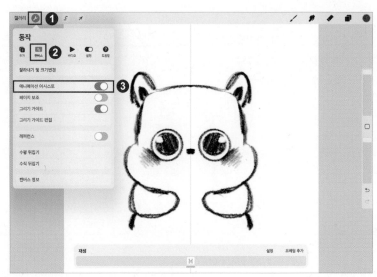

07 화면 하단의 [타임라인] − [설정]에서 [루프], [초당 프레임] 8, [어니언 스킨 프레임] 1로 변경합니다. 진행하면서 설정 값이 불편하다면 언제든 여러분의 환경에 맞게 변경할 수 있어요.

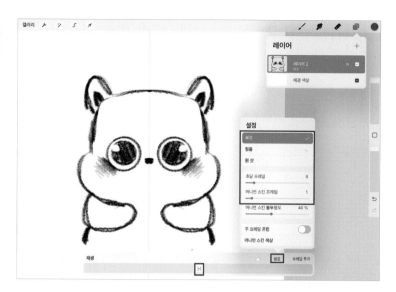

08 [레이어 2]를 [복제]합니다. 오므렸던 손을 지우고 펼쳐진 손을 그려주세요.

09 팔을 펼치고 살짝 고개를 들도록 해줄 거예요. [선택 ⑤] − [올가미] 툴로 눈 부분을 선택하고 [변형 ⚲] 툴로 위로 살짝 올려줍니다.

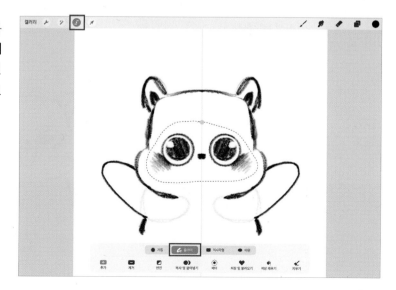

10 이동이 마음대로 되지 않으면 [스냅] 옵션을 조절해 보세요.

자, 이제 조금 더 고개를 들었어요.

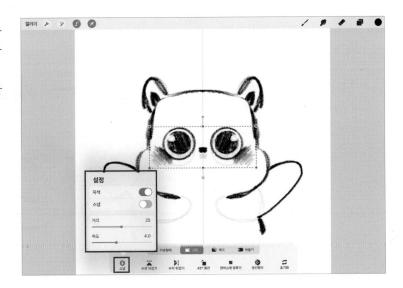

11 쫑긋 솟은 귀도 귀엽게 내려보고 환하게 웃는 입도 그려줍니다.

12 [조정 ⊘] − [픽셀 유동화]에서 [밀기] 옵션을 선택 후 브러시의 크기를 크게 조정합니다. 고개를 든 햄스터를 자연스럽게 위로 살짝 밀어 올려주세요. 여기까지 잘 따라오셨나요? [타임라인]에서 재생해 보면 아주 빠르게 손을 파닥 파닥 움직일 거예요. 이제 중간 그림을 추가해 동작을 더 부드럽게 연결할게요.

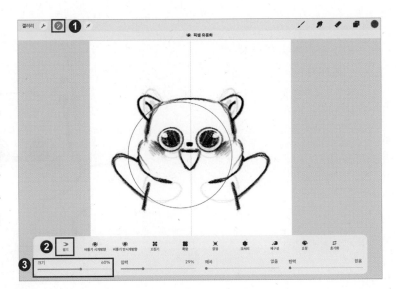

13 첫 번째 레이어를 복제합니다. 손을 지우고 초록색과 빨간색의 중간 동작을 그려줍니다. 이렇게 중간 동작을 그릴 때 [어니언 스킨 프레임]이 도움을 줍니다.

14 귀도 마찬가지로 빨간색과 초록색의 중간으로 옮겨줄게요. 스케치 단계이니 선이 지저분해도 괜찮아요. 이제 [선택 ⑤] – [올가미] 옵션으로 귀 부분만 선택하고 [변형 ⤴] 툴로 회전시켜서 옮겨주세요.

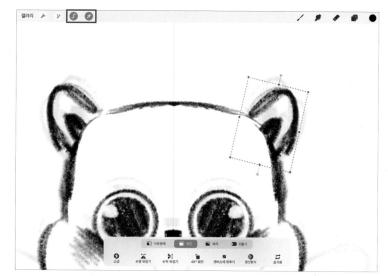

금손햄찌 TIP

[선택 ⑤], [변형 ⤴] 툴은 대칭 옵션이 적용되지 않아서 하나씩 따로 해줘야 하는 번거로움이 있어요. 이 전에 사용해본 [픽셀 유동화] 기능은 대칭 옵션이 적용됩니다.

15 두 번째 레이어를 복제하여 손이 펼쳐지는 과정을 한 장 더 추가한 후 재생해 볼까요? 여기까지 단 4장으로 손을 펼치는 동작이 조금 더 부드러워 졌어요.

16 이번에는 첫 장을 복사해서 눈을 깜빡이도록 해볼게요. 첫 번째 레이어를 두 장 더 복제하고 두 번째 레이어를 선택합니다.

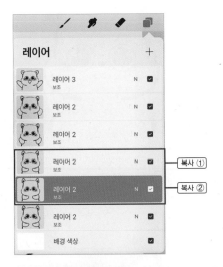

17 지우개로 동그란 눈을 지운 후 감은 눈을 그려주세요. 눈을 감을 때는 눈동자의 한 가운데 보다는 눈꺼풀을 조금 더 아래로 내려주는 게 자연스러워요. 자, 이제 재생해 보면 눈도 깜빡이고 손도 펼치느라 아주 바빠 보이죠? 앞 Lesson에서 배운 **[유지 지속시간]**으로 타이밍을 맞춰볼게요.

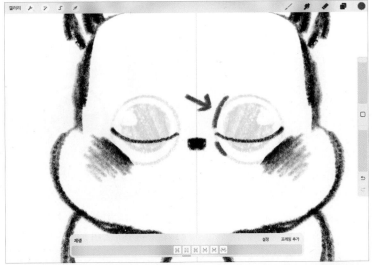

18 타임라인에서 첫 번째 레이어를 탭하고 **[프레임 옵션]** – **[유지 지속시간]**을 4로 변경합니다. 눈을 감은 두 번째 레이어는 그대로 두고 눈을 동그랗게 뜨고 있는 세 번째 레이어의 **[유지 지속시간]**은 2로 설정합니다.

19 손을 펼치고 있는 마지막 그림도 오래 보여주면 좋을 것 같아요. 마지막 레이어의 [유지 지속시간]은 8로 설정하고 재생해 봅니다. 저는 속도가 느려 보이는 것 같아서 [설정]에서 [초당 프레임]을 10으로 올려줬어요.

유지 지속시간 4   유지 지속시간 2   유지 지속시간 8

20 어느정도 동작과 타이밍이 나온 것 같으니 레이어 순서가 헷갈리지 않도록 숫자로 이름을 변경해 줄게요.

21 앞에서 그린 스케치를 공처럼 통통 튀는 쫀득한 동작으로 만들어 볼 거예요. **[픽셀 유동화]**를 사용할 겁니다. **[5번 레이어]**는 손을 펼치기 전 준비 동작입니다. 몸을 조금 더 구부려 펼치기 전 자세를 취할 거예요.

[5번 레이어]를 선택합니다. **[조정 ⊘]** – [픽셀 유동화] – [밀기] 브러시를 크게 하여 모양이 어색하지 않도록 전체적으로 자연스럽게 살짝 내려줍니다.

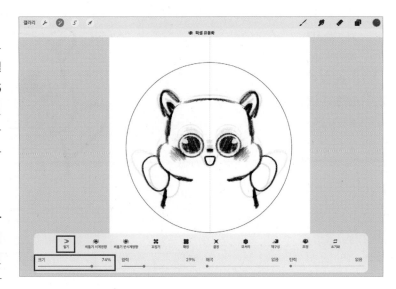

22 **[6번 레이어]**에서 팔을 펼친 채로 바로 멈추니 딱딱해 보여요. **[6번 레이어]**를 두 장 더 복사하고 **[7, 8번 레이어]**로 이름을 변경해주세요.

23 [6번 레이어]를 선택하고 [픽셀 유동화]로 과장되게 위로 올려주세요. [7번 레이어]를 선택하고 [픽셀 유동화]로 살짝 아래로 내려줍니다. 마치 공이 팅기다가 마지막 즈음 멈추는 느낌으로 생각하면 쉬워요.

24 [재생]해 보면 이전보다 더 생생한 움직임이 완성되었어요. 이렇게 만들고 싶은 동작이 머릿속에 있다면 몇 장을 사용해서 지금까지 해본 순서대로 대략적인 움직임 스케치를 합니다. [유지 지속시간]으로 타이밍도 확인해야겠죠?

금손햄찌 TIP

유지 지속시간이 적용된 프레임을 복제하면 유지 지속시간도 함께 복제됩니다. 유지 지속시간이 8로 되어있는 6번 프레임을 복제하여 만든 7, 8번 프레임을 보면 유지 지속시간이 8로 되어있을 거예요. 6, 7프레임의 유지 지속시간을 0으로 변경해 줍니다.

25 손을 펼칠 때 무지개나 하트, 또는 반짝임 같은 효과를 넣어보는 건 어떨까요? **[8번 레이어]** 위에 새 레이어를 추가하고 두 레이어를 선택 후 그룹화 해주세요. 레이어 그룹 이름을 '8'로 변경합니다. 추가한 새 레이어에 **[그리기 도우미]**를 체크 후 큰 하트를 그려주세요.

26 **[하트 효과 레이어]**를 두 장 더 복사해서 **[7번과 6번 레이어]**에 각각 그룹화해 주세요. 레이어 정리를 귀찮아서 건너 뛰면 나중에 헷갈릴 수 있으니 꼼꼼히 진행해 주세요.

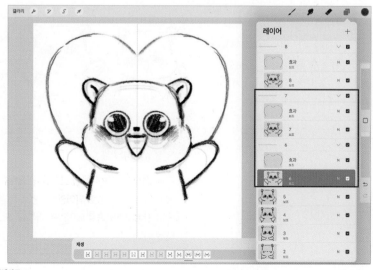

27 7번에 있는 하트를 [변형 ↗] 툴을 사용하여 8번보다 조금 더 작게 크기를 줄여주세요. [변형 ↗] 툴 하단 옵션에서 [스냅]을 탭 하고 [스냅] 설정을 켜면 캔버스 한가운데로 맞추기 쉬워요.

28 6번에 있는 하트도 마찬가지로 좀 더 작게 크기를 줄여줍니다.

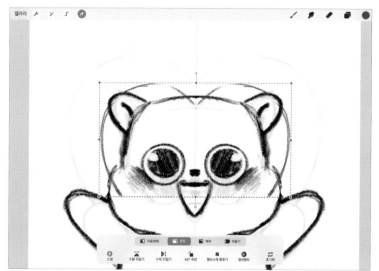

29 재생해 볼까요? 하트가 점점 커지며 나타나네요.

30 레이어를 그룹화 하면 **[유지 지속시간]**이 초기화됩니다. **[8번 레이어]** 그룹의 **[유지 지 속시간]**을 다시 8로 변경해 줍니다. 이렇게 다양한 효과 를 넣어 동작에 즐거움을 추 가할 수도 있어요.

재미있으셨나요? 하고 싶은 동작이 떠올랐을 때 어떻게 움직일 것인지 오늘 배운 방 향으로 스케치를 시작해 보 세요.

완성작 파일 공유

부록으로 제공된 완성 파일 **[예제 파일 완성작.procreate]**을 보면서 어떻게 작업했는지 **[레이어]**와 **[타 임라인]**을 확인해 보세요.

예제파일 완성작
2000 × 2000px

다음 Lesson에서 이번에 배운 애 니메이션 기능들로 간단한 루프 애니메이션을 만들어 볼게요. 캐 릭터 그리기가 어렵다면 부록에 있는 Chapter 3 - Lesson 2의 **[이 모티콘 스케치.procreate]** 파일을 활용하여 트레이싱해 보아도 좋습 니다.

이모티콘 스케치
2000 × 2000px

LESSON 03 나른한 고양이 애니메이션

움직이고 싶은 동작이 있을 때 어디서부터 시작해야 할지 막막할 거예요.
저와 함께 어떻게 진행하는지 알아볼게요.
이번 Lesson을 잘 이해한다면 나만의 이모티콘 제작에도 큰 도움이 될 거예요.

준비 파일 ｜ 나른한고양이 배경.png, 나른한고양이 빛.jpg
완성 파일 ｜ 나른한고양이 완성작.procreate

들어가기 전에 미리 보자면 이렇게 7장의 그림을 그려서 움직이도록 할 건데요. 처음엔 가볍게 스케치를 하며 움직임을 예상해보고, 스케치가 마음에 든다면 깔끔하게 선을 한번 정리해 줍니다. 그리고 채색을 진행해요.

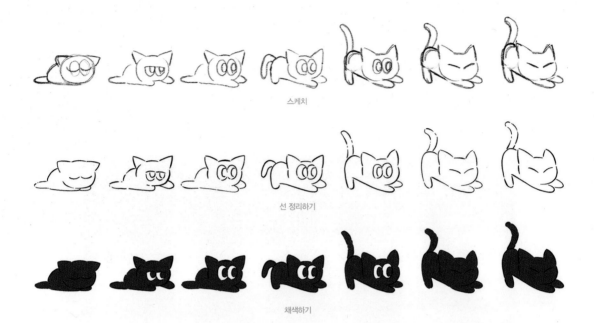

스케치

선 정리하기

채색하기

애니메이션 준비하기

그리고 싶은 주제와 움직임을 생각해 봅니다. 이번 Lesson에서는 '나른한 고양이가 잠을 자다가 기지개를 펴는 동작'으로 정했어요. 그 다음 움직일 캐릭터 또는 물체의 생김새를 먼저 생각하는 게 좋아요. 머리가 몸보다 큰 캐릭터를 만들어 볼게요. 머리가 더 크면 귀여운 캐릭터를 표현하기 쉬워요.

01 2000px x 2000px의 새 캔버스를 생성합니다.

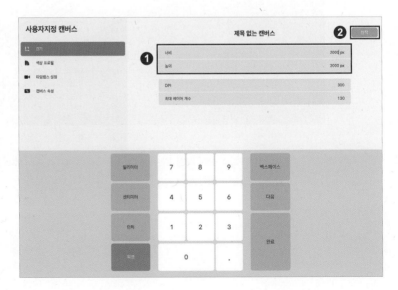

02 형태를 어떻게 할지 모르겠
다면 동그라미, 원기둥, 세
모, 네모 등 도형으로 시작하
는 게 좋아요. 브러시를 선택
하고 원하는 색상으로 스케
치합니다. 따뜻한 느낌을 원
한다면 따뜻한 색상을 선택
하여 스케치하세요.

4B연필

03 형태를 잡아준 후 새 레이어
를 추가합니다.

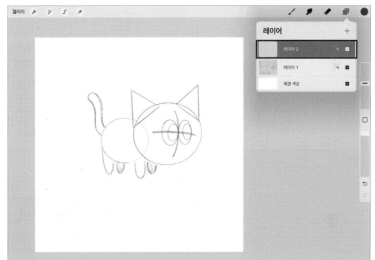

04 동그라미 스케치 위에 원하
는 캐릭터를 얹어줍니다. 고
양이 말고도 키우는 반려견
이나 반려묘가 있다면 그 친
구들을 생각하며 그려보세
요. 더욱 애정이 가고 사랑스
러울 거예요.

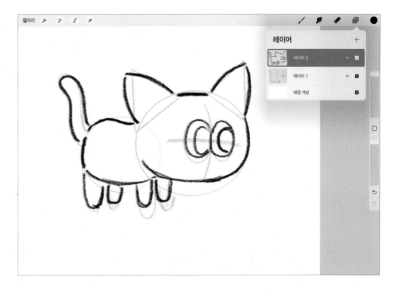

05 목이 너무 길어 보여서 머리만 [선택 **S**] – [올가미]로 선택하여 위치를 옮겨줬어요.

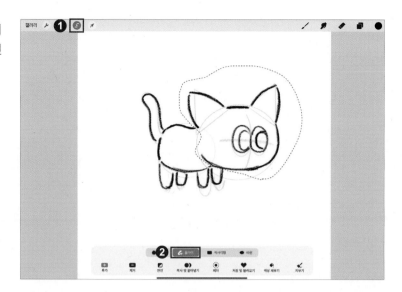

06 마음에 들지 않는다면 이렇게 자유롭게 옮겨 보세요. 디지털 드로잉의 장점이니 적극적으로 활용해도 좋아요.

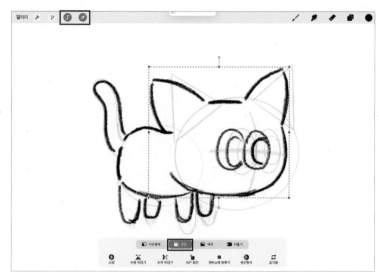

07 기본 캐릭터를 참고하며 진행할 수 있도록 한쪽 모퉁이로 옮겨주세요.

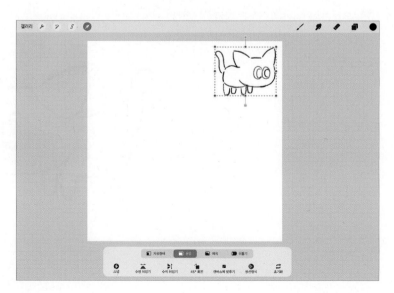

08 [동작 🔧] – [캔버스] – [애니
메이션 어시스트]를 켜주세요.

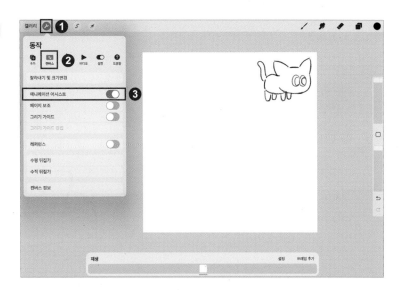

09 프레임을 선택하고 [배경]을
활성화해 줍니다. 레이어를
추가하여 움직이는 동작을
그리는 동안 기본 캐릭터를
참고할 수 있도록 둘 거예요.

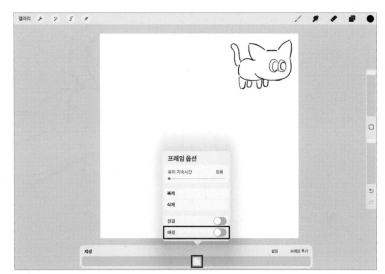

10 타임라인 설정에서 [핑퐁]에
체크, [초당프레임] 8, [어니언
스킨 프레임] 1, [어니언 스킨
불투명도] 60%로 설정해 줍
니다.

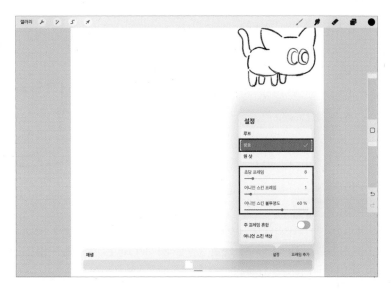

11 기본 캐릭터는 정했어요. 다음은 어떻게 진행해야 할지 막막하시죠? '나른한 고양이가 잠을 자다가 기지개를 펴는 동작'이니 먼저 잠을 자고 있는 첫 동작과 기지개를 펴는 마지막 동작을 그려볼게요. 스케치 단계이니 깔끔하게 그리지 않아도 괜찮아요. 처음처럼 도형을 먼저 그린 후 모양을 잡아줘도 좋아요.

잠을 자고 있는 고양이 [1]

12 새 레이어를 추가하고 기지개를 펴는 고양이를 그려줍니다. 동작 표현이 어렵다면 고양이를 직접 관찰하거나 참고할만한 영상을 찾아보는 것도 좋은 방법이에요. 이번 동작은 요가를 하듯 여러분이 직접 자세를 취하여 참고해도 좋겠죠? 고양이가 누워있을 때 보다 엉덩이가 위로 치솟고, 꼬리도 위로 뻗게, 그리고 얼굴도 전체적으로 뒤쪽으로 갔어요. 앞발은 앞으로 쭉 펴도록 그려주세요.

기지개 펴고 있는 고양이 [7]

13 첫 동작과 마지막 동작을 먼저 그렸다면 이제 차근차근 동작이 변화하는 과정을 그려볼게요. 새 레이어를 추가하고 눈을 반쯤 뜬 고양이를 그려줍니다. 왼쪽 발을 먼저 앞으로 뻗어볼게요. 스케치가 헷갈린다면 240쪽을 참고하세요.

[2]

금손앰지 TIP

[어니언 스킨 프레임]을 1로 설정했기 때문에 현재 레이어의 앞, 뒤로 1장씩 미리 보여줍니다. 빨간색이 이전 프레임, 초록색이 이후 프레임입니다. 어니언 스킨은 중간 동작을 이어 그리는데 큰 도움이 됩니다. 선이 너무 진해서 그림을 그리기에 헷갈리면 타임라인 설정에서 [어니언 스킨 불투명도]를 조절해 주세요.

14 새 레이어를 추가하고 다음 동작을 그립니다. 이번엔 눈을 동그랗게 다 떴어요. 오른쪽 발도 앞으로 뻗었네요. 귀도 살짝 쫑긋 올렸어요.

[3]

15 슬슬 '이걸 언제 다 그리나?' 하고 걱정되시죠? 걱정 마시고 **[3]** 레이어를 왼쪽으로 스와이프 하여 복제합니다. 복제한 레이어의 이름을 **[4]**로 변경합니다.

16 다음 동작은 좀 더 쉽게 진행해 볼게요. **[4]** 레이어를 선택 후 **[선택 ⑤]** – **[올가미]**로 얼굴 부분만 선택합니다.

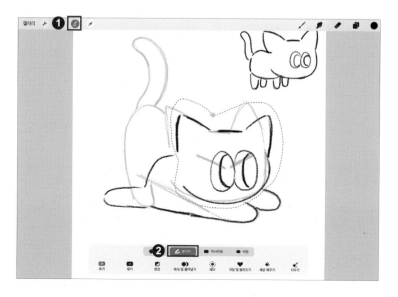

17 [변형 ✦] 툴을 눌러 얼굴을
위쪽으로 올려주세요. 이제
고양이가 일어나야 겠죠?

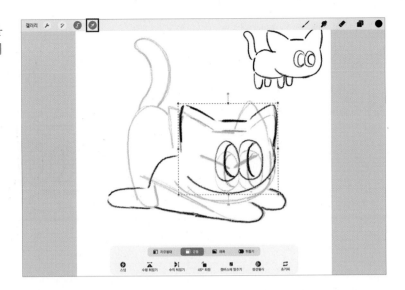

18 엉덩이를 조금씩 올려 그려
주세요. 엉덩이를 따라 꼬리
도 끌려가듯 올라갑니다. 이
제 뒷다리가 보이네요! 초록
색으로 보이는 마지막 동작
보다는 엉덩이 위치가 아직
은 낮아요.

[4]

19 [4] 레이어를 [복제] 합니다.
레이어의 이름을 [5]로 바꿔
줍니다.

20 [5] 레이어가 선택된 상태에서 [조정 ◉] – [픽셀 유동화]를 선택합니다.

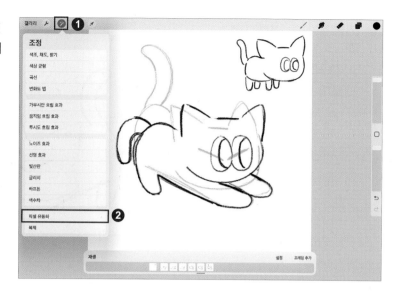

21 [밀기] 옵션을 선택하고 브러시 크기를 70% 정도로 크게 해주세요. 엉덩이를 살짝 더 올려주고 얼굴과 몸통도 뒤로 좀 더 보내줄게요. 뒤로 쭉 뻗는 중이니까요. 이렇게 스케치 단계에서는 **[픽셀 유동화]**를 사용해서 편하게 형태를 변경할 수 있어요.

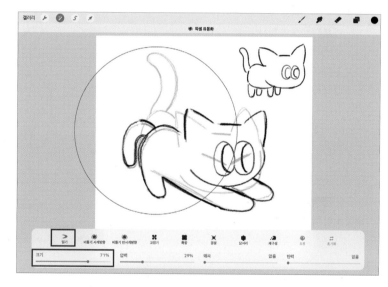

22 꼬리 모양은 꼬리를 내리고 있는 이전 레이어(빨강)와 꼬리를 높이 치켜든 이후 레이어(녹색)의 모양이 자연스럽게 이어지도록 중간 위치에 그려줍니다.

23 [7]번 레이어를 [복제]합니다. [6]으로 이름을 변경해 주세요. [조정 ⚙] – [픽셀 유동화] – [밀기] 옵션으로 앞 프레임과 뒤 프레임을 보여주는 빨강, 초록색을 참고하여 선이 가운데에 위치하도록 중간 동작을 추가해 줍니다.

금손햄찌 TIP

애니메이션은 여러 장의 그림을 연속으로 보여줌으로써 움직이는 것처럼 보이게 하는 눈속임이라고도 할 수 있어요. 여러 장이 필요하기 때문에 길고 고된 시간일 수 있지만 직접 움직임을 만들고 나면 애니메이션에 매료되어 헤어나오기 힘들 거예요. 이번에 준비한 예제는 시작 단계이니 7장으로 간소화했어요. 이 과정이 익숙해지면 중간 동작을 더 추가해 보세요. 움직임이 훨씬 더 부드러울 거예요.

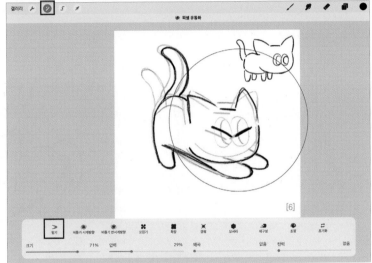

24 [타임라인]에서 재생해 볼게요. 동작들이 엄청 빠르게 흘러가서 무슨 동작인지 파악하기가 어려울 거예요. 이때 [유지 지속시간]을 사용합니다. 가만히 앉아있는 [1 프레임]을 선택하고 [유지 지속시간]을 8로 설정합니다. 프레임이 실제로 추가되는 건 아니지만 같은 장을 8장 보여줌으로써 가만히 멈춰 있는 시간을 만들어 주는 것이죠.

25 [7] 마지막 프레임의 쭉 뻗는 동작은 [유지 지속시간]을 4로 설정합니다. 다시 재생해 보면 적당한 시간이 유지되면서 이전보다 동작이 눈에 잘 들어올 거예요.

정리하고 채색하기

26 움직이는 동작이 마음에 들면 스케치를 끝내고 레이어를 정리 후 선정리와 채색까지 마무리합니다.

새 레이어를 두 개 추가합니다. [1] 스케치와 추가한 레이어를 다중 선택한 후 그룹화 해주세요. 옆 이미지처럼 '선, 채색, 스케치'로 이름을 변경하여 정리해 줍니다. 그룹명도 [1]로 바꿔줄게요. 레이어를 분리해 주면 다음에 수정할 때 유용해요. 오른쪽 모퉁이에 그려 두었던 기본 고양이 그림도 삭제합니다.

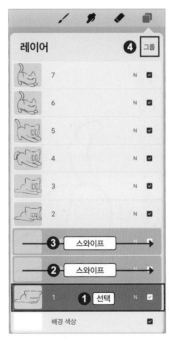
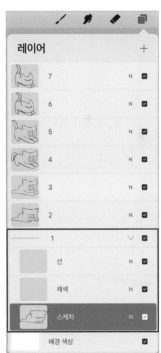

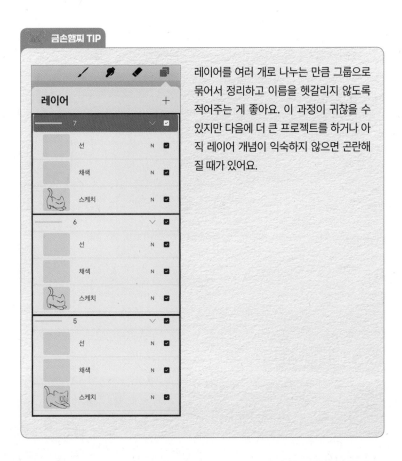

레이어를 여러 개로 나누는 만큼 그룹으로 묶어서 정리하고 이름을 헷갈리지 않도록 적어주는 게 좋아요. 이 과정이 귀찮을 수 있지만 다음에 더 큰 프로젝트를 하거나 아직 레이어 개념이 익숙하지 않으면 곤란해질 때가 있어요.

27 스케치 레이어의 불투명도를 낮춰주고 [선 레이어]에서 7 장의 선을 모두 정리해 줍니다. 그리기 전에 레이어가 많으므로 현재 어떤 레이어를 선택하고 그리고 있는지 꼭 확인해 주세요.

거친 모노라인 / 크기 15%

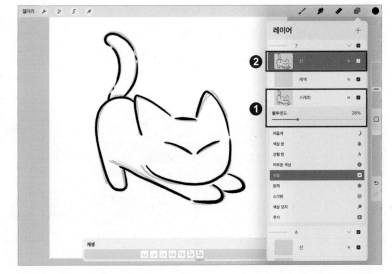

28 선을 모두 정리했다면 [스케치 레이어]는 체크를 해제하여 보이지 않게 합니다. 더 이상 필요 없다면 레이어를 삭제해도 좋아요.

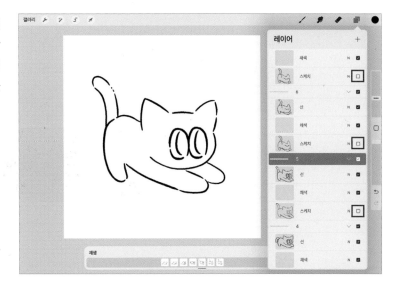

29 스케치 단계에서 사용했던 [유지 지속시간]은 프레임을 그룹화 시키면 초기화 됩니다. 스케치를 하면서 동작 타이밍을 확인했으니 첫 프레임은 8, 마지막 프레임은 4로 설정해 줄게요.

30 [채색 레이어]를 선택하고 채색을 진행합니다. 채색은 생각보다 어렵지 않지만 일곱 번의 과정을 거치는 게 지루하고 어려울 수 있어요. 개인적으로 애니메이션은 인내의 시간이 필요하다고 생각해요. 하지만 결과물이 나오면 정말 뿌듯할 테니 힘내세요!

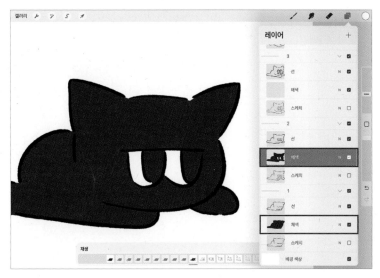

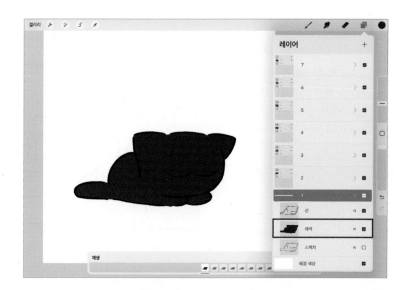

31 여기까지 오느라 정말 수고 많았어요. 이제 배경과 전경을 추가하여 애니메이션의 한 장면처럼 완성해 볼게요. **[동작 ⚙]** – **[추가]** – **[파일 삽입하기]**로 **[나른한고양이 배경 .png]**을 불러옵니다. 레이어의 가장 아래 (타임라인에서는 가장 앞에) 위치시켜 줍니다.

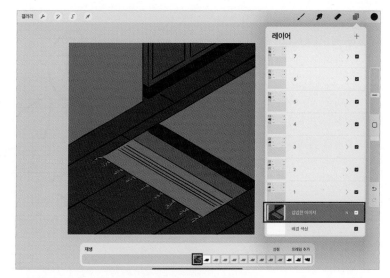

32 **[타임라인]**에서 프레임을 탭하여 **[배경]**으로 지정합니다.

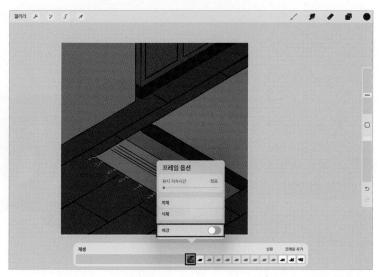

33 이번에는 [동작 🔧] – [추가] – [파일 삽입하기]로 [나른한 고양이 빛.jpg]을 불러옵니다. 레이어의 가장 위(타임라인 에서는 가장 뒤에) 위치해 주세요.

34 [타임라인]에서 프레임을 탭하여 [전경]으로 지정합니다.

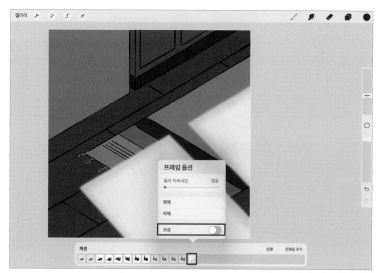

35 [빛 레이어]의 혼합모드를 [오버레이]로 변경하여 자연스럽게 그림과 어울리도록 해줄게요.

36 고양이의 전체 그룹을 다중 선택합니다.

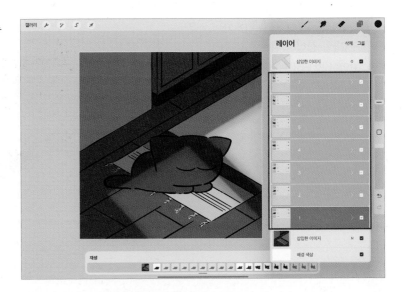

37 [변형 ⬈] 툴로 크기를 조금 줄이고 위치도 변경한 후 재생해 보세요. 나른한 고양이가 빛을 받으며 기지개를 폅니다. 정말 뿌듯하지 않나요? 수고 많으셨습니다. 완성본 파일 [**나른한고양이 완성작.procreate**]을 보면서 어떻게 작업했는지 참고해 보세요.

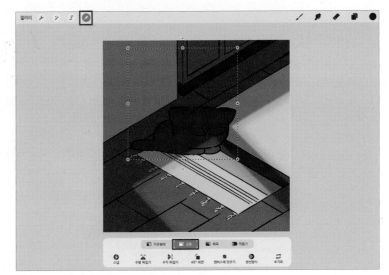

38 [동작 🔧] – [공유] – [동영상
   MP4] 파일로 내보내서 공유
   해 볼게요.

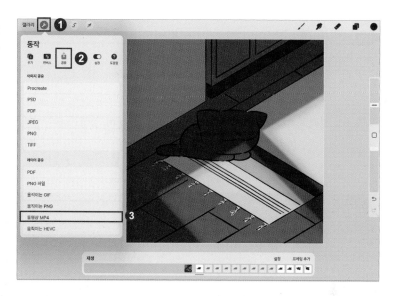

39 마지막 저장하기 전 [초당 프
   레임]으로 속도를 조절할 수
   있어요.

40 [비디오 저장]을 탭 합니다.
   아이패드 내에 있는 [사진]
   앱에 저장될 거예요. 다음 시
   간에는 영상으로 공유한 파
   일을 사용해 간단한 영상편
   집을 해볼게요.

직접 만든 애니메이션으로 영상 편집해보기

지난 Lesson에서 만든 나른한 고양이로 간단한 영상 편집을 해볼 거예요.

자막과 효과도 넣어보고 AI 목소리도 넣어서 영상을 좀 더 재미있게 만들어 보겠습니다.

먼저 무료이면서도 다양하고 많은 기능을 사용할 수 있는 앱을 소개할게요.

준비 파일 | 나른한고양이 영상.mp4, 나른한고양이 눈뜬상태.jpg
나른한고양이 눈감음.jpg, 나른한고양이 마지막포즈.jpg
완성 파일 | 나른한고양이 최종 편집본.mp4

01 처음부터 유료 앱을 사용하려면 약간 부담스럽죠? 영상을 처음 만드는 분들에게는 전문가들이 사용하는 앱보다 쉽게 조작할 수 있는 VITA 앱을 추천합니다. AppStore에서 [VITA – 동영상 편집 어플]을 다운로드해 주세요.

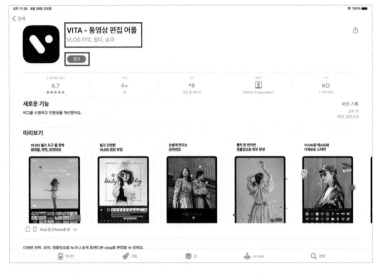

02 VITA 앱을 실행합니다. 잠시 둘러볼까요? 프로크리에이트에서 캔버스를 생성하는 것처럼 [+ 새 프로젝트]를 눌러서 영상이나 이미지를 불러와 시작할 수 있어요. 배경 제거, AI 효과, 섬네일 만들기, 곡선(영상 속도 조절), 자막넣기, 음악추가 기능 등이 있고 무료로 제공되는 인기 템플릿도 준비되어 있어요.

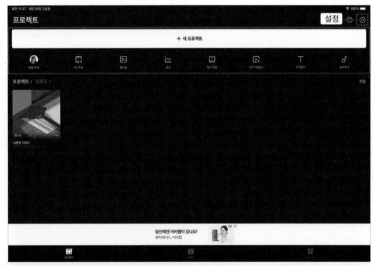

03 [설정 ⚙]을 누르면 [튜토리얼]도 친절하게 영상으로 제작되어 있으니 여러분이 원하는 느낌의 영상 편집이 있다면 바로 따라해 볼 수 있습니다.

04 오른쪽 상단 [설정]을 누르면 영상 아래 작게 붙는 'VITA 마크'를 꺼줄 수 있어요.

05 타 앱은 마크를 지울 수 없거나 지우려면 유료로 변경해야 하는 경우도 있는데, 무료로 사용가능한 VITA 앱은 아무 조건 없이 마크를 안 보이도록 설정할 수 있습니다.
너무 복잡하고 어렵게 느껴지세요? 걱정 마세요. 일단 천천히 저를 따라오세요!

금손햄찌 TIP

프로크리에이트처럼 창을 닫으면 편집하고 있던 프로젝트는 자동 저장됩니다.

자, 먼저 어떻게 영상을 만들지 생각해 보고 그에 따라 필요한 소스를 준비해 봅시다. 이전 Lesson에서는 자고 있다가 일어나서 바로 기지개를 켰는데, 눈을 깜빡이며 생각하는 시간을 편집으로 추가해 볼게요.

  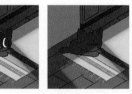

❶ 나른하게 누워있다가 앞발을 뻗는다.
❷ 잠시 눈을 깜빡이며 생각한다.
❸ 기지개를 켜고 다시 눕는다.
❹ 대사도 한 번 적어본다.

아~~ 따뜻하고 좋다냥   좀 찌뿌둥하냥 (두 눈을 깜빡이며 생각 중)   냐아아아아앙~~~(기지개)   이게 행복이다냥!!!

그렇다면 필요한 소스는 아래와 같습니다.

❶ 지난 Lesson에서 만들어 둔 영상
❷ 깜박임을 표현하기 위해 앞발을 뻗은 채 눈을 뜬 이미지
❸ 그리고 눈을 감는 이미지
❹ 마지막 포즈 이미지

06 앞에서 그린 **[나른한 고양이]** 파일을 열어 줍니다. 지난 Lesson에서는 루프 애니메이션으로 만들어서 영상이 무한 반복되었는데요. 이번에 반복이 아닌 하나의 영상으로 끝나도록 뒷부분을 여유롭게 덧붙여 볼 거예요. 뒷부분의 길이를 마음대로 편집할 수 있도록 **[1 프레임]**을 **[동작 🔧] – [공유] – [JPEG] – [이미지 저장]** 합니다. 두 발을 뻗고 눈을 뜨고 있는 **[3 프레임]**도 저장해 주세요.

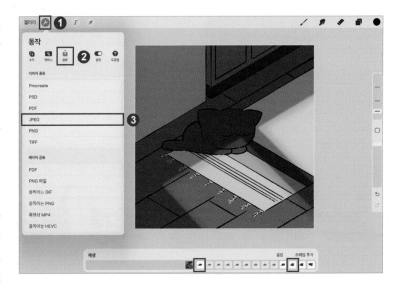

07 눈감는 프레임은 없었으니 간단하게 그려볼까요? **[3 프레임]** 그룹을 복제하여 뜨고 있는 동그란 눈을 지우고 눈감고 있는 고양이를 그려줍니다. 이 장면도 **[동작 🔧] – [공유] – [JPEG] – [이미지 저장]**해 주세요.

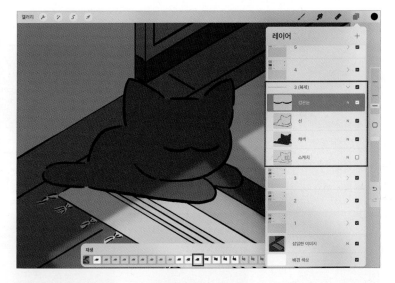

🐹 금손햄찌 TIP

눈을 감고 뜨는 부분은 앞에서 배웠던 프로크리에이트 애니메이션 기능으로도 충분히 완성할 수 있는데요. 이번 Lesson에서는 [영상]과 [이미지]를 모두 사용하여 영상을 편집해 보기 위해 위와 같은 방법으로 진행했어요.

08 소스를 모두 준비했어요. 본격적으로 영상 편집을 시작해볼게요. VITA 앱을 실행합니다.

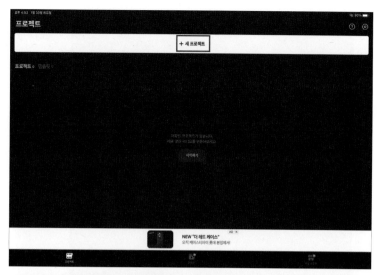

09 [+ 새 프로젝트]를 누르면 아이패드 사진 앱에 저장되어 있는 영상과 이미지가 보여요. 비디오 탭에서 만들어 둔 영상을 선택하고 오른쪽 하단 화살표를 탭 합니다.

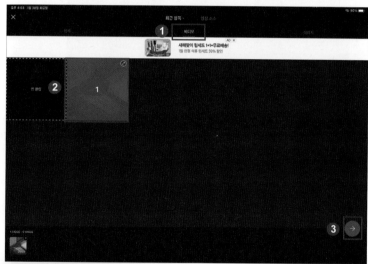

10 프로크리에이트와 같이 아래 [타임라인]이 생성됩니다. 가운데 큰 화면으로 현재 진행하고 있는 영상을 실시간으로 볼 수 있어요.

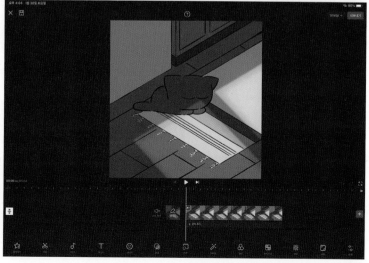

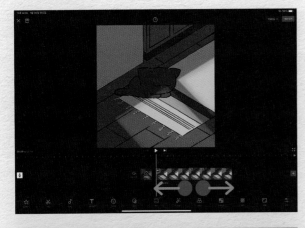

두 손가락으로 [타임라인]을 옆으로 늘려주면 길게 늘려서 [타임라인]을 더 자세히 볼 수 있어요.

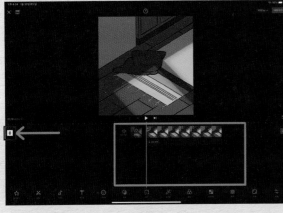

왼쪽 [화살표 ⁑]를 누르면 [타임라인] 창을 더 크게 볼 수 있어요.

편집의 기초 : 영상 분할하기

11 우리가 이전에 만든 영상은 눈을 뜨고 바로 기지개를 켰기 때문에 영상 중간을 잘라내고 멍 때리는 시간을 확보해야 해요. 기지개를 켜기 전까지 재생바를 가져다 둔 후 레이어를 선택합니다. 화면 하단에 있는 **[분할]**을 클릭합니다.

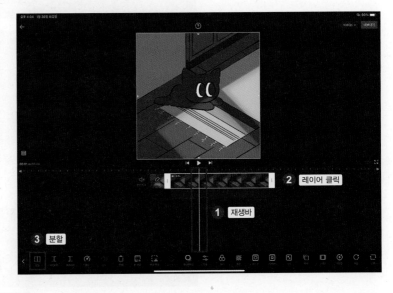

12 레이어가 선택되어 있다면 빈 화면을 터치하여 선택을 해제합니다. 또는 [이전화면 ◀]을 눌러주세요. 다음 [➕]을 누르고 [눈을 뜨고 있는 이미지]를 불러옵니다.

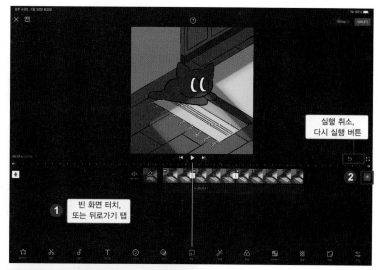

> **금손햄찌 TIP**
>
> 잘 못 했어도 걱정 마세요. [타임라인] 우측 상단에 [실행 취소 ↩] 버튼이 있어요.

[눈 뜨고 있는 이미지]

13 재생바가 있는 곳에 불러온 파일이 추가됩니다. 잘 불러와졌나요? 눈 감는 부분을 가운데 넣어주기 위해 눈을 뜨고 있는 이미지를 한번 더 [분할] 할게요.

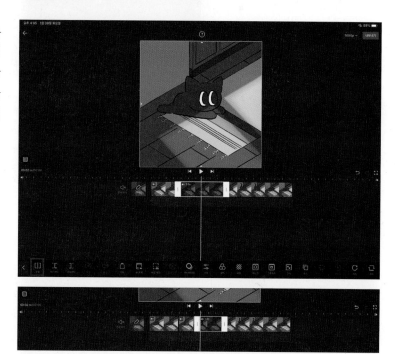

14 레이어가 선택되어 있다면 빈 공간을 탭 해줍니다. 또는 [이전화면 ◀]을 눌러주세요. 분할한 곳에 재생바를 두고 [+]를 눌러 이번엔 [눈을 감은 이미지]를 불러옵니다.

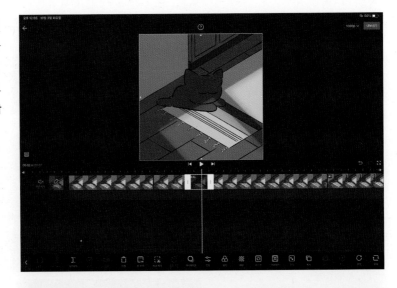

15 여기까지 잘 따라오셨다면 재생해 보세요. 눈을 꿈~뻑 천천히 뜰 거예요. 이번엔 영상 클립의 양쪽 흰색 바를 움직여서 눈을 뜨고 감는 시간을 조정해 볼게요.

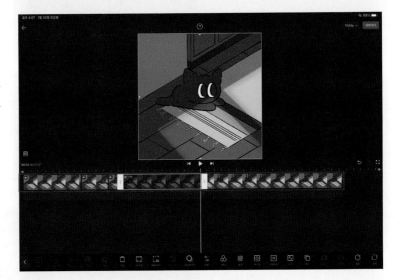

섬네일을 자세히 보면 위에 초(s)가 보일 거예요. 제가 각각의 클립에 설정한 초(s) 입니다. 참고하세요.

- 누워있다가 일어나는 1번 클립 1.3s
- 고개를 들고 있는 2번 클립 0.6s
- 눈을 감고 있는 3번 클립 0.3s
- 고개 들고 있는 4번 클립 1.8s
- 기지개 켜고 마무리 영상 5번 클립 3.2s

클립 : 전체 영상 중 짧은 부분을 잘라 편집한 영상

16 재생바를 맨 뒤로 가져간 후 [➕] 버튼을 누르고 [**나른한 고양이 마지막 포즈.jpg**]를 가져옵니다. 이미지의 끝부분 흰색 바를 잡고 2.8s로 설정해 주세요.

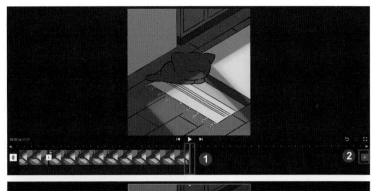

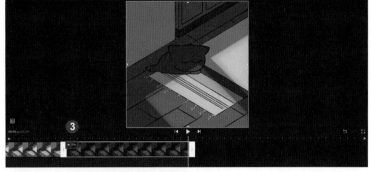

텍스트 추가

17 우리가 평소 영상에서 자주 접하던 스타일의 자막을 간단하게 사용할 수 있어요. 재생바를 영상의 처음으로 옮겨준 다음 화면 하단 [**텍스트**]를 탭 합니다.

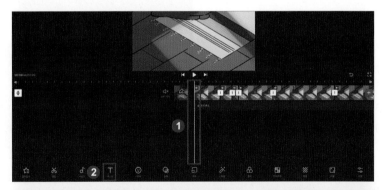

18 대사를 입력하고 [**글꼴**], [**스타일**], [**자막**], [**타이틀**] 중에서 원하는 소스를 적용해 보세요. 저는 [**자막**]에서 [**옛날영화**] 스타일을 골랐어요. [**체크**]를 누르고 완료합니다.

19 이 서식을 그대로 유지하고 싶다면 텍스트를 선택한 후 아래 탭에서 [복사]합니다.

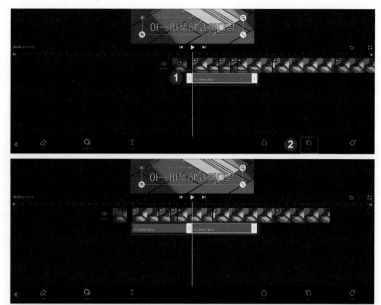

20 그리고 복사한 텍스트를 선택 후 [편집]을 눌러 텍스트 내용만 바꿔주세요.

21 '냐아아아앙~~~' 하며 기지개를 켜는 부분은 다른 텍스트 스타일을 사용해 볼 건데요. 기지개를 켜는 장면에 재생바를 가져오고 [텍스트]를 추가합니다.

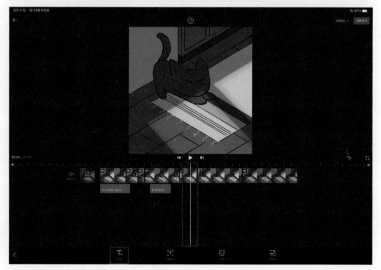

22 [타이틀]에 있는 [라운드]를 적용합니다.

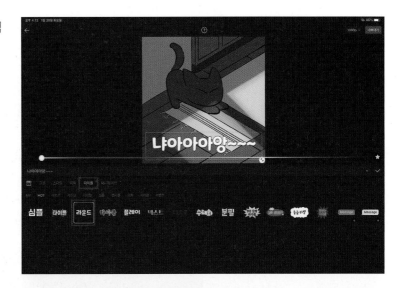

23 [애니메이션] 탭에서 [줌 인]효과를 적용합니다. 아래 파란색 바로 애니메이션 속도를 조절할 수 있어요.

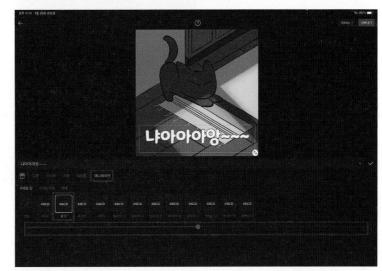

24 그 다음 마지막 대사 '이게 행복이다냥!!'을 앞에서 사용했던 서식과 같은 것으로 복제하여 텍스트 문구만 바꿔 줍니다. 하나의 짧은 영상에 여러 개의 텍스트 스타일이 들어가면 정신없어 보일 수 있으므로 두 개 정도의 스타일로 마무리할게요.

25 이렇게 겹쳐지는 부분이 생기는 경우 레이어가 아래에 생성되기도 해요. 레이어를 겹쳐서 사용할 수도 있죠. 텍스트 레이어를 길게 누르고 가장 뒤에 끌어다 놓습니다.

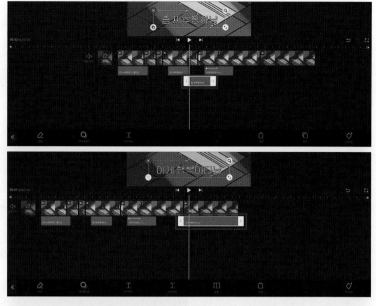

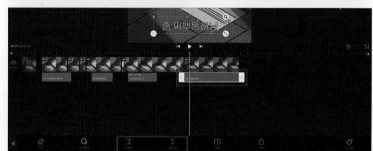

26 텍스트가 선택된 상태에서 재생바를 영상 맨 뒤에 두고 **[여기까지]**를 선택하면 재생바가 있는 곳까지 자동으로 늘려줍니다. **[여기부터]**도 마찬가지로 클립의 앞부분에 적용할 수 있어요.

배경음악 넣기

27 배경음악도 잔잔하게 깔아볼까요? **[사운드] – [음악]** 탭을 눌러줍니다. 음악, 효과음, 녹음까지 할 수 있어요.

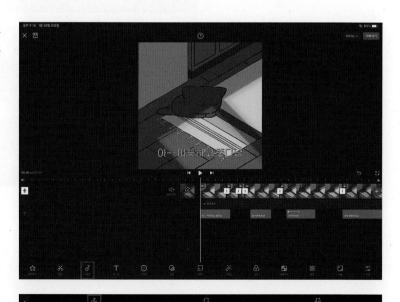

28 앨범을 누르면 음악을 미리
들을 수 있어요. 마음에 드는
배경음악을 고른 후 [+]를
눌러 삽입해 줍니다.

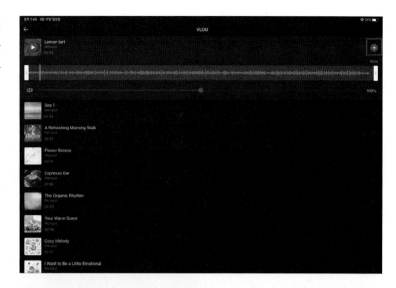

29 배경음악을 선택하고 하단
탭에서 [볼륨]을 선택합니다.
볼륨 값을 60으로 낮춰볼게
요. 그 다음 [페이드]에서 페
이드 아웃을 1.3s 줘볼게요.

금손햄찌 TIP

[페이드 인]은 음악 앞부분 볼륨
이 천천히 높아지고, [페이드 아
웃]은 음악 뒷부분 볼륨이 천천히
낮아집니다.

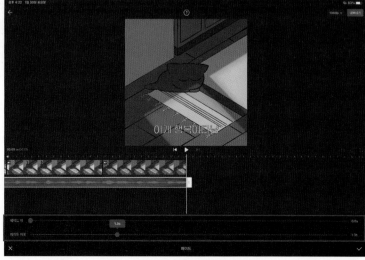

30 VITA 앱에 또 재미있는 게 있는데, 바로 효과입니다. 여러 효과 중에서 종이 질감을 넣어볼게요. **①**을 눌러 이전 화면으로 돌아옵니다. **[효과]** 탭을 눌러줍니다. 정말 많은 효과들이 보이는데요. **[질감]** 탭에서 **[종이질감 2]**를 사용해 볼게요.

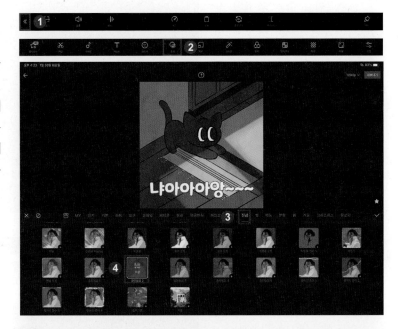

31 이렇게 **[타임라인]** 전체에 적용할 수도 있고 레이어를 선택 후 흰색 바를 조절하여 부분 적용도 가능합니다. 완성입니다! 영상과 이미지, 텍스트와 배경음악, 효과까지 넣다 보니 엄청 복잡해졌네요. 프로크리에이트에서 레이어를 쌓는 것과 비슷한 개념으로 이해하면 좋아요.

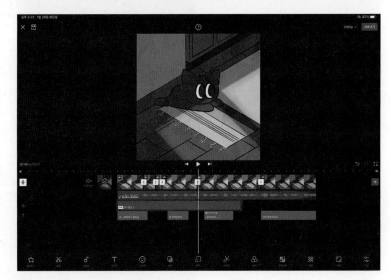

32 오른쪽 상단 [내보내기]를 누르고 영상을 저장합니다. 영상은 사진 앱에 자동 저장됩니다.

처음이라 헷갈리고 어려웠죠? 당연합니다. 그래도 이렇게 여러분만의 영상을 만들었네요. 수고하셨습니다. 아이패드에 인스타그램이나 유튜브 앱에 로그인되어 있으면 영상을 바로 공유할 수 있으니, 영상을 친구들에게 공유해 보세요.

SNS에 그림 과정 업로드하기

그림 그리는 과정도 예술이 될 수 있습니다.

프로크리에이트는 우리의 창작 과정을 자동으로 기록합니다.

SNS에 그림 그리는 과정 영상을 공유하여 여러분의 창작 여정을 세상과 나눠보세요.

또 작업 과정을 되돌아보며 자신만의 성장을 기록하고 영감을 얻으세요.

프로크리에이트에는 타임랩스 영상 녹화 기능이 있어요. [동작 🔧] – [비디오]에서 [타임랩스 녹화]를 활성화 하면 프로크리에이트에서 캔버스에 그리는 획과 적용하는 동작 모두 순서대로 비디오에 기록합니다. 자신의 작업 과정이 담긴 이 영상을 다시 보기도 하고, 다른 사람들과 공유하면 내실력을 발전시키는데 도움이 됩니다.

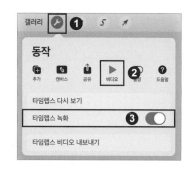

01 갤러리에서 [＋]를 눌러 새로운 캔버스를 생성할 때 [타임랩스 설정]에 들어가 볼게요. 이곳에서 녹화 품질과 크기를 선택할 수 있어요. 품질과 영상의 사이즈가 커질수록 파일의 용량이 크고 저장공간이 더 필요합니다.

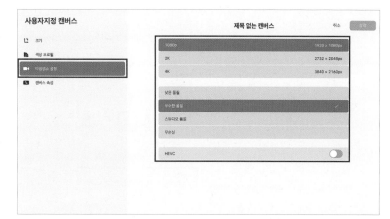

인스타그램으로 공유하기

02 Chapter 1의 Lesson 4에서 진행했던 [곰돌이 생일파티] 파일을 열어볼게요. [동작 🔧] – [비디오]에서 [타임랩스 녹화]가 활성화 되어있으면 타임랩스 다시 보기가 가능한 파일입니다. 만약 캔버스를 만들었을 때, 또는 중간에 녹화 기능을 비활성화 하면 그림 그리는 과정이 녹화되지 않아요. 여러분의 그림 그리는 과정이 담긴 비디오가 어떤 상황에 어떻게 필요할지 모르니 타임랩스 설정은 켜두기를 권장합니다.

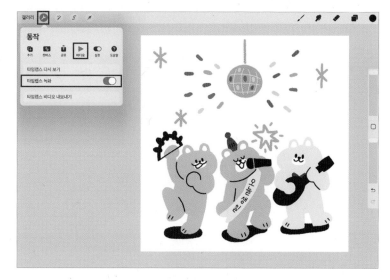

03 손가락으로 왼쪽 또는 오른쪽으로 화면을 밀면 뒤로 감기나 앞으로 건너뛰기 할 수 있어요.

04 비디오를 내보내려면 [동작 🔧] – [비디오] – [타임랩스 비디오 내보내기]를 탭 합니다. 전체 영상을 내보낼 수도 있고, 영상의 길이가 매우 길 경우에는 30초로 압축한 버전을 내보낼 수도 있어요.

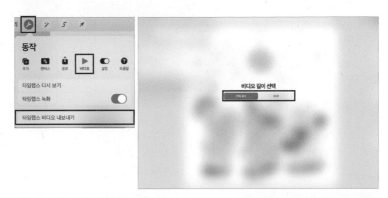

05 [전체 길이]를 선택한 다음 [비디오 저장]을 해줍니다. VITA 앱이 깔려있는 경우 바로 실행하여 영상 편집을 시작할 수 있습니다.

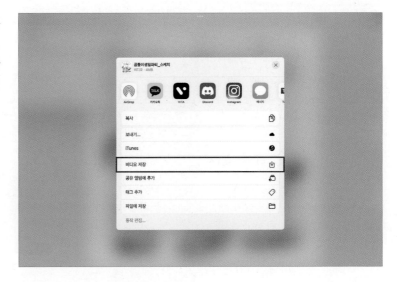

06 타임랩스에 내가 보여주고 싶지 않은 장면도 있을 거예요. VITA로 편집해 봅시다. VITA를 실행하고 비디오 저장했던 타임랩스 파일을 불러옵니다. 파일을 저장했던 위 과정에서 VITA로 바로 파일을 열면 새 프로젝트 창이 생성됩니다.

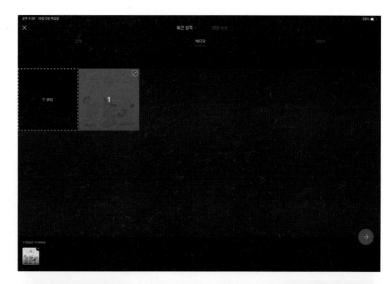

07 그림이 '뚝딱!' 하고 나오는 게 아니죠? 남들에게 공유하기 전 고민했던 흔적들을 지우고 싶을 수도 있어요. 그런 부분을 [분할]을 통해 영상을 자르고 [삭제]해 줍니다.

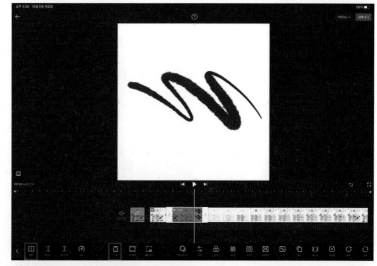

08 중간을 삭제하면 화면이 자연스럽게 이어지지 않을 수 있어요. 그럴 땐 클립과 클립 사이의 작은 핀 아이콘을 눌러보세요. 여러 화면전환 효과가 제공되는데요. 그 중 [기본]에 있는 [디졸브] 효과를 사용해 보겠습니다. 잘려진 두 영상을 부드럽게 연결시켜 줍니다.

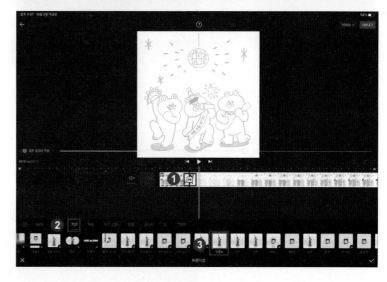

09 디지털 드로잉 화면만 나오는 단조로운 영상은 길이가 길면 보는 사람 입장에선 지루할 수 있으므로 1분 이내로 작업합니다. 클립을 선택하고 속도를 1.4배로 변경해 볼게요. 또는 주요 장면만 **[분할]**하여 편집해도 좋아요.

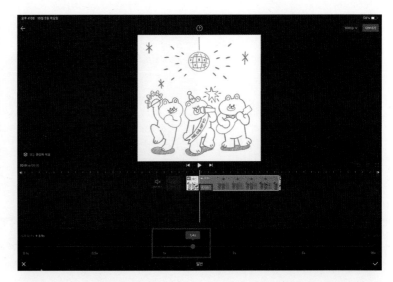

섬네일 만들기

10 '섬네일'은 유튜브, 블로그 등에서 '콘텐츠나 제품을 미리 보여주는 작은 이미지'를 의미합니다. VITA에서 섬네일을 만들어 볼게요. **[섬네일]** 아이콘을 탭 합니다.

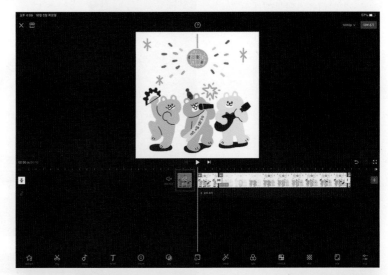

11 영상에서 한 장면을 선택할 수도 있고, 미리 만들어둔 이미지를 가져올 수도 있어요. 또 왼쪽 아래 이미 만들어져 있는 템플릿을 사용해서 편집도 가능합니다.

12 저는 생일 축하 템플릿을 사용해 볼게요.

13 섬네일을 [내 기기에 저장]해 줍니다.

14 [사운드]를 탭 하여 잔잔한 배경음악도 하나 넣어주고요.

15 편집이 다 되었다면 오른쪽 상단 [내보내기]를 눌러 영상을 저장합니다. 아이패드에 유튜브나 인스타그램, 페이스북 등의 SNS 앱이 깔려있고 로그인이 되어있다면 이 화면에서 편집한 영상을 내 계정에 바로 업로드 할 수 있어요. [인스타그램] 아이콘을 클릭해 볼게요.

16 이렇게 [스토리], [릴스], [메시지]로 공유가 가능합니다. 짧은 영상인 [릴스]로 만들어 볼게요.

금손햄찌 TIP

인스타그램

릴스 오디오와 효과가 포함된 짧은 동영상을 만들고 공유하고 시청합니다.

스토리 보통 재미있고 가벼운 내용을 담고 있으며 24시간 동안 지속됩니다.

메시지 친구들에게 개인적으로 사진, 동영상 및 메시지를 보낼 수 있습니다.

17 올리기 전 영상을 확인할 수 있으며 인스타그램 내에서도 음악, 효과, 스티커, 텍스트 등 간단한 편집이 가능합니다.

18 만들어둔 섬네일을 사용해 볼까요? [카메라 롤에서 추가]를 탭 합니다.

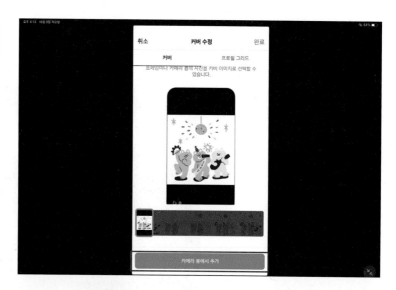

19 커버를 지정해 주고 많은 사람들에게 내 영상을 [공유]해 봅니다.

20 영상이 업로드 되었습니다. 수고하셨습니다!

쇼츠 예시

21 편집을 완료했던 프로젝트를 다시 열어서 진행해 볼게요.

22 [비율]을 눌러보면 여러 예제 비율이 있는데, 인스타그램의 경우 1:1 비율, 또는 4:5 비율을 주로 사용하며 틱톡, 유튜브 쇼츠 영상의 세로 영상은 16:9 비율을 사용합니다. 우리가 일반적으로 보는 영상들의 경우 16:9의 비율이 대부분입니다.

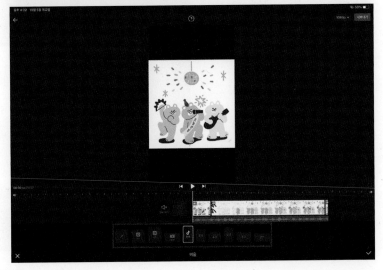

23 원하는 폼에 맞는 비율을 선택하면 주변에 여백이 생기면서 창의 크기를 바꿔줍니다. 세로로 찍은 화면이 아닌 경우 위아래로 남는 곳에 제목이나 부연 설명 등 텍스트를 추가하면 좋아요. **[텍스트]**를 눌러 텍스트를 입력하고 화려한 타이틀로 제목을 꾸며볼게요.

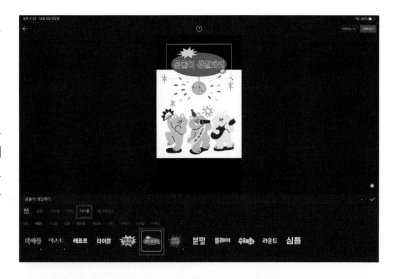

24 영상 끝까지 제목이 보이도록 텍스트를 **[타임라인]** 끝까지 끌어다 놓아주세요. 편집이 완료되었다면 **[내보내기]** 해줍니다.

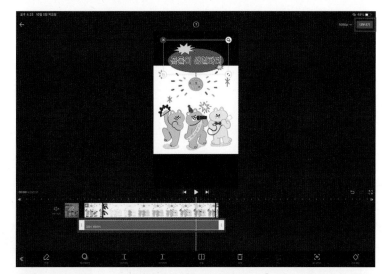

25 **[유튜브]** 아이콘을 눌러줍니다. 1분 이내 짧은 영상은 유튜브에서 자동으로 쇼츠로 인식하여 업로드됩니다.

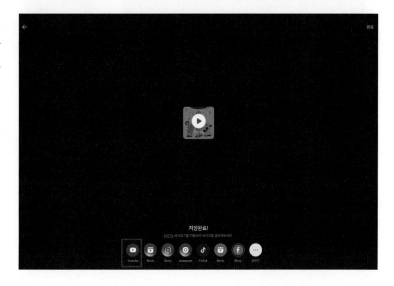

26 그림을 그리고 영상을 편집하고 업로드 하기까지, 여러분만의 SNS 공간을 만들어 보세요!

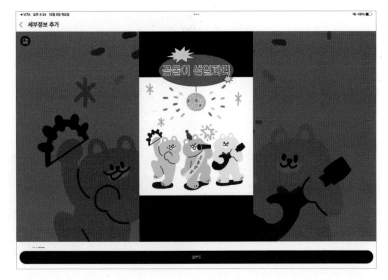

유튜브 업로드 화면

보너스

그림 그리는 과정도 촬영해 보세요. 준비하는 것부터가 거창하면 시작하기 어렵습니다. 준비물은 많이 필요 없어요! 저렴한 삼각대, 휴대폰, 밝은 장소면 됩니다.

디지털로 그림을 그리기 때문에 화면 녹화가 가능하지만 손이 영상에 나오면 더 친근한 느낌이 들어요. 앞서 해본 타임랩스 말고도 가지고 있는 휴대폰으로 그림을 그리고 있는 나를 촬영해 보세요. 세밀하게 그릴 때는 측면에서 클로즈업해서 손동작이 잘 보이게 촬영합니다.

이모티콘 만들기 전 꼭 알아둘 것

이번 Lesson에서는 이모티콘을 그리기 전에 무조건 알고 시작하면 좋은 것들과

다 그린 후 이모티콘을 어떻게 등록하는지까지 알아볼게요.

어떻게 진행되는지 가볍게 읽은 후 이모티콘 작업을 시작할 때 참고하면서 진행하세요.

아무래도 움직이는 이모티콘이 더 어려울 수 있기 때문에

멈춰있는 이모티콘부터 도전을 추천하는데요,

나에게 반짝이는 아이디어가 있다면 참고해서 바로 시작해 보세요!

준비물

이모티콘은 웹에서 사용하기 때문에 디지털로 그림을 그려야겠죠? 준비물은 아이패드, 태블릿 등의 도구가 필요하고 프로크리에이트, 포토샵 등의 그림 앱을 사용합니다. '가끔 아이패드는 무엇을 구입해야 하나요?', '프로크리에이트 말고 다른 앱은 안 되나요?'라고 질문을 하는데, 도구와 그림 앱은 다양하므로 여러분의 여건에 맞게 다가가기 쉬운 것으로 선택하면 됩니다. 저는 아이패드와 프로크리에이트 조합으로 설명할게요.

캔버스 생성하기

여러분이 어떤 앱을 사용하든지 처음에 그림을 그릴 캔버스를 생성할 텐데요. 프로크리에이트에서 새로운 캔버스를 생성해 보겠습니다. 아래와 같이 세 가지 부분만 신경쓰면 됩니다.

❶ 캔버스 크기 2000px x 2000px
❷ 해상도 300dpi
❸ 색상 프로필 RGB

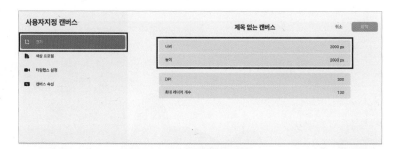

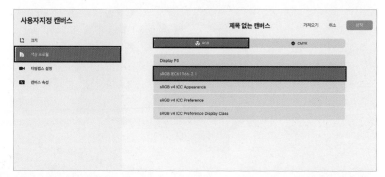

우리의 일상생활과 가장 가까이 있는 카카오와 네이버, 이 두 회사의 대표적인 이모티콘 제안가이드를 살펴봅시다.

	카카오 멈춰있는 이모티콘	네이버 OGQ 스티커
이미지 개수	32개 PNG (투명배경)	24개 PNG (투명배경)
이미지 사이즈	360px x 360px(픽셀)	740px x 640px(픽셀)
해상도	72dpi	72dpi
용량	개당 150KB 이하	개당 1MB 이하
컬러모드	RGB	RGB
비고	심사 통과 후 메인, 탭 이미지 진행	메인 이미지 240px x 240px 탭 이미지 96px x 74px

대표적인 이 두곳에 이모티콘을 제안할 수 있도록 세팅을 해볼게요. 최종 제출 크기가 360px x 360px / 740px x 640px인데요. 핸드폰에서 이모티콘을 볼 때처럼 실제 크기는 엄청 작아요.

가로 360개, 세로 360개의 네모 칸(픽셀)으로 자글자글해 보입니다.

처음부터 작게 그리면 픽셀 수가 부족해서 작업하는데 그림이 깨져 보이는 어려움이 있어서, 그림을 그릴 때는 픽셀을 많이 사용해서 (2000px x 2000px) 크게 그리고, 이모티콘을 제안하기 직전 완성된 파일을 복사해서 제출 가이드에 맞게 크기를 작게 수정할 거예요.

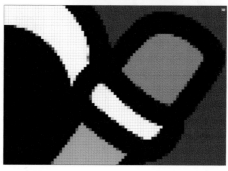

확대해보면 작은 픽셀들이 보여요.

아이디어 스케치

아래는 제가 했던 아이디어 스케치입니다.

[울프 웨이브] (카카오) 정식 출시되어 있는 이모티콘의 첫 아이디어 스케치

이런 식으로 일단 생각나는 것 모두 가볍게 스케치를 해줍니다. 아이디어가 많으면 많을수록 좋겠죠? 많이 스케치해 보고 좀 더 나은 것을 하나씩 추려봅니다. 아이디어 단계가 잘 풀리지 않는다면 현재 나와있는 이모티콘을 많이 관찰해 보세요.

32개 시안이 같은 스타일, 캐릭터로 느끼도록 통일감 있게 그려야 해요.

제가 그린 울프 캐릭터의 경우 두 눈이 짝눈인 점, 귀의 위치와 뾰족한 귀의 모양, 목부터 다리까지 이어진 라인 등 규칙적인 모습을 유지해 줬어요.

레이어 정리하기

이렇게 스케치, 선, 채색, 글씨 레이어를 그룹으로 묶어서 정리해 주었어요. 나중에 수정할 수도 있으므로 레이어를 병합하지 않고 따로 구분해 줍니다.

페이지 보조 기능

프로크리에이트로 멈춰있는 이모티콘을 그리거나 웹툰, 또는 만화를 그릴때 유용한 기능 하나를 소개할게요. 바로 **[페이지 보조 기능]** 입니다.

레이어 체크 박스를 길게 누르면 그 레이어만 볼 수 있습니다. 그러나 이 방법으로 그룹을 하나씩 켜서 보는 게 조금 번거로울 수 있어요. **[동작 🔧]** – **[캔버스]** – **[페이지 보조]**를 활성화 시켜줍니다.

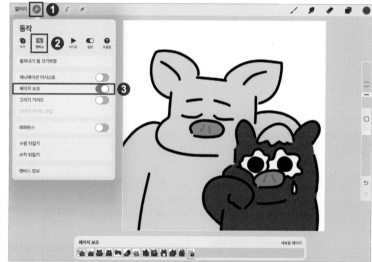

뭔가 바뀌었죠? 한 그룹 또는 레이어를 한 페이지로 인식을 해서 이렇게 넘겨가며 해당 레이어만 볼 수 있어요. 작업하기 훨씬 수월하겠죠?

텍스트가 있는 경우 아웃라인 만들기

이 부분은 심사가 통과된 후 작업해도 되는 부분인데요. 글씨가 들어가는 경우에는 카카오 배경을 어둡게 사용하는 사용자들은 배경에 묻혀 안 보일 수 있어요. 가독성이 떨어지기 때문에 글씨나 효과 부분은 흰색 아웃라인을 권유합니다. 외곽 라인을 추가해서 글씨가 더 잘 보이도록 정리해 줄 거예요. 글씨는 손글씨(가독성 높게)도 좋고 상업적인 이용이 가능한 폰트를 사용해도 좋아요.

금손햄찌 TIP

상업용 무료 한글폰트 사이트 [눈누] https://noonnu.cc/

상업적으로 이용할 수 있는 한글 폰트는 영문 폰트에 비해 적기도 하지만 알려지지 않은 폰트가 많아요. 눈누는 잘 알려지지 않은 상업적으로 이용할 수 있는 무료 한글 폰트를 모아 많은 사람에게 소개합니다.

※ 눈누에 있는 모든 폰트의 지적재산권은 각 폰트 제작사 및 제작자에 있으니 폰트를 다운받기 전에 라이센스를 꼭 읽어주세요.

포토샵을 사용하여 외곽라인 만들기

포토샵을 사용하는 분들은 아웃라인 효과가 따로 있어서 텍스트에 아웃라인 추가를 간단하게 할 수 있어요. 먼저 [동작 🔧] – [공유]– [이미지 공유] – [PSD] 파일로 내보냅니다.

금손햄찌 TIP

PSD(PhotoshopDocument) 파일은 Adobe Photoshop의 기본 파일 포맷입니다. 디자이너와 아티스트가 가장 일반적으로 사용하는 PSD는 이미지 데이터를 만들고 저장하는 데 유용하죠. 크리에이티브 업계 표준이 된 PSD를 사용하면 여러 레이어와 이미지, 개체를 고해상도로 저장할 수 있어요.

텍스트 레이어를 선택한 상태에서 **[효과/아이콘 이미지] – [획]**을 클릭합니다.

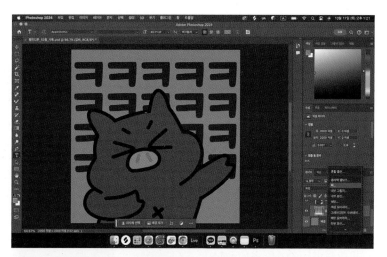

[레이어 스타일] – [획] 탭에서 **[색상]**은 하얀색, **[크기]**로 외곽라인의 두께를 조절해 줍니다.

프로크리에이트로 외곽라인 만들기

01 프로크리에이트에는 아쉽게도 포토샵처럼 따로 외곽라인을 만들어주는 기능은 없어요. 살짝 번거롭지만 외곽라인을 추가하는 방법을 알아볼게요.

02 텍스트가 있다면 가장 먼저 [레스터화]를 진행해야 하는데, 레스터화를 왜 해야할까요? 자, 만약 제가 A라는 글꼴을 사용했는데, 이 파일을 받은 회사에는 A라는 글꼴이 없다면 파일을 열었을 때 A 글꼴이 전부 다른 글꼴로 대체됩니다. 열심히 고른 글꼴이 적용이 안 된다면 의미가 없겠죠? 그래서 파일을 주고받을 때는 글자를 깨서(=레스터화) 보냅니다. 모든 작업이 끝난 후 글자를 깨는 것이 좋고 수정을 대비해 [레스터화]하기 이전의 원본 텍스트는 복사해 두는 게 좋아요.

03 글자 레이어를 하나 더 복사한 다음 아래 레이어를 선택합니다.

04 [선택 ⎇] 툴에서 [자동] 옵션으로 설정한 다음 글자의 바깥쪽을 선택해 줍니다. 파란색으로 보이는 부분이 선택되어진 부분입니다.

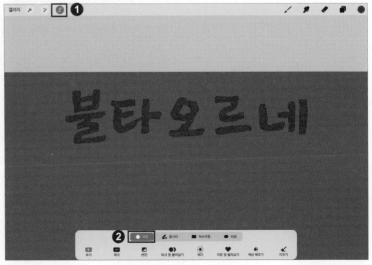

05 다음 [반전]을 눌러 배경이 아닌 글자가 선택되도록 변경해 주고, [페더] 값을 줘서 글자 주변에 조금 더 넓은 영역이 선택되도록 해줍니다.

• 페더 값은 선택 영역의 경계를 얼마나 부드럽게 만들지를 결정하는 값입니다. 0으로 설정하면 경계가 선명하게 유지되고, 값이 높아질수록 경계가 점점 더 흐릿해집니다.

06 그 상태에서 레이어 창을 열고 아래 레이어에서 [레이어 채우기]로 선택된 영역에 색이 채워지도록 해줍니다.

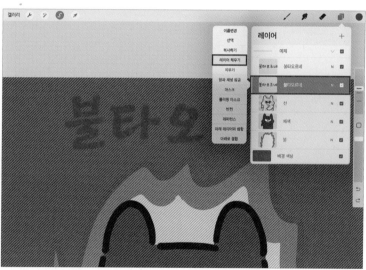

07 그 다음 다시 [선택 ⑤] 툴 [자동]으로 글자 바깥쪽을 선택해주면 원래 글씨보다 조금 더 큰 영역이 선택될 거예요. 이렇게 안 보이는 분들은 애플 펜슬을 화면에 대고 왼쪽으로 슬라이드 해봅니다. 상단에 [선택 한계값]을 0에 가깝게 해주세요.

08 [반전]을 눌러 글자 부분이 선
택되도록 변경해 주고요.

09 색상은 흰색으로 변경해 주
세요.

10 그리고 다시 레이어에 [레이
어 채우기]를 해줍니다.

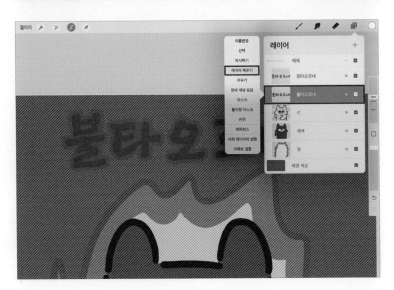

11 포토샵에 비해 복잡하지만 이렇게 글씨 주변에 외곽 라인을 만들 수 있어요!

이모티콘 제안용 파일 만들기 : 캔버스 크기 변경

이렇게 제안할 그림을 모두 그렸다면 프로크리에이트 갤러리에서 파일을 왼쪽으로 스와이프 해서 [복제]해 줍니다.

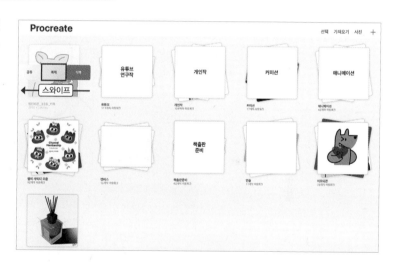

헷갈릴 수 있으니 이 파일은 '사이즈 조절'로 이름을 바꾸고 파일을 열어줍니다. 자, 이제 제안 가이드에 맞게 크기를 변경해 볼게요.

[동작 🔧] – [캔버스] – [잘라내기 및 크기 변경]을 탭 합니다.

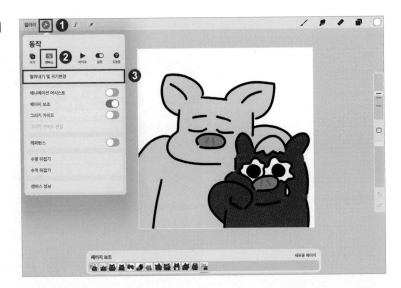

[설정] – [캔버스 리샘플]을 활성화 해 주세요.

제출할 사이즈 360px x 360px로 변경해 줍니다. [캔버스 리샘플]은 원본 그림의 비율이 유지된 상태에서 캔버스 크기만 변경됩니다.

네이버 OGQ 스티커를 제출하는 경우는 조금 달라요. 이전에 해봤던 것은 정사각형 비율이었으나 이번엔 740px x 640px로 직사각형입니다. **[캔버스 리샘플]**을 활성화한 상태에서 숫자가 조금 더 큰 740px x 740px 정사각형으로 만들어 줍니다.

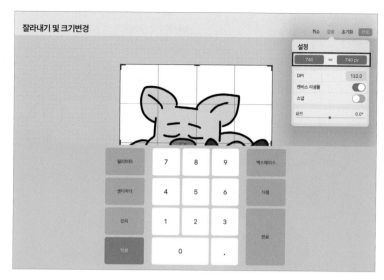

다음은 세로 크기를 맞출건데요. **[캔버스 리샘플]**을 비활성화 한 후 세로 크기는 640px로 바꾸면 이렇게 그림이 잘릴 수 있습니다. 그래서 그림의 크기를 먼저 수정할게요. **[취소]**를 누르고 캔버스로 돌아갑니다.

모든 레이어를 다중 선택한 다음 **[변형 ↗]** 툴의 **[균등]** 옵션으로 크기를 조금 더 작게 만들어줄게요.

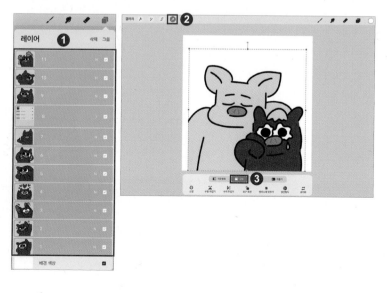

[동작 🔧] – [캔버스] – [잘라내기 및 크기 변경]에서 640px로 바꾸면 이젠 그림이 잘리지 않아요.

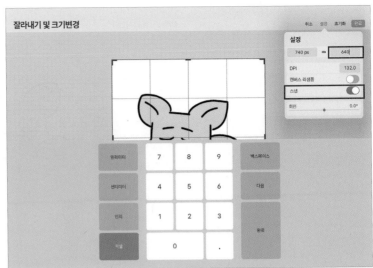

칸에 딱 맞게 자르는 부위를 변경하고 싶다면 [설정]에서 [스냅] 기능을 활성화 해주세요.

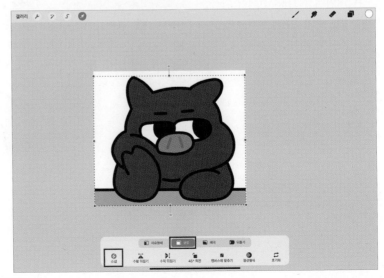

이제 한 장씩 넘겨보면서 잘리는 부분이 있다면 덧그려주거나 옮겨주고, 크기를 더 키워도 되겠다 싶은 것들도 있는지 확인합니다.

캔버스 크기를 변경하니 이미지가 깨졌어요!

캔버스 크기를 360px로 변경하니
그림이 지글지글하게 깨져있죠?

360px의 실제 사이즈는 이렇게
작아요. 우리가 확대해 봐서 그렇
죠. 그래서 초반에 작업을 편하게
하기 위해 큰 캔버스에서 그림을
그리고, 완성된 후 캔버스 크기를
작게 만들어준 것이죠.

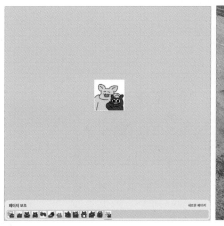 

이모티콘 제안 등록하기

배경이 없는 PNG 파일로 제안을
해야 하기 때문에 레이어 가장 아
래에 있는 배경 색상을 체크 해제
합니다.

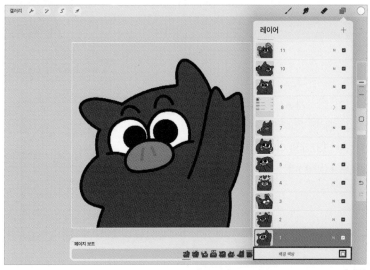

PNG 파일이란?

PNG는 여러 용도로 활용할 수 있는 이미지 파일 포맷입니다. 투명 또는 반투명 배경의 그래픽을 처리할 수 있어 웹 디자이너에게 특히 인기 있는 파일 유형이에요.

PNG 파일의 장점

- PNG 파일은 수백 개가 아닌 수백만 개의 색상 옵션을 처리하므로 GIF보다 훨씬 더 디테일한 이미지를 저장할 수 있어요.
- PNG는 개방형 포맷입니다. 라이선스 없이도 다양한 프로그램에서 열고 편집할 수 있어요.
- PNG 이미지는 압축해도 데이터가 손실되지 않으며, 저장과 전송이 매우 간단해요. 이는 압축 과정에서 일부 정보가 사라지는 손실 압축 포맷(예: JPEG 파일)과 비교할 때 큰 장점이 될 수 있어요.

PNG 파일의 단점

- PNG 파일은 압축 시 모든 원본 데이터를 유지하므로 GIF 또는 JPEG보다 파일 크기가 훨씬 큽니다. 따라서 컴퓨터의 하드 드라이브에서 공간을 많이 차지하죠.
- PNG는 처음부터 웹을 염두에 두고 설계되었기 때문에 CMYK 색상 모드를 지원하지 않아요. 따라서 인쇄용으로 전송하기가 어려울 수 있어요.
- 압축된 PNG에는 고품질의 디테일한 이미지 데이터가 포함되어 있지만, 파일 크기가 클수록 페이지 로드 시간과 응답 속도가 느려집니다.

이 상태에서 32개의 이모티콘을 각각의 png 파일로 저장해 볼게요. [동작 🔧] – [공유] – [레이어 공유] – [PNG 파일]을 탭 합니다.

그러면 이렇게 32 페이지를 만들었기 때문에 [32개의 문서]가 생성됩니다. [32개의 이미지 저장]을 탭하고 저장합니다.

아이패드 사진앱에 들어가서 보면 짜잔! 이렇게 간단하게 32개의 파일이 각각 저장되었어요.

직접 제안해 보기 : 카카오 이모티콘 스튜디오

[마이스튜디오]에 들어가서 로그인을 먼저 진행해 주세요.

멈춰 있는 이모티콘을 제안해 볼게요.

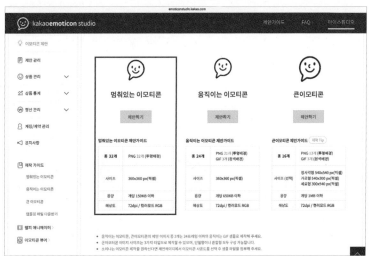

이모티콘 상품명, 이모티콘 시리즈명, 작가명, 설명 부분은 여러분이 자유롭게 적어 주면 됩니다. 벌써 작가로 데뷔한 것 같은 설렘이 느껴지지 않나요?

저장했던 파일을 하나씩 등록하면 됩니다. 32개를 모두 등록 후 제출하면 완료입니다!

[제안 관리] 탭에 들어가면 심사중, 승인, 미승인 내역을 볼 수 있어요. 저도 열 번 도전해서 두 번 통과되었으니 미승인되었다고 절대 기죽지 말고 계속 도전하세요!

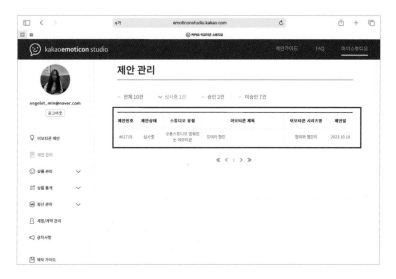

직접 제안해 보기 : 네이버 OGQ 크리에이터 스튜디오

네이버 OGQ 크리에이터 스튜디오에 로그인 합니다.

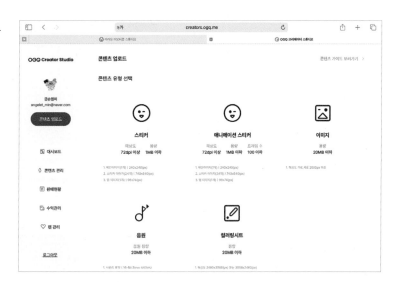

마찬가지로 제목과 내용 등을 입력하고요.

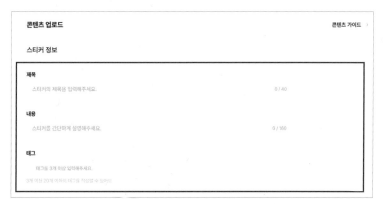

카카오와 다르게 스티커는 24종입니다. 만들어 둔 것들 중 24개를 골라 제안하면 되겠죠?
여기까지 고생많으셨습니다! 여러분의 멋진 아이디어를 손끝으로 탄생시킨 후 다시 파일 정리하러 돌아오세요. 미래의 이모티콘 작가님들, 응원합니다!

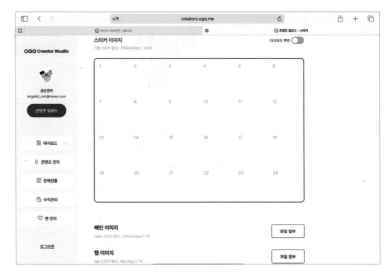

GIF 파일 활용해서 그려보기

프로크리에이트는 사진뿐만 아니라 움직이는 영상들도 불러와서 작업할 수 있어요.

이번 Lesson은 GIF 파일을 활용하여 움직이는 그림을 만들어 보려고 해요.

먼저 예시 파일로 연습해 보고 요즘 유행하는 밈이나

내가 좋아하는 아이돌 춤 영상에 적용해 봐도 재미있을 것 같아요.

🖌 **준비 파일** | 춤레퍼런스파일.gif, 쿠키 배경.png
🪣 **완성 파일** | Gif 완성작.procreate

'밈'이란 문화적 행동이나 지식이 다른 사람에게 복제되어 전달되는 것을 의미합니다. SNS 등에서 유행하여 다양한 모습으로 복제되는 짤방, 혹은 패러디물을 그 예시로 들 수 있어요.

GIF 이미지 파일이란? (*출처 어도비)

웹 사이트와 소셜 미디어 플랫폼에는 애니메이션 GIF 파일로 넘쳐납니다. GIF 파일은 많은 이미지들로 플립북 효과를 만들면서 영상 효과를 제공합니다. 하지만 사운드가 없고 해상도가 낮아요. GIF는 소셜 미디어 사용자가 퍼트리는 재치 넘치는 '온라인 밈'을 게시하는 방법 중 하나이기도 합니다.

GIF 파일의 장점

• GIF 애니메이션은 정교함이 부족하지만, 속도와 임팩트가 뛰어나요. 빠르게 만들 수 있고 너무 많은 기술적 노하우가 필요하지 않으며, 밈 형태로 소셜 미디어 사이트에 널리 퍼뜨릴 수 있어요.

• GIF 파일은 적용할 수 있는 색상이 제한적이기 때문에 파일 크기가 비교적 작아 웹 페이지에 빠르게 로드할 수 있어요.

• GIF 파일은 무손실 압축 파일입니다. 데이터를 압축해도 이미지 품질이 저하되지 않아요.

GIF 파일의 단점

• GIF 파일 포맷은 256가지 색상만 지원하기 때문에 이미지의 해상도가 낮거나 약간 흐려질 수 있어요.

• 애니메이션 GIF 파일은 여러 개의 이미지를 사용하기 때문에 다시 돌아가서 편집하기가 어려워요.

• GIF는 파일 크기가 작고 빠르게 로드할 수 있지만, 인터넷 속도가 느린 경우 지연이 발생하거나 웹 페이지에서 이미지가 일그러질 수 있어요.

GIF 파일로 그림 작업 준비하기

01 갤러리에서 [가져오기]를 탭하여 [춤레퍼런스파일.gif]를 가져옵니다.

02 파일을 잠깐 둘러볼게요. 자동으로 애니메이션 어시스트가 켜져 있고, 화면 하단에 [타임라인]이 보입니다. 레이어 창을 열면 레이어가 1부터 21까지 나눠져 있어요. 그렇다는 건 우리가 불러온 gif 파일은 21장의 프레임으로 이루어졌다는 뜻입니다.

03 [타임라인]의 설정을 볼까요? 초당 프레임이 25로 되어있네요. 속도가 빠르죠.

04 21장을 모두 그려주면 동작이 정말 부드럽게 나오겠지만 우리에겐 조금 벅차죠? 비슷해 보이는 동작 구간은 프레임을 삭제하고 포인트가 되는 부분만 남겨 둘게요. 동작의 포인트를 직접 찾아보는 것도 좋습니다. 이렇게 프레임을 뜯어서 보다 보면 움직임 공부에 도움이 됩니다.

레이어 1

레이어 9

레이어 12

레이어 17

저는 21개의 레이어 중 [레이어 1, 9, 12, 17]로 총 4개만 남겼어요. 프레임이 적어졌으니 [설정] – [초당 프레임]을 5로 해주고 재생해 봅니다. 원본 영상보다는 움직임이 많이 딱딱해 보이죠? 여러 장을 그릴수록 부드러우니 더 채워주어도 좋아요.

[레이어 9]와 [레이어 17]을 '키프레임(KeyFrame)'이라고 하는데, 키프레임은 주로 동영상 작업에서 사용하는 용어로, 시작 프레임과 끝 프레임 중 전체 정보를 가지고 있는 중심 프레임을 뜻합니다. 동작이 분명하게 보이죠. [레이어 1]과 [레이어 12]는 키프레임 사이를 자연스럽게 연결해주는 프레임입니다.

05 이제 레퍼런스를 참고하면서 그려볼 건데, 잠시 캔버스 크기를 확인해 볼까요? [동작 🔧] – [캔버스] – [캔버스 정보]에서 크기를 확인할 수 있어요. gif 파일을 그대로 가져와서 gif 파일의 크기인 234px x 200px입니다. 이곳에 그림을 그리기에는 캔버스가 너무 작아요.

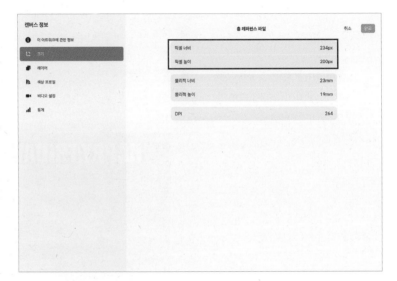

06 캔버스 크기를 키워주세요. [동작 🔧] – [캔버스] – [잘라내기 및 크기변경]에 들어갑니다. [설정]을 누르고 [캔버스 리샘플]을 활성화 해주세요. 픽셀 너비를 2000으로 바꿔주면 [캔버스 리샘플]을 적용한 상태이기 때문에 자연스럽게 원본 비율이 유지됩니다. 레퍼런스가 조금 흐려 보여도 동작 구분은 되니까 밑그림을 그려보겠습니다.

07 각각의 레이어 위에 새 레이어를 생성해 주세요. 짝을 이루어 줄게요. 두 개의 레이어를 다중선택한 후 그룹화 시켜줍니다.

금손햄찌 TIP

새 레이어는 항상 선택된 레이어 위에 생성됩니다.

08 레이어가 점점 많아지네요. 헷갈리지 않도록 각각의 그룹에 1~4번 번호를 적고 추가한 새 레이어에도 '스케치'라고 이름을 변경해 주세요.

GIF 파일을 활용해서 내 스타일로 만들기

09 보고 그릴 사진의 불투명도를 낮추고 스케치 레이어에서 그려봅니다. [모노라인] 브러시로 단순화하여 진행해 볼게요. 털 부분은 띄엄띄엄 그려줍니다.

모노라인

10 이때 나만의 캐릭터를 적용해도 좋아요. 한 번에 그려지지 않으면 레이어는 언제나 추가가 가능하니 여러 번 해도 괜찮아요. 이렇게 밑그림을 그린 다음 새 레이어를 추가하여 선을 깔끔하게 정리하는 방법으로 말이죠.

11 매번 변하지 않는 눈과 코의 경우 **[선택 S]** 툴에서 옵션 **[올가미]**로 눈과 코 주변만 선택합니다. 세 손가락으로 화면을 쓸어내리면 여러 가지 설정이 보이는데, **[복사 및 붙여넣기]**하여 다른 프레임에도 사용하면 작업이 조금 더 쉬워집니다.

12 참고하는 사진을 따라 그릴 때는 기본 도형으로 단순화된 구조를 파악해 보면 실력 향상에 큰 도움이 됩니다. 얼굴의 중심, 각도 등 관절이 꺾이는 위치 정도를 봐주면 좋겠죠.

13 각 그룹의 [스케치 레이어] 아래 새 레이어를 추가하여 채색을 진행합니다.

14 레퍼런스 그림과 똑같이 채색할 필요 없어요. 저는 파란색을 골랐어요. [모노라인] 브러시로 채색이 들어갈 부분을 꼼꼼히 윤곽선으로 그려준 다음 컬러 드롭 해줍니다.

모노라인

15 채색이 들어갈 영역 안에서
만 덧그려주면 편하겠죠? 채
색 위에 새 레이어를 생성하
고 [클리핑 마스크]로 연결하
여 옷과 눈, 코를 채색해 줍
니다. 각 4개 그룹의 레이어
모두 채색해 주세요.

쫀득하게 만들기

16 2번과 4번 레이어의 포즈를
조금 더 머무르게 해볼게요.
먼저 [2 프레임]을 [복제]합니
다. [복제]는 아래 [타임라인]
에서도 가능하고 레이어 탭
에서도 가능합니다.

17 [2 프레임]을 복사했죠? 그룹
을 열어 스케치, 클리핑 마스
크, 채색 레이어를 다중 선택
합니다.

18 [조정 🖊️] – [픽셀 유동화]를 선택합니다.

19 앞 Chapter에서도 사용해 보 았던 **[밀기]** 옵션으로 브러시 크기는 크게 설정한 후 위에 서 아래로 살짝 눌러줍니다.

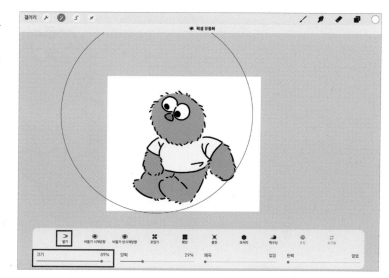

20 마찬가지로 **[4번 레이어]**도 **[복제]**합니다.

21 [스케치], [클리핑 마스크], [채색] 레이어를 다중 선택한 다음 [조정 ⊘] – [픽셀 유동화]로 살짝 아래로 눌러줍니다.

22 [타임라인]의 [설정]에서 [초당 프레임]을 7로 하고 재생해 볼까요? 아래로 내려갔다가 멈추면서 포즈가 조금 더 유지됩니다. 아래 위로 쫀득하게 움직이네요!

배경과 전경 추가하기

23 배경에 아무것도 없어서 심심하죠? 제가 미리 준비한 배경 일러스트 파일을 삽입해 볼게요. [동작 ⊘] – [추가] – [파일 삽입하기]에서 [쿠키 배경.png] 파일을 불러옵니다.

24 불러온 '쿠키 배경' 레이어를 가장 아래로 순서를 바꿔줍니다.

25 [타임라인]에서 쿠키 레이어를 선택하여 [배경]으로 지정해 줍니다. 레이어가 가장 아래에 있어야 [타임라인]에서 [배경]이 활성화됩니다. 숨겨져 있는 레이어도 없어야 해요. 재생해 보면 모든 프레임에서 배경이 보입니다.

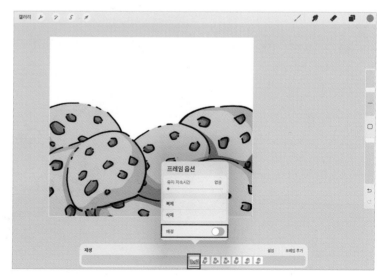

26 윗 공간을 좀 더 마련하여 글
씨를 적어볼게요. **[동작 🔧]**
**– [캔버스] – [잘라내기 및 크
기변경]**을 선택합니다. 위를
조금 더 늘려주고 **[완료]** 버
튼을 눌러주세요.

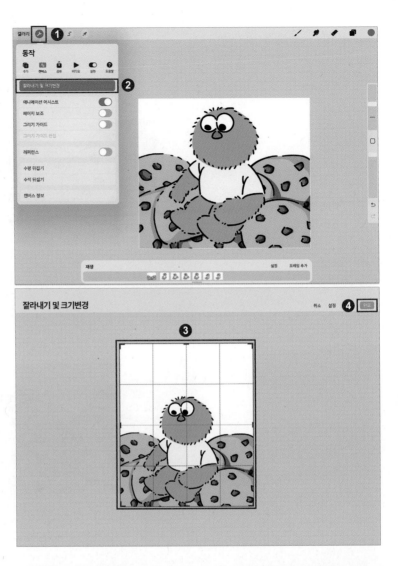

27 텍스트를 넣어볼게요. **[동작
🔧] – [추가] – [텍스트 추가]**
를 선택합니다.

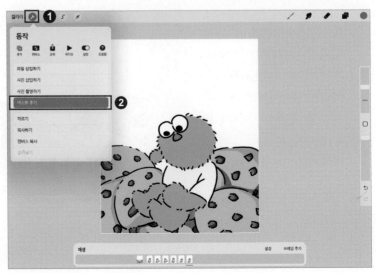

28 'I like cookies'라는 문구를 넣었어요. 글씨를 두 세번 펜슬로 찍어주면 전체 선택이 됩니다. 이 상태에서 키보드 오른쪽 구석에 있는 [Aa]를 눌러 서체를 변경할게요.

29 원하는 서체와 스타일, 디자인을 고려하여 추가합니다.

(서체 출처 comystudio)

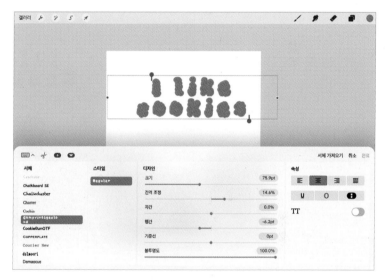

30 글씨 레이어를 한번 더 눌러 [레스터화] 시켜준 후 가장 위에 레이어를 위치시키고 [프레임 옵션]에서 [전경]으로 선택해 주세요.

31 [레스터화]를 해주었기 때문에 [선택 S] 툴로 하나씩 선택하여 [변형 ⬈] 툴로 위치를 수정할 수도 있어요.

32 배경이나 전경을 그룹화 하여 그 안에 레이어를 추가하면 얼마든지 더 그려줄 수 있습니다.

33 이번엔 쿠키가 들어있는 바구니를 그려볼게요. 반듯하게 그려야 해서 먼저 그리기 가이드를 활성화해 줍니다. 새 레이어를 추가하고 글씨 레이어와 다중 선택 후 그룹화해 주세요.

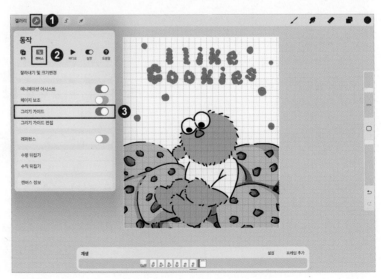

34 레이어의 **[그리기 보조]**를 켠 후 반듯하게 바구니를 그려 주세요. 그린 후 하나 더 복사해서 **[배경 레이어]**에도 넣어주세요.

35 배경에 있는 **[바구니 레이어]**는 좀 더 잘 보이도록 위쪽으로 이동해 줍니다.

36 움직임이 들어간 캐릭터의 크기나 위치를 수정하고 싶다면 모든 레이어 그룹을 다중 선택합니다.

37 [변형 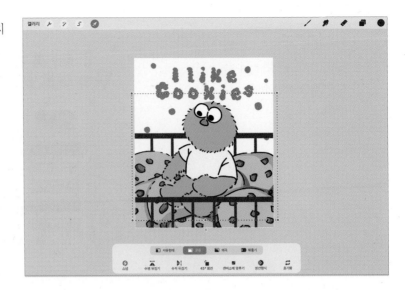] 툴로 크기나 위치
를 이동시켜 줍니다.

38 완성입니다. 여러분의 캐릭
터는 귀엽게 움직이고 있나
요? [금손햄찌 부록]에서 [Gif
완성작.procreate]을 확인하
며 어떻게 작업했는지 참고
할 수 있어요.

39 모두 완성되었다면 파일을 저장해서 공유해 보세요. [동작 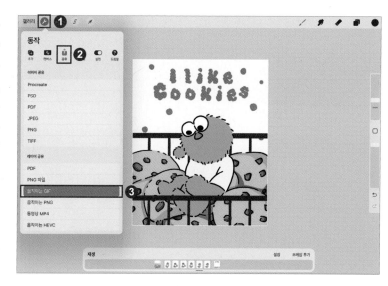] − [공유] − [레이어 공유] − [움직이는 GIF]로 내보내기 해주세요. 이렇게 내가 만든 그림을 밈으로 사용할 수 있어요.

이번 Lesson도 수고 많으셨습니다! 짧은 영상들도(mp4도 가능) 똑같은 방법으로 프로크리에이트로 가져와 선을 따서 움직이는 그림을 만들 수 있어요.

나만의 굿즈 제작하기

내 그림을 굿즈로 만들어 보는 경험을 하고 나면
여러분이 더 많은 걸 도전해 보고 싶어 하실 것 같아 준비한 Chapter입니다.
최대한 쉽고 간편한 방법을 알려드릴 건데요.
지금 가지고 있는 아이패드만으로도 나만의 굿즈를 만들 수 있으니 걱정 마세요.

내가 디지털로 그린 그림을 실물로 만나면 어떤 느낌일까요?

경험해 보면 여러분이 또 많은 걸 도전해 보고 싶어 할 것 같아서 굿즈 만들기를 준비했어요.

굿즈를 만들어 보기 전에 먼저 굿즈가 무엇인지 살짝 알아볼까요?

굿즈란 디자인과 콘텐츠를 활용해 인물, 기업, 캐릭터, 장소 등을 브랜드화한 상품을 의미합니다. 최근에는 기획 상품을 넘어 다양한 브랜드에서 정식으로 제품을 출시하는 등, 이제는 하나의 문화로 자리 잡게 되었어요. 특히 그림을 그리거나 개인 창작물을 만들고 있는 작가들에게는 내 그림을 굿즈에 입혀 상품화할 수 있어서 많은 분들이 도전하고 있는 분야이기도 합니다.

나의 그림을 활용해서 포스터, 엽서, 스티커 등의 굿즈로 제작해 볼 수 있는데요. 이렇게 가볍게 제작되는 굿즈들은 가격 대비 심리적인 만족도를 줄 수 있는 '가심비' 있는 소비를 유도할 수 있답니다. 이번 Chapter에서는 저와 함께 차근차근 하나씩 [스티커, 포스터, 떡메모지, 키링]을 만들어 볼 거예요. 두근두근하죠?

주문 후 제작
POD (Print On Demand)
시스템

주문 후 제작 시스템에는 제작만 진행해 주는 업체와 제작, 배송, CS까지 대행해 주는 업체, 크게 두 가지 형태로 나눌 수 있어요.

❶ 제작, 배송, CS까지 대행해 주는 POD 업체

여러분의 디자인이나 그림만 있으면 초기 자본금 없이 바로 굿즈를 만들어 주는 업체입니다. 또 판매 사이트까지 개설되기 때문에 따로 쇼핑몰을 만들 필요도 없어요.

[예시 굿즈 업체]
마플샵 https://marpple.shop/kr
위드굿즈 https://withgoods.net/creator-main

❷ 제작만 대행해 주는 POD 업체

제작만 대행해 주는 업체는 말 그대로 제작 까지만 진행해 주는 곳입니다. 한 개부터 제작이 가능하기 때문에 (최소 수량이 업체마다 다를 수 있습니다). 테스트를 해본 후 여러분의 판매 루트로 상품화할 수 있죠.

제작에 중점을 두어 제작 퀄리티가 높은 편이고, 종류도 다양하게 구성할 수 있어요. 내 굿즈 디자인 중에서 반응이 좋은 굿즈가 있다면 그때는 퀄리티 있는 굿즈를 따로 제작하여 직접 판매해 보는 것을 추천합니다.

[예시 굿즈 업체]

레드프린팅 https://www.redprinting.co.kr/ko

애즈랜드 https://www.adsland.com/

기본 주문 과정

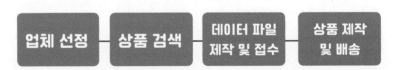

어떤 제작사를 이용할 건지 먼저 찾아보고 선택한 제작사에서 요구하는 작업 가이드를 다운로드하여 진행하면 디자인 수정 과정이 적어지고 빠른 제작이 가능합니다.

데이터 파일 제작 및 접수 단계에서 헤매는 분들이 많아요. 데이터를 만드는 방법은 크게 2가지로 나뉘며, 데이터 접수 방법은 상품마다 정해져 있어요.

첫 번째는 제작 사이트에서 제공하는 에디터로 바로 제작하는 방법입니다.

[예시] 스냅샷 https://www.snaps.com/

사이트에서 제공하는 이미지를 사용할 수도 있고 직접 그린 그림을 불러와
제품에 적용해 볼 수 있어요.

두 번째는 가이드를 참고하여 직접 제작한 파일을 업로드 하는 방법입니다.

[예시] 레드프린팅 https://www.redprinting.co.kr/ko

스티커, 포스터, 떡메모지, 키링 4가지를 두 가지 방법으로 제작하고 주문
해 볼게요!

나만의 굿즈 – 스티커 만들기

먼저 쉽게 시도해볼 수 있고 내가 보는 곳에 붙여서 만족감을 높여주는
스티커를 만들어 볼게요. 굿즈를 처음 도전하는 분들에게 좋은 아이템인데요.
온라인으로 굿즈 업체의 편집 프로그램을 통해 쉽게 주문 및 제작을 맡길 수 있습니다.
차근차근 하나씩 해볼까요?

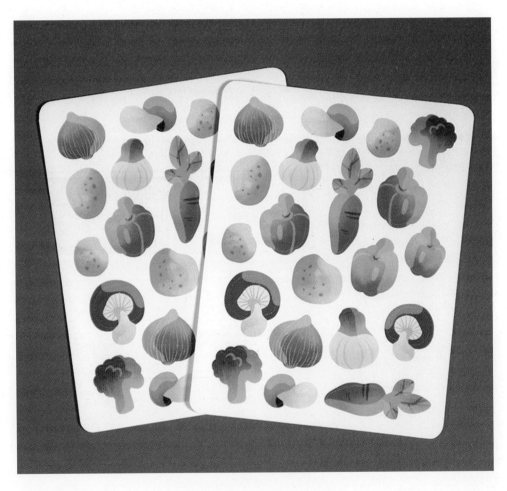

 준비 파일 | 야채 실습파일.png

01 주문할 업체는 '오프린트미'를 골랐어요. 스티커를 처음 만드는 분들도 쉽게 사용하도록 시스템을 잘 만든 곳입니다. **[앱 스토어]**에서 '오프린트미'를 설치하고 가입까지 진행해 주세요.

02 앱을 실행하고 만들고 싶은 제품을 선택합니다. 많은 제품이 있으니 천천히 둘러보아도 좋아요. 우리는 DIY 스티커를 함께 만들어 볼 건데요. DIY는 원하는 대로 배치하고 모양대로 잘라주는 스티커 형태입니다. **[메뉴] – [스티커] – [DIY]**를 선택합니다.

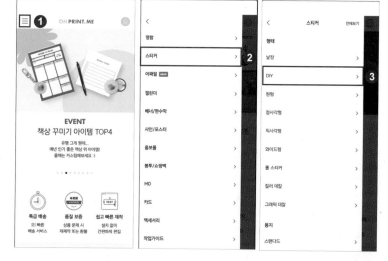

03 온라인으로 주문할 때는 만들고자 하는 상품의 **[작업 가이드]**를 가장 먼저 확인하고 꼼꼼히 읽어야 해요. 주문했을 때 파일에 이상이 있을 경우 수정을 해야 하고, 그만큼 제작 시간도 길어지기 때문이에요.

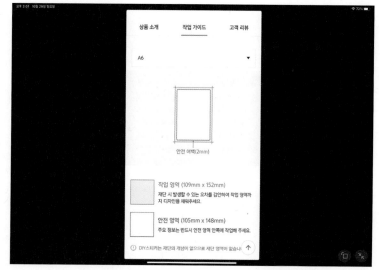

04 다양한 크기가 있는데, 우리는 A6 크기로 만들 거예요. 하단에 작업 영역(109mm × 152mm)을 확인하고 새로운 캔버스를 생성합니다.

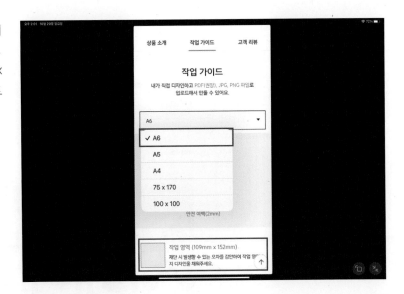

05 밀리미터로 단위를 바꾸고 109mm × 152mm, 해상도는 300DPI로 설정합니다. 색상 프로필은 기본 RGB 그대로 두었어요.

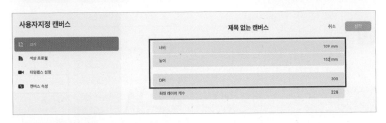

> **🦊 금손햄찌 TIP**
>
> **인쇄할 때는 CMYK로 하지 않나요?**
>
> 오늘 만드는 스티커는 자동 칼선을 만들어 주는 기능을 사용할 예정이라 배경이 없는 투명한 PNG 파일이 필요해요. PNG는 웹상에서 사용되는 포맷으로 RGB 색상을 지원합니다. 스티커 칼선을 따로 작업하지 않는 편리함을 얻는 대신 CMYK로 인쇄되기 때문에 실제 색상과 다를 수 있어요.

06 실습 파일을 준비해 봤어요. **[동작 🔧] – [추가] – [파일 삽입하기]**에서 **[금손햄찌 부록] – [야채 실습파일.png]**을 불러옵니다. 실습 파일처럼 오브젝트가 서로 가까우면 칼선이 겹쳐서 스티커를 만들 때 문제가 됩니다.

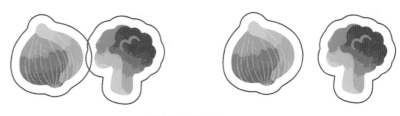

분홍색 선이 칼선입니다.

07 그래서 적당한 거리감이 필요한데요. **[선택 ⑤]** – **[올가미]** 옵션으로 당근과 가까운 브로콜리를 선택합니다.

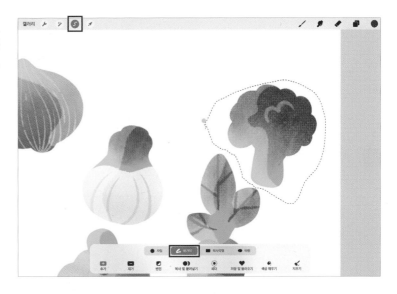

08 **[변형 ↗]** 툴을 탭 하여 당근과 브로콜리의 간격을 좀 더 멀리 떨어뜨려 줄게요.

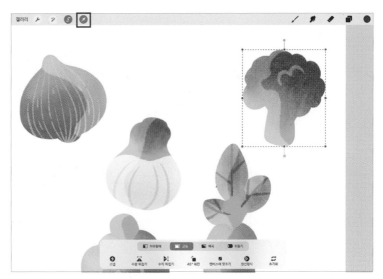

09 아래쪽에 있는 두 개의 감자도 같은 방법으로 칼선이 들어갈 수 있는 여유공간을 확보합니다. 이번엔 비어 있는 공간을 채워 볼게요! **[올가미]** 툴로 파프리카를 선택하여 하단의 **[복사 및 붙여넣기]**를 눌러주세요.

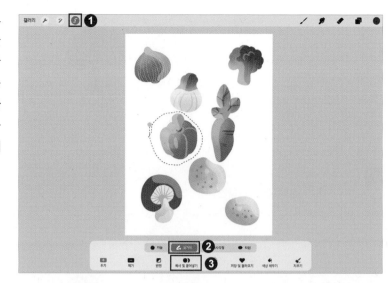

10 레이어를 보면 파프리카 하나가 복사된 것을 확인할 수 있어요. **[변형]** 툴을 누르고 수직, 수평 또는 회전을 시키면서 조금 다르게 배치해 보세요.

11 마찬가지로 버섯, 양파, 감자 등 다른 야채들도 **[복사 및 붙여넣기]**를 사용해 빈 곳을 채워줍니다. 이렇게 내가 만들 스티커의 사이즈를 만들어 두고 배치하면 빈 공간을 활용하기 좋아요.

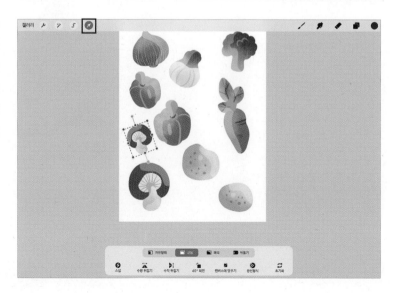

12 배경 색상을 체크 해제합니다. 뒤쪽을 투명하게 png 파일로 저장할 거예요.

13 [동작 🔧] – [공유] – [이미지 공유] – [PNG]로 저장해 주세요.

스티커 주문하기

14 소스를 준비했으니 주문을 해볼게요. **[오프린트 앱]**을 실행합니다. 용지는 붙였다 떼어도 흔적이 남지 않는 **[리무버블]**로 주문할 것이고, **[칼선 넣기]**로 설정합니다. 설정이 마무리되었다면 **[시작하기]**를 클릭해 주세요.

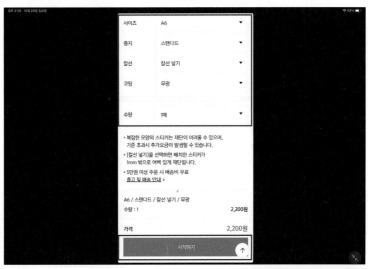

15 여러 가지 틀도 준비되어 있어요. 우리는 [**직접 디자인 하기**]를 사용할게요.

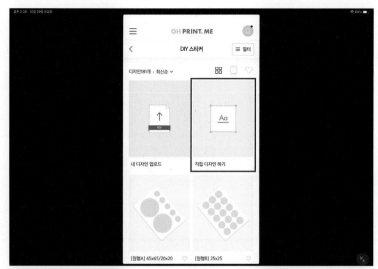

16 [**연필**] 아이콘을 누르고 앞에서 저장했던 [**사진**]을 불러옵니다.

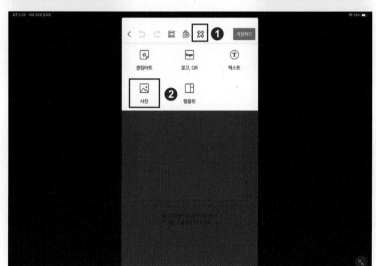

17 인쇄면에 맞도록 그림을 종이 사이즈에 맞춰주세요. 그림 주변으로 분홍색 선이 보이죠? 이 라인이 칼선입니다. 칼선을 따라 스티커 모양대로 잘릴 거예요. 하나씩 뜯어서 사용하기 좋겠죠? [**저장하기**]를 탭 하여 장바구니에 담아두고 주문을 완료합니다.

01 스티커로 만들고 싶은 그림이 다른 캔버스에 있다면 파일을 한 곳에 모아 정리하는 게 좋아요. 먼저 2000px x 2000px 정사각형의 캔버스를 생성합니다.

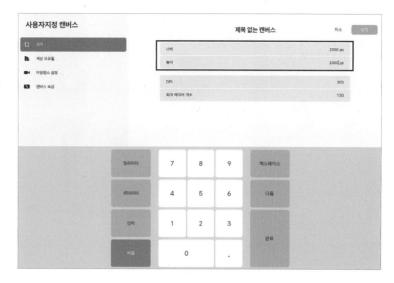

02 그림을 가져올게요. 앞에서 함께 그려본 '당고' 그림입니다. 가지고 오고 싶은 레이어를 한 손가락으로 꾸욱 눌러서 잡아두고(레이어가 복잡하다면 병합해 주세요.) 다른 한 손으로 갤러리로 나갑니다.

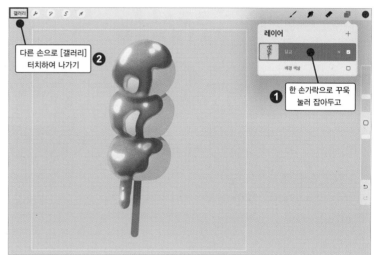

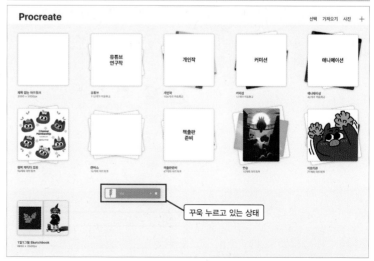

03 계속 손으로 잡고 있는 상태에서 이전에 만들었던 캔버스를 선택해 열어줍니다. 잡고 있던 레이어를 드랍 해줍니다. 다른 캔버스에 있는 그림을 가져올 때 유용한 방법입니다.

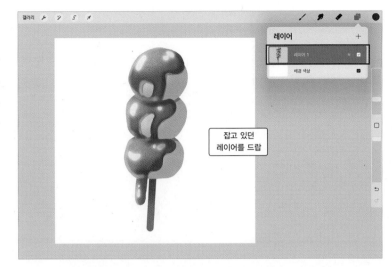

잡고 있던
레이어를 드랍

04 다른 캔버스의 그림을 가져오는 방법 두 번째입니다. 이번엔 레이어를 병합하지 않고 가져오는 방법입니다. 앞에서 그렸던 애니메이션입니다. 만약 배경과 글씨 없이 캐릭터만 가져오고 싶다면 배경과 전경을 보이지 않게 꺼주고, 화면에 내가 원하는 그림만 보이도록 설정합니다. 배경 색상도 체크를 해제해야 배경 없이 투명하게 가져올 수 있어요.

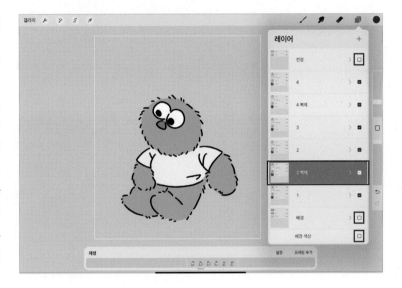

05 이 상태에서 [동작 🔧] – [추가] – [캔버스 복사]를 진행해 주세요.

06 그리고 당고를 옮겼던 캔버스로 돌아가서 다시 [동작 🔧] – [추가] – [붙여넣기] 해줍니다.

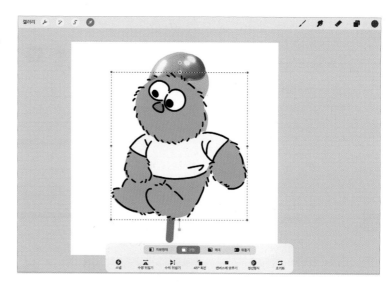

07 이렇게 한 곳에 모두 불러와 보관할 거예요. 앞에서 배웠던 [페이지 보조] 기능을 켜주면 그림들이 겹치지 않게 하나씩 넘기며 볼 수 있어서 편리합니다. [동작 🔧] – [캔버스] – [페이지 보조]를 활성화해 주세요.

08 같은 방법으로 앞에서 그렸던 고양이도 가져와 보세요.

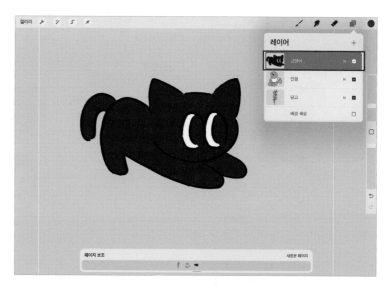

09 이제 스티커로 만들고 싶은 그림들을 모두 정리한 후 [동작 🔧] – [공유] – [레이어 공유] – [png] 파일로 저장합니다. 그러면 각각의 레이어가 한꺼번에 저장됩니다.

10 다시 [오프린트 앱]을 실행하고 DIY 스티커를 만들어 볼게요. 파일을 따로 저장했기 때문에 여기에서 하나씩 배치할 수 있어요. 칼선을 미리 볼 수 있기 때문에 이 방법이 더 편할 수도 있어요. 칼선을 제작해 주는 프로그램 덕분에 생각보다 간단하게 스티커를 제작할 수 있어요. 내 그림을 친구나 지인에게 선물로 나눠줘도 좋고 더 나아가 판매 계획을 세워보는 것도 재미있겠죠?

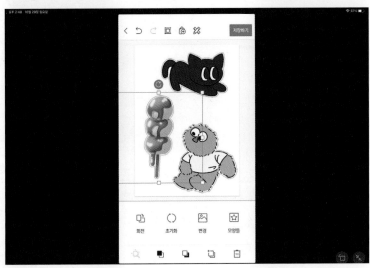

🐹 금손햄찌 TIP

만들고자 하는 스티커에 흰색이 들어가는 경우

PNG 파일로 저장할 때는 색상이 채워지지 않는 곳은 투명하게 처리가 되는데요. 배경 색상이 있을 때는 흰색 고양이 였지만 배경 색상을 체크 해제하면 뻥 뚫린 공간이 생깁니다.

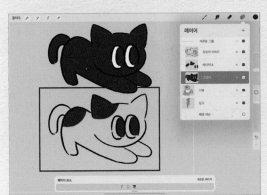
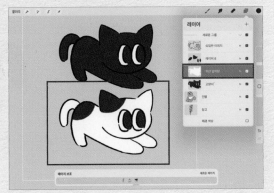

따라서 PNG 파일로 만드는 경우 오른쪽 처럼 색 채우는 작업을 반드시 해주어야 해요.

나만의 굿즈 - 포스터 만들기

A3 크기의 종이 포스터와 리소 인쇄 포스터 두 가지를 만들어볼 거예요.
제가 포스터를 만들어본 결과 색상이 가장 마음에 들었던 업체는 '레드프린팅' 이어서
이번 시간엔 이 업체를 예시로 들어 볼게요. 개인적인 경험이므로
여러분의 그림마다 마음에 드는 업체가 다를 테니 참고만 해주세요.

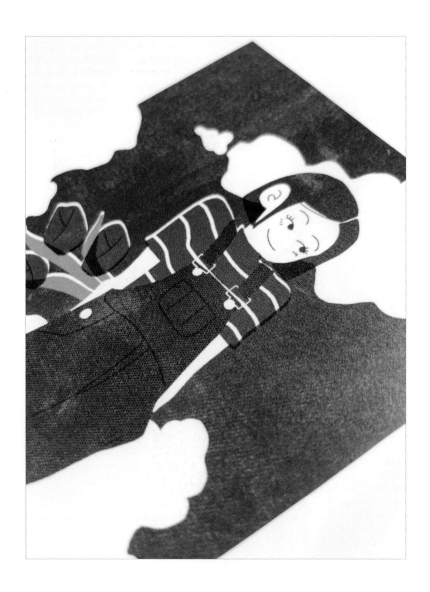

01 먼저 '레드프린팅' 사이트에서 회원가입을 진행합니다. https://www.redprinting.co.kr/ko

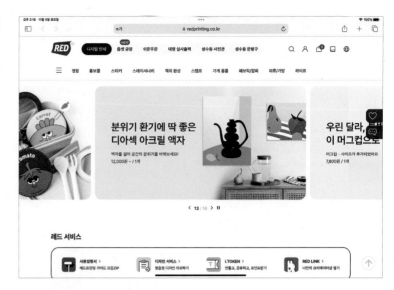

02 [홍보물] – [포스터] – [종이 포스터]로 들어갑니다.

03 주문가능 용지에 대한 설명이 자세하게 나와있으니 한 번 읽어보세요.

04 제작 가능한 사이즈도 친절하게 설명되어 있어요.

금손앰찌 TIP

네이버에 '용지규격정보'라고 검색하면 자세한 사이즈가 나와있으니 참고하세요.

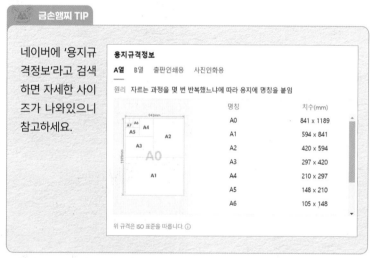

05 우리는 A3 규격으로 만들 거예요. 그 옆에 재단사이즈와 작업사이즈가 보이네요. 이게 무엇을 의미하는지 봅시다.

재단 사이즈

재단 사이즈는 최종적으로 사용할 인쇄물의 크기입니다.

작업 사이즈

최종 제작물에 따라 요구되는 재단 여유를 포함한 문서 크기를 '작업 사이즈'라고
해요. 상하좌우 각 2mm 재단선 바깥으로 이미지를 채워줍니다.

안전 사이즈

재단 오차로 인해 중요한 데이터가 잘릴 수 있어 중요한 정보나 텍스트는 재단
선 안쪽 3mm 안전 영역 안에 작업해야 해요.

A3의 재단 사이즈는 297mm x
420mm인데, 그렇다면 최종적으
로 만들어야 할 사이즈는 상하좌
우 각 2mm 재단선 바깥을 포함하
여 301mm x 424mm입니다.

06 새로운 캔버스를 생성합니다. 밀리미터로 단위를 변경하고 301mm x 424mm로 너비와 높이를 맞춰줍니다. DPI(해상도)는 300을 유지해 주세요.

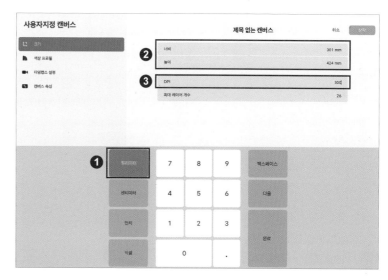

07 작업사이즈와 안전사이즈를 표시해 볼게요. 가이드 파일을 주는 업체도 있으나 없는 경우는 만들어서 사용해야 합니다. [동작 🔧] – [캔버스] – [그리기 가이드]를 활성화하고 [그리기 가이드 편집]에 들어갑니다.

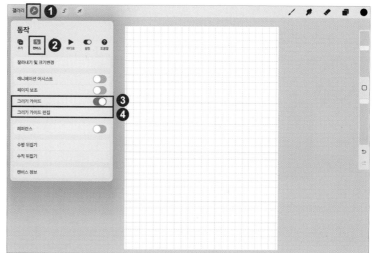

08 화면 하단 격자 크기를 2mm로 변경합니다. 숫자를 탭하면 단위를 변경할 수 있습니다.

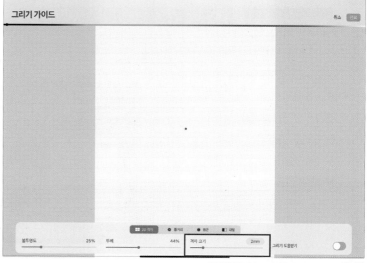

09 색을 하나 고르고 [레이어 채우기]를 해주세요.

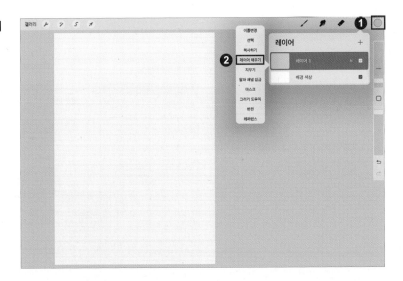

10 [변형 🧭] – [자유형태] 옵션을 탭 하고 2mm 간격으로 만들어준 가이드 라인에 따라 한 칸씩 작게 크기를 맞춰줍니다. 가이드 라인이 완전히 딱 맞진 않지만 말 그대로 가이드이기 때문에 이 정도면 충분해요. 상하좌우 네 군데 모두 맞춰주세요.

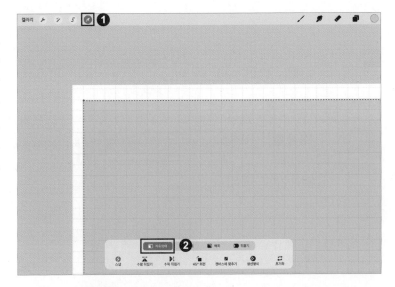

11 같은 방법으로 새 레이어를 추가하고 다른 색상으로 [레이어 채우기]를 해줍니다. 처음 지정한 영역보다 좀 더 작게 4칸 정도 사용해 볼게요. 움직임이 내 마음대로 잘 안되면 [변형 🧭] 툴에 있는 [스냅] 옵션을 누르고 거리 10, 속도 2로 값을 변경해 보세요.

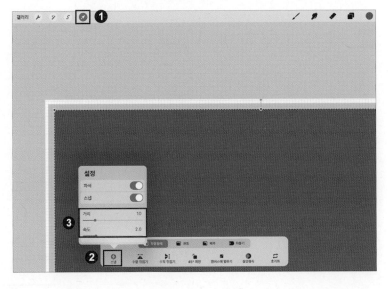

12 이렇게 '안전사이즈' 영역과 '재단사이즈' 영역을 표시했어요.

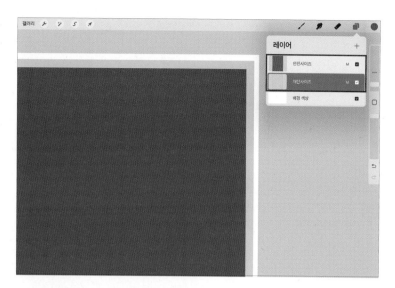

13 앞에서 함께 그린 [**리소그래피 완성작.png**] 파일을 열어 줍니다.

14 그림과 사이즈를 비교할 수 있도록 불투명도 값을 낮추거나 레이어 혼합모드를 [**곱하기**] 모드로 변경합니다. 중요한 글자나 표현이 안전 사이즈에 모두 들어와 있는지, 재단사이즈 여유에 맞게 그림을 그렸는지 확인해 주세요. 앞 Chapter에서 이미 인쇄를 고려하여 그렸기 때문에 무리 없을 거예요.

15 안전사이즈 내에 텍스트로 저작권 표시를 해볼게요. [동작 🔧] – [추가] – [텍스트 추가]를 탭 합니다.

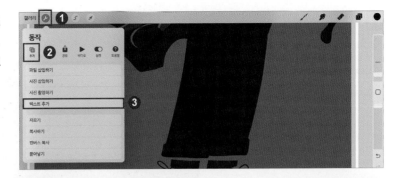

16 인쇄하다가 잘리지 않도록 안전사이즈 안쪽으로 배치해 주세요.

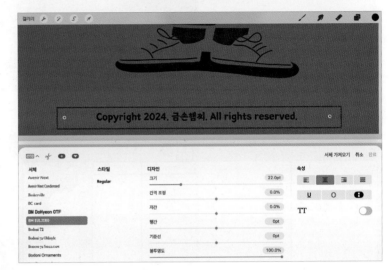

---

17 자, 이제 인쇄 준비가 모두 완료되었습니다.

18 사이즈를 확인했던 레이어는 지워주고 하나의 레이어로 병합해 줍니다.

19 주문할 업체 사이트를 다시 한 번 살펴볼게요. 디자인 수(건수)는 1건입니다.

1페이지 PDF를 업로드해 주십시오.라는 문구가 보이네요. 아직은 무슨 말인지 감이 안 잡히죠? 함께 PDF 파일을 만들어 봅시다.

금손햄찌 TIP

PDF (Portable Document Format) 파일

PDF는 다양한 응용 프로그램과 플랫폼에서 만들어진 소스 문서의 글꼴, 이미지, 레이아웃을 그대로 유지하는 범용 파일 형식입니다. '어도비'에서 개발한 전자 문서 형식으로 컴퓨터 환경에 관계없이 같은 표현을 하기 위한 목적으로 개발되었어요.

---

20 [동작 🔧] – [공유] – [PDF] PDF 품질은 최상으로 저장합니다.

21 파일명은 **[제품 종류_제품명_ 발주 업체]** 이름을 적어서 정리해 주세요.

22 파일 업로드 란에 저장했던 PDF 파일을 등록하고 주문하면 완료입니다.

디자인 수(건수)가 2가지 이상이라면?

01 디자인 수를 2개로 바꾸니 **2페이지 PDF를 업로드해 주십시오.** 라는 문구가 뜨네요. 이게 무슨 말일까요? 함께 해볼게요.

02 예를 들어 두 가지 디자인의 포스터를 주문하고 싶다면 프로크리에이트 갤러리에서 우측 상단 [선택]을 누르고 두 가지 디자인 파일을 선택합니다.

03 그 다음 [공유] – [PDF]로 저장합니다. 이렇게 파일을 열지 않아도 갤러리에서 공유가 가능해요.

04 저장한 PDF 파일을 열어보면 이렇게 한 파일 안에 2페이지로 정리가 됩니다. 이 파일을 접수하면 두 가지 디자인을 함께 주문할 수 있어요.

먼저 리소그래프(Risograph) 인쇄에 대해 알아볼게요.

일반 디지털 인쇄와 달리 원본을 마스터에 제판한 후 인쇄합니다. 잉크 자체의 밝고 선명한 색감과 스탬프로 찍은 것 같은 독특한 질감이 특징이죠.

리소 잉크 특성상 건조가 느리고, 사용 가능한 종이의 종류와 크기에 제한이 있으며, 건조 속도나 종이 재질에 따라 인쇄물 정합 시 인쇄물의 뒷부분에 묻음이 발생할 수 있어요.

독특한 색감(반짝이는 골드, 형광핑크 등)의 별색이나 특별한 재질 표현에 있어 디자이너들에게 많이 사랑받는 인쇄 방식입니다.

출처 : 레드프린팅 엔 프레스

01 굿즈의 종류에 따라 꼭 설명 및 주의사항을 읽어봐야 해요. 만화지 연회색 76g / 문켄 프린트 크림 150g / 문켄 폴라 러프 150g / 문켄 퓨어 러프 150g, 이렇게 네 가지 용지 중 한 가지 용지를 선택하여 출력이 가능하네요.

02 이 업체의 경우 블랙/블루/골드/레드/그린/네이비/오렌지, 7가지 색상을 제공합니다. (단면 1도 인쇄) 7가지 색상 중 한 가지 색상을 선택하여 디자인을 업로드해 주문 가능합니다. 사이즈는 실제 재단 사이즈보다 사방 2mm의 여유를 가지고 작업하라고 하네요.

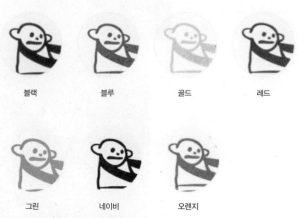

블랙   블루   골드   레드

그린   네이비   오렌지

03 이번엔 B4 사이즈로 진행해 볼게요. 앞서 진행했던 파일을 [복제]합니다.

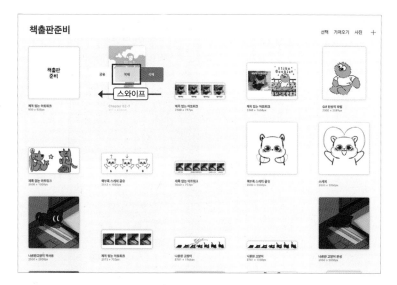

04 B4 사이즈는 257mm x 364mm 입니다. 사방에 2mm의 여유를 두면 261mm x 368mm 입니다. 사이즈를 맞춰야겠죠? [동작 🔧] – [캔버스] – [잘라내기 및 크기변경]에 들어갑니다.

05 [설정]에서 [캔버스 리샘플]을 활성화 후 값을 입력합니다.

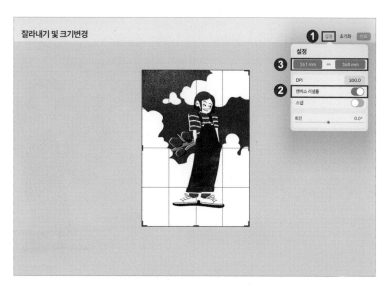

06 주문 시 인쇄 레이어의 색상은
K100으로 설정해주세요.라는
문구가 있는데요.

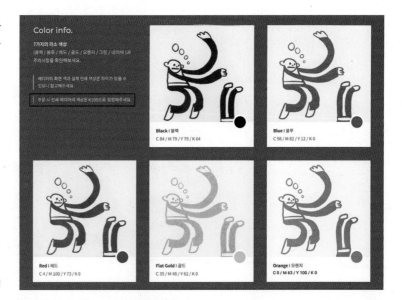

출처 : 레드프린팅

인쇄할 때는 CMYK 색상을 사용하
므로 K100이라 함은 [색상] – [값]
탭에서 C, M, Y, K 중 K만 100으
로 맞춰주면 됩니다.

07 먼저 [색상 레이어]를 흑백으
로 만들어 줘야겠어요.

08 [조정 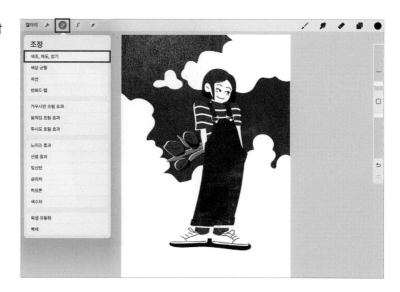] – [색조, 채도, 밝기]를 실행합니다.

09 레이어를 하나씩 선택해 [채도]를 0으로 바꿔 흑백으로 만들어주세요. 리소 인쇄는 데이터의 투명도나 잉크 농도, 용지에 따라 제품 간의 미세한 색상 차이가 있을 수 있어요. 비록 한 가지 색상이지만 투명도를 달리하여 그 안에서 다채롭게 만들어볼게요.

10 레이어 혼합모드를 [곱하기]로 해둔 레이어들을 불투명도를 조절하여 겹쳐 보이는 게 더 확실하게 보이도록 조절합니다.

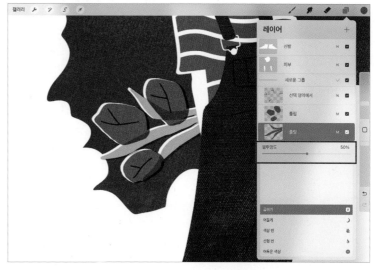

10 완성된 파일을 PDF로 저장하고 파일을 접수하면 완료입니다. 7가지 색상 중 원하는 색상으로 주문해 보세요. 내가 그린 그림을 집안에 걸어 두면 또 다른 만족감을 느낄 수 있을 거예요.

〈블루 색상으로 주문한 결과물〉

나만의 굿즈 - 떡메모지 만들기

공부할 때나 업무를 할 때 사용하거나 다이어리를 꾸밀 때도 좋은 떡메모지를 만들어 볼게요.
좋아하는 사진이나 직접 그린 그림을 활용해
세상에서 하나뿐인 떡메모지를 함께 제작해 보겠습니다.

이번에 이용할 업체는 애즈랜드 (https://www.adsland.com/)입 니다. 제작하려는 업체에 명시되 어 있는 작업 사이즈를 먼저 알아 볼게요.

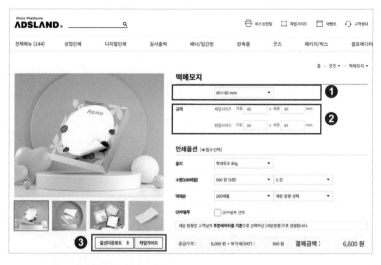

❶ 규격이 정해져 있다는 점이 아쉽지만 11개의 다양한 종류가 준비되어 있어요.

❷ '재단사이즈'와 '편집사이즈'가 보이네요. 우리가 작업하는 공간은 '편집사이즈' 를 참고해야 합니다.

❸ 칼선 다운로드가 준비되어 있고 작업가이드도 친절하게 안내되어 있네요.

프로크리에이트에서 디자인 준비하기

01 우리는 일반적인 메모지로 많이 쓰이는 80mm x 80mm 로 제작해볼 거예요. 편집 사이즈 기준으로 84mm X 84mm로 새 캔버스를 생성 하고 DPI 300, 색상 프로필 은 CMYK로 설정해 줍니다.

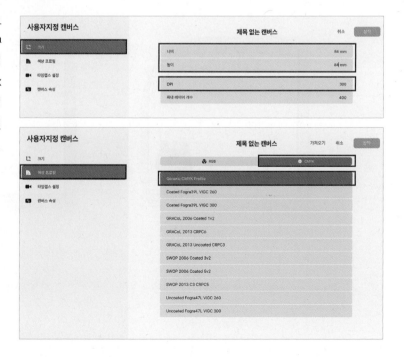

02 [동작 ] – [캔버스] – [그리기 가이드]를 활성화 한 후 [그리기 가이드 편집]에 들어가 [대칭] 옵션을 켜줍니다.

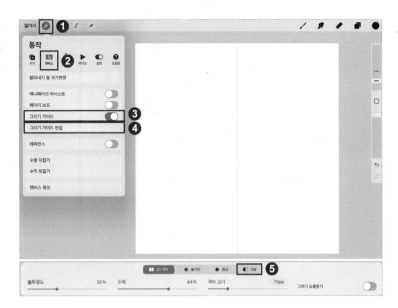

03 [모노라인 브러시]로 위쪽에 구멍이 나서 찢어진 메모지를 그려줍니다.

모노라인

모노라인

04 레이어에서 [그리기 도우미] 체크를 해제합니다.

05 너무 완벽한 대칭은 부자연스러워 보이기 때문에 **[조정 ] – [픽셀 유동화]**를 사용해 약간 변형해 주세요.

06 **[밀기]** 옵션으로 조금씩 밀어서 모양을 다듬어 줍니다. 브러시 크기를 크게 할수록 자연스럽게 만질 수 있어요.

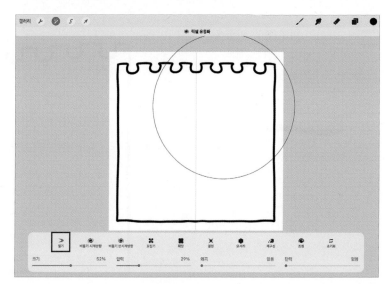

07 모양을 예쁘게 다듬은 후에 새 레이어를 추가하여 원하는 문구를 써보세요. 저는 'I can do it!'이라고 썼어요. 손글씨도 매력 있지 않나요? 그 다음 **[변형 ]** 툴을 누르고 **[스냅]**이 켜져 있는 상태에서 캔버스의 정 중앙으로 자리를 옮겨주세요.

08 아주 쉽게 메모지 안쪽에 색을 채워볼게요. 배경 색상은 끄고 새 레이어를 추가합니다. 새 레이어는 메모지 선 아래에 배치하고 메모지 선 레이어는 [레퍼런스]를 설정해주세요.

09 새 레이어에 흰색을 컬러 드롭 해줍니다.

금손햄찌 TIP

레이어에 있는 [레퍼런스] 기능

레퍼런스 레이어가 있는 선이 다른 레이어에서도 영향을 끼쳐요. 이 기능을 이용하면 다른 레이어에서 컬러 드롭 해도 레퍼런스 레이어의 영향을 받아 선의 안쪽 또는 바깥쪽에 깔끔하게 색이 채워집니다. 채색하기가 매우 편리하겠죠?

10 메모지에 격자무늬를 넣어 줄게요. 새 레이어를 추가하고 흰색으로 채색한 레이어 위에 [클리핑 마스크]로 연결해 줍니다.

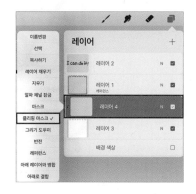

11 브러시 라이브러리에서 **[텍스처]** – **[격자 브러시]**, 크기는 32%로 그려줍니다.

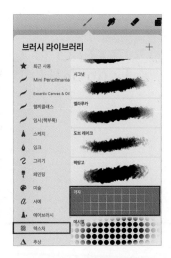

12 전체를 채워준 후 선이 너무 진한 것 같아서 불투명도를 30%로 조절했어요.

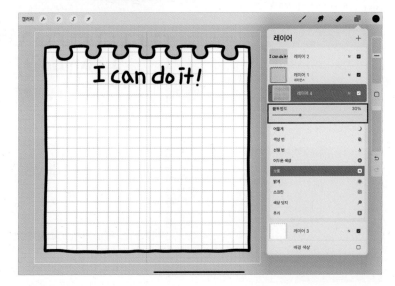

13 이렇게 끝나면 심심하니까 한쪽 구석에 고양이를 넣을 거예요. 새 레이어를 추가하고 커피를 들고 있는 고양이를 그려줍니다.

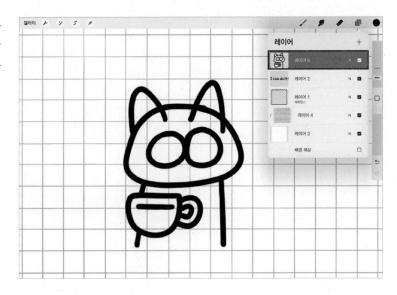

14 컬러 드롭 하기 전에 이전에 메모지 선 레이어의 [레퍼런스]를 꺼야 해요. [레퍼런스]가 되어있는 레이어가 전체 레이어에 영향을 주기 때문이에요.

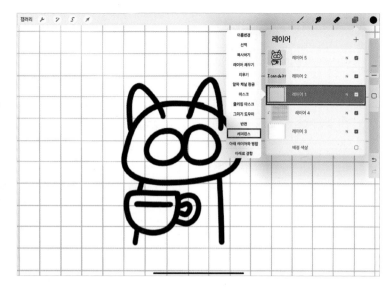

15 고양이를 예쁘게 채색한 후에 배경 색상은 꺼져 있는 상태로 둡니다.

16 떡메모지 소스가 완성되었습니다. 이 상태에서 [동작 🔧] – [공유] – [PNG]로 저장해 주세요.

01 애즈랜드에서 사용할 수 있
는 손쉬운 편집 툴입니다.
이곳에서 제공하는 디자인
된 템플릿을 수정하거나 빈
템플릿에서 직접 디자인도
할 수 있어요. 한 번 사용해
보니 너무 간단하고 좋아서
여러분에게 소개하고 싶었
어요!

02 [셀프에디터] 탭에서 [굿즈] –
[떡메모지]를 선택합니다.

03 [80x80 빈페이지]를 선택합
니다.

04 그러면 이렇게 편집할 수 있는 창이 뜨는데, 왼쪽에 다양한 템플릿이 있고 하나씩 수정이 가능합니다. 우리는 앞에서 그렸던 그림을 사용해 볼게요. 재단선과 편집선이 표시되어 있어 한눈에 알아보기 쉬워요.

05 왼쪽 [사진] 탭에서 [사진 가져오기]를 누르고 PNG로 저장했던 파일을 불러옵니다.

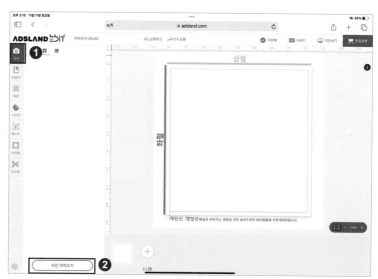

06 왼쪽에 불러온 사진을 오른쪽 창으로 드롭해 줍니다. 이미지가 재단선 안쪽에 들어오도록 크기를 맞춰주세요.

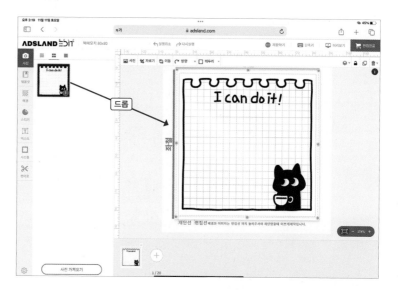

07 배경 색상은 왼쪽 탭에서 마음에 드는 색으로 고를 수 있어요. **[편집완료]**를 탭 하면 다음 단계로 넘어갑니다.

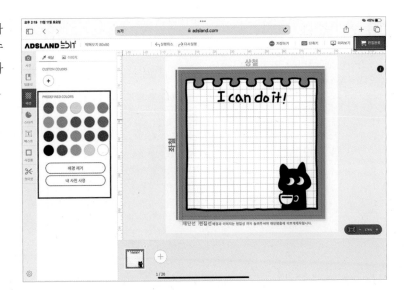

08 수량을 정해서 주문하면 완료입니다. 처음에 시안만 보고 싶다면 가장 적은 수량으로 주문해 보세요. 그 다음 마음에 들면 더 많은 수량을 주문해서 주변에 나누어 주는 것도 뜻깊을 거예요. 수고 많으셨어요!

나만의 굿즈 - 캐릭터 키링 만들기

이번에는 함께 캐릭터를 그린 후 그림을 이용해 아크릴 키링으로 주문 제작해 볼 거예요.
아크릴 키링이란, 아크릴이라는 고유의 특성을 지닌 플라스틱 재료를
사용하여 제작된 열쇠 고리나 장식품을 의미합니다.
내가 직접 그린 그림으로 만든 키링을 소품으로 달고 다니면 뿌듯하겠죠?

준비 파일 ┃ 스케치1단계.jpg, 스케치2단계.jpg, 파란소녀.swatches
완성 파일 ┃ 파란소녀 완성작.png

01 2000px x 2000px 사이즈의 정사각형 캔버스를 생성합니다. 자주 사용하는 캔버스의 크기라면 갤러리에서 [+]를 눌렀을 때 이미지와 같이 [제목 없는 캔버스 sRGB 2000 x 2000px]가 보일 거예요.

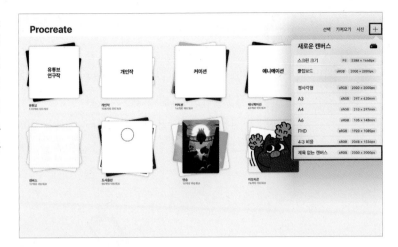

02 캔버스도 레이어를 정리하듯 정리할 수 있어요. 왼쪽으로 스와이프 하면 편집과 삭제가 가능해요.

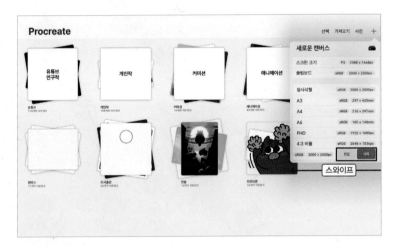

03 [편집]을 누르면 캔버스 설정 창이 뜹니다. [제목 없는 캔버스]라고 써진 곳을 클릭하고 이름을 '정사각형'으로 변경해 봅니다. 자주 사용하는 캔버스의 크기들을 보기 좋게 정리하여 사용할 수 있어요. 자, 이제 캐릭터를 그려 볼까요?

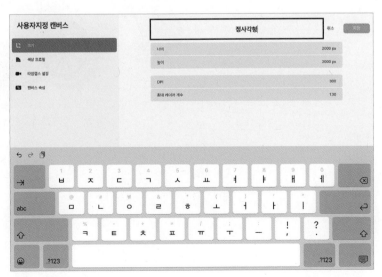

01 [모노라인] 브러시로 작은 정원을 그려줍니다. 정원은 [퀵 쉐이프] 기능을 사용하세요. 이 원은 캐릭터의 머리가 되는 부분입니다.

모노라인

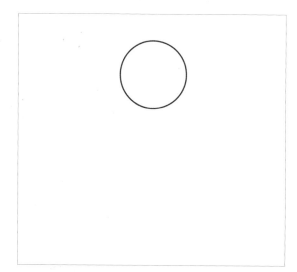

🐾 금손햄찌 TIP

[퀵 쉐이프]는 선과 모양을 그린 뒤 쉽게 변형하는 방법입니다. 선을 긋고 애플 펜슬을 고정한 상태로 조금 기다리면 [퀵 쉐이프] 기능을 사용할 수 있어요.

정원은 [퀵 쉐이프]의 [스냅] 기능을 사용하세요. 원을 그린 뒤 [퀵 쉐이프] 기능이 작동할 때까지 애플 펜슬을 고정한 상태로 길게 누릅니다. 그 다음 화면에 다른 쪽 손가락 하나를 가져다 대보세요. 그러면 타원이 정원으로 바뀝니다.

02 원 레이어를 두 개 복제하여 크기와 위치를 변형하여 나열해 주세요. 위쪽부터 캐릭터의 얼굴, 가슴, 엉덩이의 위치입니다.

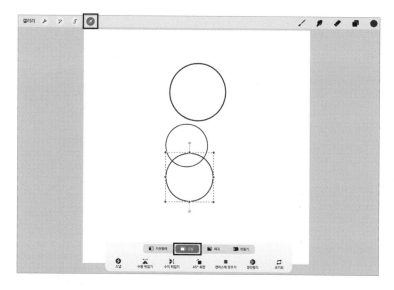

03 빨간색 라인을 따라 가슴을 활짝 편 모습으로 몸이 전체적으로 휘어 있습니다. 이렇게 포즈를 그릴 때는 전체적인 몸의 균형, 라인을 생각해보세요. 그리고 삼각형으로 발의 가이드 라인을 그려줍니다.

04 여러분의 눈에 잘 보이도록 색상을 변경하면서 진행해볼게요. 파란색 부분을 봐주세요. 얼굴에 눈과 턱, 귀의 위치를 잡고 목을 연결해 줬어요. 가슴의 위치와 팔의 위치를 정하고 다리에 두께감을 주었어요.

05 캐릭터 그리기를 처음 하는 경우 이렇게 간단한 도형으로 조금씩 쪼개서 진행하면 좋아요.
핑크색 부분을 봐주세요. 동그란 얼굴에 챙이 큰 모자를 씌울 거예요. 머리카락의 공간도 생각하여 두상과 딱 붙지 않도록 조금 띄워서 그려줍니다.

06 모자 챙이 길기 때문에 자연스럽게 휘어지겠죠? 챙의 앞과 뒤를 8자로 그린다고 생각하고 모자 모양을 스케치해 주세요.

07 주름진 치마는 처음 그릴 때는 어려울 수 있어요. 치마는 힘이 가해지는 부분에 따라 주름의 변화가 큰데요. 이 경우 허리에 있는 '조이는 주름'으로 인해 보통 물결 모양으로 주름이 집니다.

08 치마 끝의 물결을 먼저 그려준 후 치마속으로 이어지는 선을 그려주세요.

09 지금까지 그린 가이드 선이 헷갈린다면 레이어의 불투명도를 낮춰 줍니다. 새 레이어를 추가하고 가이드 선을 참고하여 머리카락과 얼굴을 그려주었어요.

10 왼손은 가슴 쪽에 두고 오른팔은 바람에 날리지 않도록 모자를 잡는 모습으로 연출했어요.

11 새 레이어를 추가하고 삼각형 가이드를 참고하여 신발도 그려줍니다.

12 신발 레이어를 하나 더 복사하여 안쪽에 있는 오른쪽 발을 위치시켜 줍니다. 정면에서 멀리 있는 물체일 수록 위쪽에 그려주면 원근감이 느껴져요.

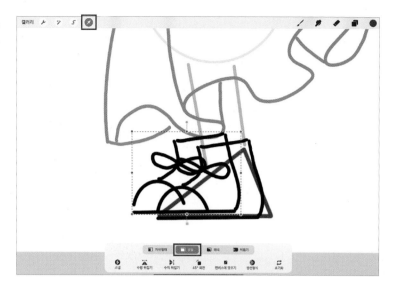

13 선이 겹친 부분은 헷갈리지 않도록 지워주세요.

14 모자에 달린 리본 장식도 바람에 휘날리듯 그려줍니다.

15 스케치 레이어를 하나의 레
이어로 병합하고 불투명도
를 낮춰주세요. 새 레이어를
추가하여 천천히 선을 따보
세요.

16 깔끔하게 선이 맞아떨어지
지 않아도 괜찮아요. 내 손
이 닿는 데까지 그려주고 띄
어 그려도 좋습니다.

17 스케치 레이어를 끄고 새 레
이어를 추가하여 채색을 진
행할게요.

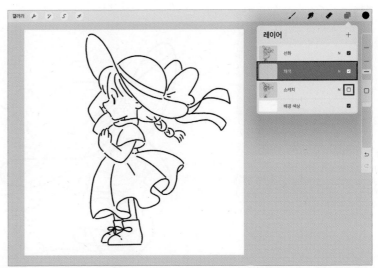

18 [파란소녀.swatches] 팔레트를 가져옵니다. 색상이 들어갈 곳을 생각하여 외곽선을 빈틈없이 이어 그려준 다음 컬러 드롭하여 색을 채워주세요.

[3]

19 그 위에 새 레이어를 추가하고 [클리핑 마스크]로 연결해주세요. 이 영역 안에서 채색을 진행할 거예요.

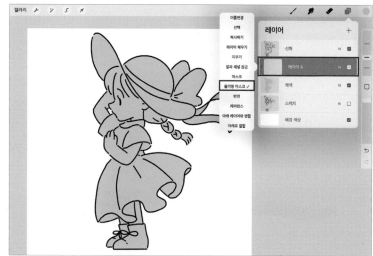

20 배경을 끄고 회색 부분을 흰색으로 다시 채울게요. 채색 레이어를 [알파 채널 잠금] 설정한 후 흰색으로 [레이어 채우기] 합니다. 더 잘 보이죠? [클리핑 마스크]를 사용하여 차곡차곡 색을 칠해볼게요. 먼저 [미술] – [라라푸나] 브러시로 피부를 채색합니다. 볼과 귀, 팔꿈치 부분에 붉은색을 넣어 생기 있게 터치해 줍니다.

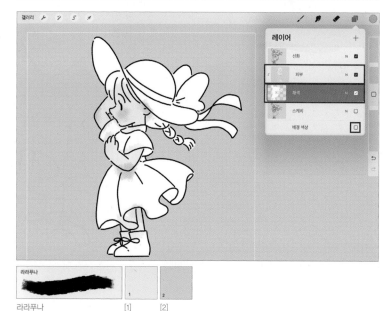

21 새 레이어에 [클리핑 마스크]를 추가하여 모자를 채색합니다. 레이어를 굳이 나누지 않아도 되지만 수정할 일이 생기면 과정이 복잡해질 수 있어요. 만약 모자의 색만 바꾸고 싶을 때 레이어가 나눠져 있다면 수정이 훨씬 쉽겠죠?

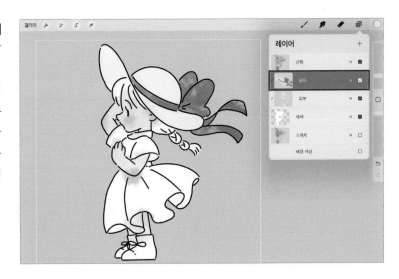

[4]　　[8]

22 [라라푸나] 브러시가 표면이 매끄럽지 않기 때문에 원하는 영역에서 벗어날 수 있어요. [지우개 🧽] 브러시를 [모노라인]으로 선택하여 깔끔하게 정리하면서 진행해줍니다.

라라푸나　　　　　[5]

[지우개] – 모노라인

머리카락과 신발도 이어서 채색을 완료합니다.

[3]   [7]

빛과 그림자 표현하기

24 [채색 레이어]의 가장 위에 새로운 [클리핑 마스크]를 추가합니다. 레이어 혼합모드를 [곱하기]로 변경합니다.

25 그림자가 들어가는 영역을 참고하여 보라색으로 칠해 줍니다.

[9]

26 너무 진하다면 불투명도를 조절해 주세요. 가장자리를 부드럽게 표현하고 싶다면 같은 [라라푸나] 브러시로 [문지르기 🖌]를 합니다.

27 또 한번 새 레이어를 추가하고 [클리핑 마스크]를 설정해 줍니다. 이번엔 레이어의 혼합모드를 [스크린]으로 바꿔 사용할게요. 하얀색으로 빛이 비춰지는 부분을 채색해 줍니다.

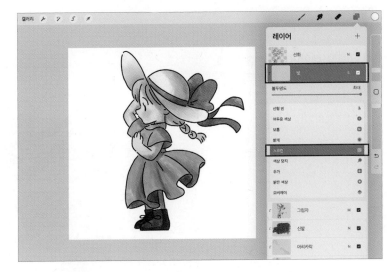

28 빛이 왼쪽에서 온다고 생각하고 가장자리 부분을 주로 채색해 주었고, 어두운 원피스 뒤쪽에 반사광도 표현해 줬어요.

밝은 부분 참고

29 채색까지 완료되었습니다. 배경 색상을 끈 채로 [동작 🔧] – [공유] – [PNG]로 파일을 저장합니다.

아크릴 키링 주문하기

01 '레드 프린팅' 홈 화면 입니다. [라이프] 탭에서 [키링] – [아크릴 키링]을 선택합니다.

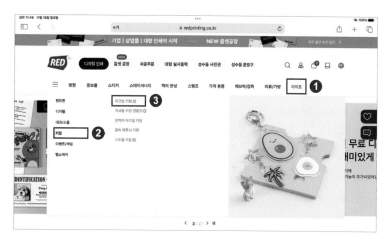

02 홈페이지에서 제공하는 에디터를 사용해 볼게요. [에디터]를 선택하고 [편집하기]를 눌러서 편집 화면을 띄워 줍니다.

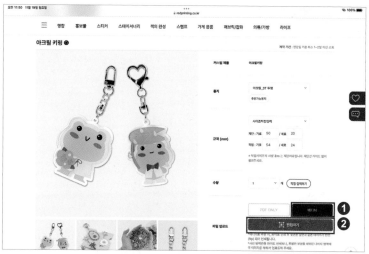

03 그러면 이런 [자동 모양컷] 화면이 보여요. 외곽선을 자동으로 만들어주는 편집 툴입니다. 업로드 가능한 파일은 JPG, PNG 두 가지입니다. PNG 업로드 시 투명도가 들어가거나 블러 처리가 되어 있으면 파일 오류 처리되며 색이 채워지지 않은 영역은 인쇄가 되지 않아 투명하게 보입니다. 만약 그림에 흰색이 들어가는 영역이 있다면 꼼꼼하게 흰색으로 채워줘야 해요. 336쪽 TIP 참고

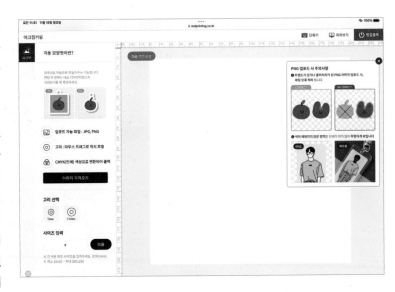

04 저장했던 PNG 이미지를 가져옵니다. [제품 크기 비교]를 누르면 우리가 사용하는 신용카드와 비교하여 실물 사이즈를 가늠해 볼 수 있어요. 왼쪽 하단 사이즈 입력란에 높이 값을 조절하여 사이즈를 작게 또는 크게 변경 가능합니다.

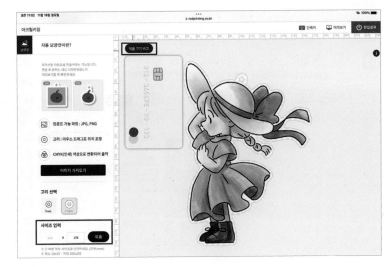

05 사이즈가 클수록 가격이 변동되니 참고하세요.

06 마지막으로 파일을 확인한 후 주문하면 완성입니다!

07 저는 원피스 소녀의 색상과 어울리는 은색 고리를 추가 하여 함께 주문했어요! 여기까지 수고 많으셨어요. 도형 그리기부터 시작한 캐 릭터를 응용하여 다른 캐릭 터도 도전해 보세요!

05

프로크리에이트의
다양한 기능 익히기

그림의 완성도를 높여 보세요!

지금까지 기본적인 그림 그리기 기법을 배웠습니다.

이제 입체감 있는 그림을 그리기 위해 몇 가지 기능을 더 배워 보려 해요.

또한, 나만의 폰트를 만들어서 그림에 의미를 더하는 방법도 배워볼게요.

LESSON **01** 색상을 보정하는 다양한 방법

이번에는 프로크리에이트의 다양한 기능들을 이용해 쉽게 색상을 변경해 볼 거예요.
자연상에는 물체의 고유색상과 표면의 질감, 빛의 세기와 밝기, 빛의 색 등
색상에 영향을 미치는 다양한 요소들이 존재합니다.
아래 그림 중 1번 그림은 색상을 보정하지 않은 상태입니다.
주황색 줄무늬 의자, 소녀의 노란색 머리, 빨간색 리본 등 주변의 영향을 전혀 받지 않은
물체의 고유 색상이죠. 2번 그림은 따뜻한 조명을 받았을 때, 3번 그림은
차가운 조명을 받았을 때로 가정하고 각각 색상을 조정했어요.

 준비 파일 ┃ 의자에 앉은 소녀 실습파일.procreate

함께 해볼 수 있도록 실습 파일을 준비했어요. [의자에 앉은 소녀 실습파일.procreate]을 불러옵니다. 레이어가 [스케치], [캐릭터], [의자]로 나뉘어 있어요. 전체적인 색상 보정은 밑색이 깔끔하게 끝난 상태에서 주로 사용합니다. 색을 칠하는 동안 레이어가 여러 개로 나뉘어 있었다면 한두 개로 정리해 주세요.

[조정 ◉]을 탭 하면 가장 상단에 순서대로 [색조, 채도, 밝기], [색상 균형], [곡선], [변화도 맵]이 있어요. 네 가지 모두 색상과 관련된 메뉴인데요. 이름만 들으면 너무 어려울 것 같지만 막상 사용해 보면 아주 쉽고 유용해요. 하나씩 살펴볼게요.

[의자 레이어]를 선택한 상태에서 [조정 ◉] – [변화도 맵]을 탭 합니다. 화면에 애플 펜슬을 대고 좌우로 슬라이드 하면 [변화도 맵]의 값을 조절할 수 있어요.

하단에 [변화도 라이브러리]는 기본
8개 설정을 제공합니다. 앞의 그
림은 [Noir] 라이브러리를 선택한
상태에요. 원하는 항목을 가볍게
터치하여 색이 어떻게 변하는지
관찰해 보세요.

라이브러리 중 하나를 선택하면
[변화도 맵] 막대가 표시됩니다.
[변화도 맵]의 가장 왼쪽은 그림에
서 가장 어두운 부분의 색상이며
가장 오른쪽은 그림에서 가장 밝
은 부분의 색상입니다. [변화도 맵]
막대의 박스를 탭 하면 팔레트가
보이면서 색상을 변경할 수 있고,
빈 곳을 터치하면 새로운 색상을
추가할 수 있습니다.

[변화도 맵] 막대의 박스를 길게 터
치하면 [삭제]가 표시되어 효과를
제거할 수 있고, [변화도 맵] 글씨
를 터치하면 변화도 맵의 이름을
변경할 수 있어요.

[변화도 라이브러리] 또한 길게 눌
러 [삭제] 또는 [복제]가 가능합니
다. 오른쪽 [＋]를 탭 하면 나만의
라이브러리를 만들 수도 있어요.

[조정 ⊘] 메뉴에서 **[색조, 채도, 밝기]**를 탭 하면 색을 쉽게 바꾸고 다른 색상 조합을 시도해 볼 수 있어요. 하단에 있는 **[색조, 채도, 밝기]** 세 가지 슬라이더를 조절하면서 색상이 어떻게 변화하는지 확인해 보세요. 이 기능을 사용하면 생각지 못했던 색상을 발견하기도 해요

예시 1 **[의자 레이어]**를 선택 후 채도 없음 / 밝기 31%로 설정한 경우

예시 2 **[캐릭터 레이어]**를 선택 후 색조 35%로 설정한 경우

[조정 ] 메뉴에서 [색상 균형]을 탭 합니다. [색상 균형]은 [색조, 채도, 밝기]와 비슷한 메뉴인데, 조금 더 섬세하다고 할 수 있어요. [색상 균형]을 사용하면 이미지에 사용한 빨간색, 녹색, 파란색의 양을 각 색상에 지정된 슬라이더를 움직여서 따로 조절할 수 있어요.

금손햄찌 TIP

[☀ 아이콘]을 탭 하면 [어두운 영역], [중간 색조], [밝은 영역]으로 나누어 적용할 수도 있어요. 어두운 그림자의 색온도를 낮추거나 밝은 하이라이트 부분의 색온도를 높이고 싶을 때 도움이 됩니다.

빈 공간을 손으로 한번 탭 하면 십자 모양의 버튼이 뜨는데, [미리보기]를 누르면 색상을 적용하기 전과 후를 비교해 볼 수 있어요.

곡선

[곡선]은 대부분 이미지 전체의 색조와 명도를 수정할 때 사용해요. [곡선] 또한 그림의 색을 아주 섬세하게 관리할 수 있죠. 처음 사용할 때는 조금 어려울 수도 있지만 [곡선]이 무엇을 의미하는지 이해하고 나면 다른 도구만큼 간단해요.

전체적으로 색상을 조절해 볼 텐데 레이어가 선과 채색으로 나누어져 있어요. 나중에 수정할 일이 생길 수도 있으니 레이어를 하나로 합치지 않고, 다른 방법으로 레이어를 한 장으로 만들어 진행할게요.

배경 레이어가 켜져 있다면 체크를 해제하여 배경을 꺼주세요. [동작 🔧] – [캔버스 복사]를 누른 후 다시 한번 [동작 🔧] – [붙여넣기]해줍니다.

레이어 창을 보면 [삽입한 이미지] 레이어가 생겼어요. [캔버스 복사/붙여넣기]는 화면에 보이는 대로 깔끔하게 복사해 주는 기능입니다. 수정을 위해 남겨둔 레이어는 모두 체크 박스를 해제하여 숨겨주세요.

자, 두 가지 상황을 가정해 볼게요.

첫 번째, 창문 너머 노을이 지고 있는 방 안
두 번째, TV를 켜 둔 어두운 방 안

만약 내가 흰색 티셔츠를 입었는데 노란색 스탠드 조명 옆에 서 있다면 완전한 흰색이 아닌 노란색 조명의 영향을 받아 좀 더 따뜻한 색감으로 보일 거예요. 빛의 세기와 밝기, 색의 영향을 받아 다른 색상으로 보이는 거죠. 여기에서는 우선 색보정을 한 후 다음 Lesson에서 명암과 그림자를 그려볼게요.

노을이 지고 있는 방 안은 전체적으로 따뜻한 색감이겠죠? **[삽입한 이미지]**의 레이어를 복사하여 진행할게요.

[조정 ⊘] 메뉴에서 **[곡선]**을 탭 합니다. 가운데를 가로지르는 선이 있는 히스토그램이 나오는데요. 히스토그램 선의 중앙을 드래그하면 파란색 핸들이 생성됩니다. 이 점을 움직여 이미지의 명도를 각기 다른 범위로 조절할 수 있어요.

오른쪽에 보면 **[감마, 빨강, 초록, 파랑]** 네 가지의 탭으로 색이 나누어져 있는데, **[빨강]**을 선택 후 히스토그램 선을 드래그하여 파란색 핸들을 위로 올려줍니다. 곡선을 위로 올리면 붉은색이 강조되고 아래로 내리면 붉은색이 감소합니다.

159쪽 TIP 참고

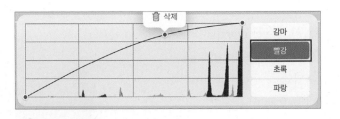

금손햄찌 TIP

파란색 핸들들을 길게 누르면 [삭제] 할 수 있어요.

그림에 전체적으로 붉은 색이 강조되었어요

[삽입한 이미지] 레이어를 하나 더
복사합니다. 이번엔 불이 꺼진 어
두운 방안에 TV가 켜져 있는 느낌
으로, 전체적으로 차가운 느낌이
들게 조정해 볼게요. [조정 ⊘] 메
뉴에서 [곡선]을 탭 합니다. 오른
쪽에서 [파랑] 탭을 선택하여 값을
올립니다.

이번엔 [감마] 값을 조절하여 전체
적으로 어둡게 표현해 줍니다.

감마 값에 따라 표현되는 밝기 톤의
차이가 나요. 감마 값이 1보다 크면
좀 더 어둡게 표현되고, 반대로 1보
다 작으면 밝게 표현이 됩니다.

[곡선]을 사용하여 두 가지 다른
느낌의 색보정이 완성되었어요.
이어서 다음 Lesson에서는 명암
과 그림자를 추가해 볼게요.

명암과 그림자

앞에서 색보정을 진행한 두 가지 그림에 명암과 그림자를 넣어 완성해 볼게요.

1번 그림은 창문에서 들어오는 노을 빛을 받고 있고,

2번 그림은 어두운 방 안 TV에서 나오는 빛을 받고 있어요.

배경이 없어도 빛과 그림자를 어떻게 주느냐에 따라 어떤 상황인지 예측할 수 있죠.

🗑 **준비 파일** | 명암과 그림자.swatches
🪴 **완성 파일** | 노을 완성작.png, 새벽 완성작.png

색보정 과정에서 레이어가 많아졌
죠? [스케치, 캐릭터, 의자 레이어]
는 그룹화 시켜 이름을 '원본'으로
바꿔줍니다. 새 레이어를 추가하
여 노을 이미지와 그룹화 시켜주
고 '노을'이라고 이름 붙여줍니다.
또 새 레이어를 추가하여 새벽 이
미지와 그룹화 시켜주고 '새벽'이
라고 이름을 붙여주세요.

창문 너머 노을이 지고 있는 방 안

01 노을을 먼저 진행할게요. 새
레이어를 추가한 곳에 [1]번
색상을 컬러 드롭해 줍니다.
주변 배경의 색에 따라 느낌
이 달라 보여요. 그리고 [삽
입한 이미지] 레이어 위에 새
레이어를 추가하고 [클리핑
마스크]로 설정해 주세요.

[1]

02 [클리핑 마스크]에 명암을 더
해 볼게요. 불투명도 70%,
레이어 혼합모드는 [곱하기]
로 변경해 주세요.

03 [2]번 색상을 선택합니다. 보통 어두움은 검정색을 생각하는데, 보라색이라니 뜬금없죠? 어둡다고 해서 항상 완전한 검정색은 아니니 유심히 관찰해 보세요. 레이어가 있으니 걱정 말고 색을 바꿔보아도 좋아요.

[2]

색상을 선택하기 어려울 땐 [하모니 모드]를 활용하세요.

하모니 모드는 왼쪽 상단 [색상] 타이틀 밑에 있는 작은 글자를 탭 하면 하모니 모드에서 이용할 수 있는 다섯 가지 옵션이 나와요. [보색], [보색 분할], [유사], [삼합], [사합] 등 원하는 옵션을 선택할 수 있어요.

색조&채도 색조와 채도는 가운데 디스크를 이용해 선택할 수 있어요. 디스크 내부에 큰 원과 작은 원이 보이죠? 큰 원을 움직여서 원하는 색을 선택하면 작은 원은 위에서 지정한 옵션에 맞춰 보색, 유사색 등을 보여줍니다.

명도 디스크 아래에 있는 슬라이더로 조절합니다.

입체적인 그림을 그려보아요.

입체적인 그림을 그리려면 '어느 방향'에서 빛이 들어오고, 내가 그리는 사물의 '어디에 빛이 닿는지' 알아야 해요. 그런 다음 빛이 들어오는 반대 방향을 어둡게 하면 됩니다.

옆의 사진과 그림은 세 가지의 각각 다른 광원의 위치입니다. 직접 관찰하기 어려운 상황이라면 저처럼 작은 물체로 휴대폰 플래시를 켜서 관찰해도 좋아요.

구를 보면 광원의 반대편을 어둡게 하여 깊이감을 주었어요. 이것을 '명암'이라 해요. 광원의 반대편에 있는 사물 옆 바닥을 어둡게 해서 깊이감을 주는 것을 '그림자'라고 합니다. 그림자는 그림의 바닥 표면에 사물을 안정적으로 고정시키죠.

04 광원을 하나로 하여 왼쪽에 놓고 광원의 반대쪽에 명암을 그려 넣을게요.

05 [2]번 색상으로 옆의 '명암이 들어간 곳 참고'처럼 칠한 후 레이어 혼합모드를 **[곱하기]**로 변경합니다. 너무 진하다면 불투명도를 조절해 주세요. 지금은 그림의 스타일에 맞게 1단계의 명암만 주었는데, 명암 단계가 많을수록, 섬세하게 표현할수록 입체적으로 보여요.

명암 넣은 그림

명암이 들어간 곳 참고

[2]

06 유난히 밝아 보이는 곳에 포인트를 살짝 넣어볼게요. 새 레이어를 추가하고 레이어 혼합 모드는 **[스크린]**으로 변경해 줍니다.

07 새로 추가한 레이어도 **[클리핑 마스크]** 해주세요. 정말 자주 쓰이는 기능이죠?

08 [3]번 색상으로 광원과 가장 가까운 곳에 아주 조금씩 터치해 주세요.

[3]

빛이 들어간 곳 참고

09 **[삽입한 이미지]** 아래 의자의 그림자도 그려줍니다. 배경과 같은 [1]번 색상을 선택한 후 레이어 혼합모드를 **[곱하기]**로 설정해 주세요. 그림자도 끝으로 갈수록 점점 옅어지니 **[지우기 ✐]** 브러시를 크게 하여 자연스럽게 지워주세요.

[1]

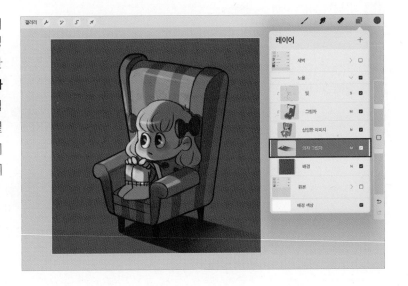

10 완성입니다!

TV를 켜 둔 어두운 방 안

01 앞에서 노을 버전을 해봤으니 '어두운 방 안' 버전도 쉽게 할 수 있어요. 먼저 [**배경 레이어**]에 [4]번 색상을 컬러 드롭 해주세요.

[4]

02 명암을 넣기 전에 광원을 설정합니다. 불이 꺼진 방안에서 광원은 인물 앞에 있는 TV 하나입니다.

03 광원의 반대편을 어둡게 하여 깊이감을 줘볼까요? 새 레이어를 추가하고 레이어 혼합모드는 [곱하기]로 변경해 줍니다. 옆의 '명암이 들어간 곳'을 참고하여 명암 넣어주세요. 광원에서 가장 먼 쪽을 더 어둡게 하고 광원 쪽으로 가면서 점점 옅어집니다.

명암 넣은 그림

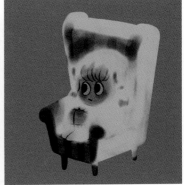
명암이 들어간 곳 참고

구름 브러시   [5]

04 그림자 레이어 위에 새 레이어를 추가하고 [클리핑 마스크] 해줍니다. 레이어 모드를 [스크린]으로 변경하여 노을 분위기를 그렸을 때처럼 유난히 밝아 보이는 곳에 포인트를 살짝 넣어볼게요.

빛을 넣은 그림

빛이 들어간 곳 참고

05 [삽입한 이미지] 아래 레이어를 추가하고 레이어 혼합모드는 [곱하기]로 변경합니다. 배경과 같은 [4]번 색상으로 의자 아래 바닥에 길게 늘어진 그림자를 그려줍니다. 멀어질수록 옅어지는 그림자를 [지우기 🗑] 브러시로 살살 지워서 표현해 주세요.

[4]

06 완성입니다!

이번 시간엔 정말 간단하게 명암과 그림자를 그려보았어요. 빛과 명암, 그림자는 수많은 관찰과 공부, 그리고 연습이 필요해요. 그러니 지금 감이 안 잡힌다고 너무 스트레스 받지 마세요. 꾸준히 관찰하고 그리는 연습이 중요합니다!

마지막으로 요약하면 '광원의 위치를 정하고 사물의 옆바닥, 광원의 반대쪽에 그림자를 넣는다.' 입니다.

무엇을 그릴지 고민이 될 때 프로크리에이트에 있는 [그리기 보조] 기능을 사용하면
아무것도 없는 백지를 볼 때보다 왠지 자신감이 생기기도 해요.
이번에는 평면의 캔버스에 투시법을 적용하여 입체적으로 공간과 사물을 그려 볼 거예요.
드로잉에서 투시법이란 평평한 표면에 깊이감이 있는 것처럼 보이게 하거나,
깊이감이 느껴지도록 하는 것을 말합니다.

준비 파일 | 1점투시 건물 응용작.jpg, 2점투시 건물 응용작.jpg, 택배 이미지.png
완성 파일 | 1점투시 완성작.procreate

1점 투시법은 모든 사물을 하나의 초점을 기준으로 그리는 드로잉 기술입니다. 중심이 되는 점을 '소실점'이라고 해요. 설명보다는 직접 그려보는 게 빠를 거예요. 바로 시작해 볼까요?

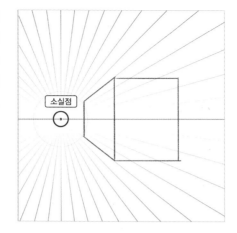

01 2000px x 3000px의 새 캔버스를 생성한 후 [동작 🔧] – [캔버스] – [그리기 가이드]를 활성화하고 [그리기 가이드 편집]을 탭 합니다.

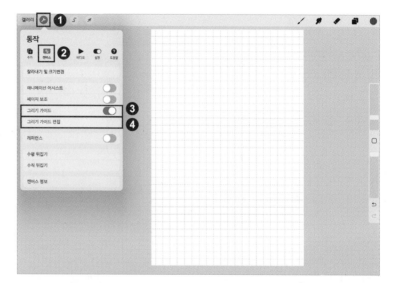

02 화면 하단에 있는 [원근]을 탭 합니다. 화면 상단에 [탭하여 소실점 생성]이라는 텍스트가 보일 거예요. 이제 아무데나 탭 해서 소실점을 만들 수 있어요. 애플 펜슬로 화면의 가운데에 점을 찍어주세요.

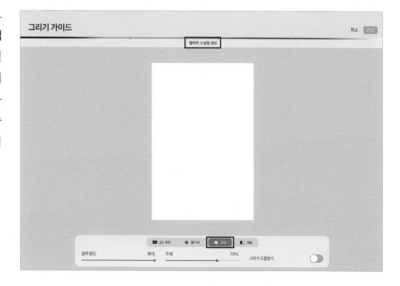

03 이때 생성되는 파란색 수평선은 나의 눈높이 입니다. 생성된 점을 탭 하여 이동할 수도 있어요. ❶ 상단에서 가이드 색상을 변경할 수 있고 ❷ 불투명도와 ❸ 두께를 설정할 수 있어요. ❹ [그리기 도움받기]를 활성화하고 ❺ [완료]를 탭 해주세요.

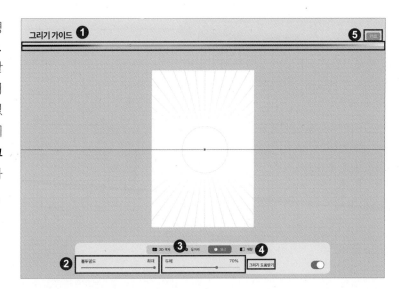

[그리기 도우미]를 사용하면 선을 그을 때 [스냅] 기능을 작동해서 마치 자를 대고 선을 그은 것처럼 투시 격자에 자연스럽게 일치됩니다.

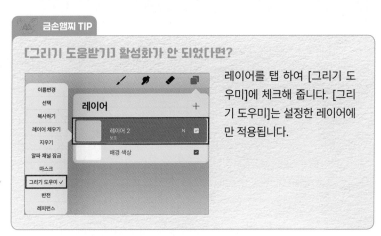

레이어를 탭 하여 [그리기 도우미]에 체크해 줍니다. [그리기 도우미]는 설정한 레이어에만 적용됩니다.

04 먼저 정면에 보이는 벽부터 그려볼게요. 수평선과 수직선을 그어 직사각형을 그려줍니다.

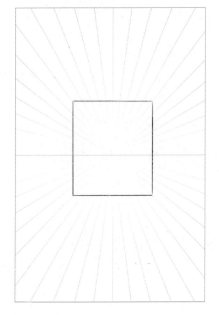

05 각 사각형의 꼭짓점부터 중앙의 소실점과 연결되는 가이드 대각선을 그려주세요. 그러면 하나의 공간이 만들어졌어요.

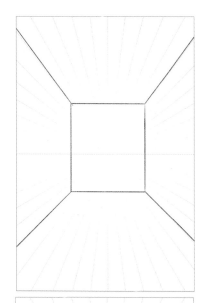

06 이번엔 왼쪽에 가벽을 세워 공간을 나눠볼게요. ❶ 수직선으로 뚫려 있는 벽의 위치를 잡아주고 ❷ 중앙의 소실점을 따라 그려주세요. 소실점은 드로잉의 거의 모든 선들을 위한 초점입니다. ❸ 가벽의 두께를 수평선과 수직선으로 표현합니다. 수평선과 수직선은 1점 투시법을 사용한 드로잉에서 두께를 표현할 때 쓰여요.

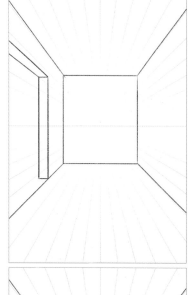

07 가벽의 뒤쪽에 수평선으로 선을 이어 안쪽 공간을 그려줍니다. 중앙에 큰 창문도 그려볼까요?

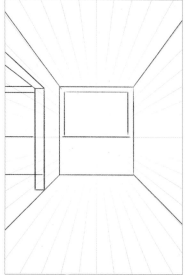

08 창문에 수평선을 한번 더 그
어 두께감을 줍니다. 그러면
더 입체적으로 보여요.

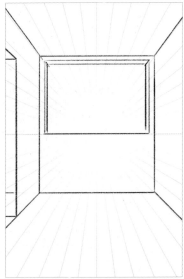

09 왼쪽 공간을 그렸을 때처럼
오른쪽에는 책장을 그려줍
니다.

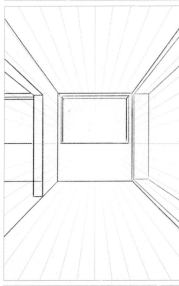

10 소실점에 맞춰 선을 정렬하
고 수직선과 수평선으로 책
장의 두께를 표현해 주세요.

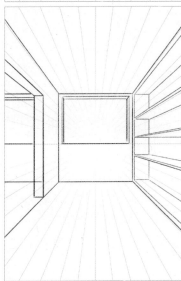

11 이번엔 천장에 매달려 있는 조명을 그릴게요. 소실점을 중심으로 그린 빨간색 가이드 라인을 따릅니다. 이때 눈에서 가까울 수록 크게, 멀수록 작게 그리는 드로잉 기법을 볼 수 있는데, 사물의 크기를 다르게 하여 그림에 깊이감을 더 합니다. 크기는 깊이감에 큰 영향을 줍니다.

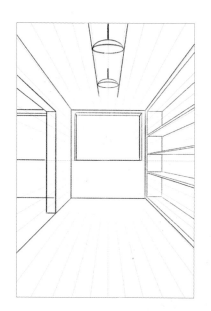

12 디테일을 추가합니다. 책장에 책을 꽂아 넣거나 바닥에 무늬를 넣어보세요. 소실점을 따라 그려주면 쉽게 진행할 수 있어요. 창밖에 있는 나무를 그려줘도 좋고요. 소실점의 영향을 받지 않고 자유롭게 그리고 싶을 땐 레이어를 탭 한 후 **[그리기 도우미]**를 해제하면 됩니다. 앞에 쌓여 있는 상자도 그려보세요. 가장 가까운 곳에 사물을 그려주면 상대적으로 크기 차이가 나면서 그림의 깊이감을 강조할 수 있어요.

스케치가 완성되었습니다. 수고하셨어요! 가벽, 창문 등을 다르게 해서 여러 공간을 다시 그려보는 것을 추천해요. 여러 가지 아이디어를 추가하여 다양한 결과물을 마주하면 더 즐거울 거예요. 작은 디테일은 드로잉에 생동감을 더한답니다.

13 어두운 공간에 천장의 노란색 조명만 켜져 있고 창문 밖에서 들어오는 빛이 적다는 생각으로 명암을 넣어봤어요. 먼저 사물이 가지고 있는 고유색을 채색합니다.

모노라인

14 새 레이어를 추가하여 레이어 혼합모드를 [곱하기]로 변경합니다. 광원이 닿지 않는 어두운 부분을 채색합니다.

구름 브러시

15 새 레이어를 한번 더 추가합니다. 레이어 혼합모드를 [스크린]으로 변경 후 빛이 닿는 부분을 채색했어요.

구름 브러시

이렇게 간단하게 공간의 분위기를 연출할 수 있어요.

01 1점 투시법은 재미있으셨나요? 그렇다면 이번엔 2점 투시법을 해볼게요. 2점 투시법은 수평선에 가이드 점 2개를 사용하여 깊이감을 줍니다.

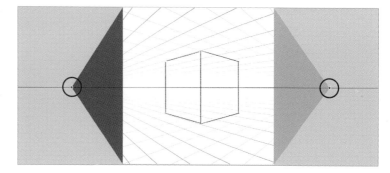

02 이번에도 역시 직접 그려보는 게 이해하는데 더 도움이 될 거예요. 1920px x 1080px의 새로운 캔버스를 생성합니다. [동작 🔧] – [캔버스] – [그리기 가이드]를 활성화한 뒤 그 아래 [그리기 가이드 편집]을 탭 합니다. 화면 하단에 있는 [원근]을 탭하고 수평선에 2개의 소실점을 만들어주세요. 2점 투시를 설정할 때는 양쪽 소실점이 멀리 있도록 하고 지평선이 기울어지지 않도록 합니다.

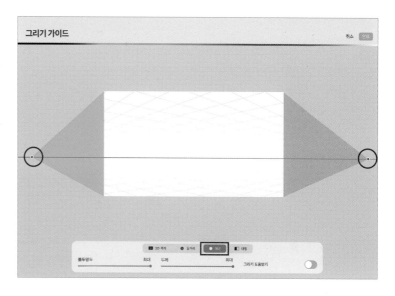

캔버스 바깥 가장자리에 소실점들을 위치시켜 최대한 서로 멀리 떨어지게 합니다. 소실점을 잘 못 찍었을 경우 파란 점을 한번 더 탭 하여 삭제할 수 있어요.

🐹 **금손햄찌 TIP**

소실점이 너무 가까운 경우, 마치 어항을 들여다보는 것처럼 왜곡의 정도가 갈수록 심해져요.

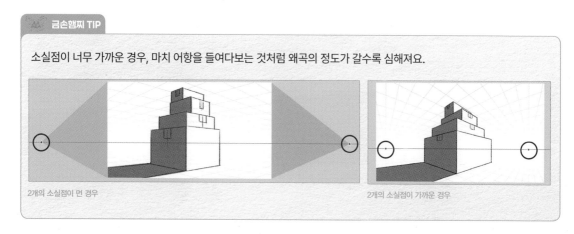

2개의 소실점이 먼 경우　　　　　　　　　　　　　　　2개의 소실점이 가까운 경우

03 수평선 중앙에 긴 수직선을 그려 상자의 위치를 잡습니다. 반은 눈높이 위로, 반은 눈높이 아래에 있어요. 수평선과 눈높이는 같다는 것을 다시 한번 생각합니다.

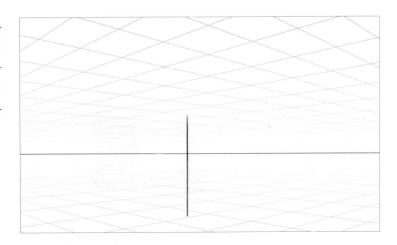

04 가운데 수직선의 양 옆에 2개의 수직선을 하나씩 더 그려서 상자의 두께를 정합니다. 상자의 윗면과 바닥면을 그리기 가이드에 맞춰 그려주세요.

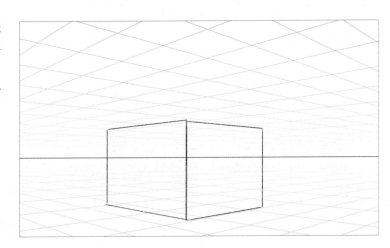

05 소실점들을 이용해서 상자를 계속 쌓아 올려보세요. 중앙선의 위치를 다르게 해보기도 하고 상자의 두께도 다양하게 잡아봅니다.

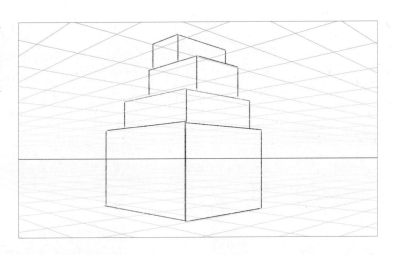

06 상자에 붙어있는 테이프 등 디테일을 살짝 넣어 마무리 합니다. 그려 넣는 디테일들도 소실점에 맞춰서 그려주세요. 스케치가 완성되었습니다.

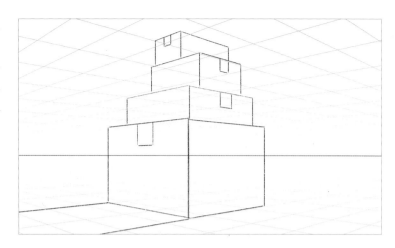

금손햄찌 TIP

상자 옆면에 들어갈 그림이나 글자 등은 평면으로 그린 뒤 [변형 ⊘] - [왜곡]을 이용해 투시에 맞도록 왜곡하면 훨씬 그리기 쉬워요. 부록의 [택배 이미지.png] 파일을 불러옵니다.

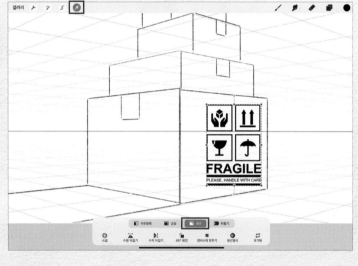

변형할 모양의 모서리를 누른 채로 드래그해서 투시에 맞추면 모양을 바꿀 수 있어요.

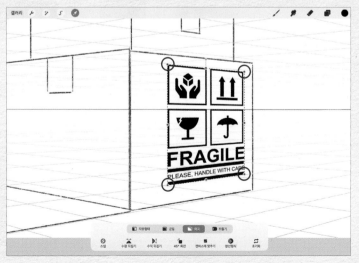

07 광원의 위치를 잡고 광원의 반대편에 명암을 넣으면 그림에 깊이감이 생깁니다. 오른쪽 가장자리를 직선으로 연장하여 바닥에 그림자를 그려 넣으면 사물이 바닥에 고정된 것처럼 보여요. 명암과 그림자는 구성 요소들이 안정적으로 붙어있도록 하는 효과적인 방법입니다.

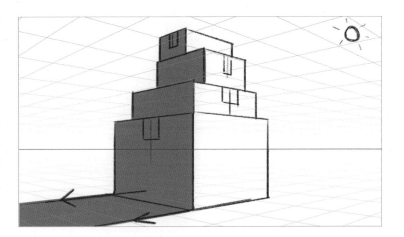

08 소실점에 맞춰 뒤쪽에 박스를 여러 개 더 그려 넣을 수도 있어요.

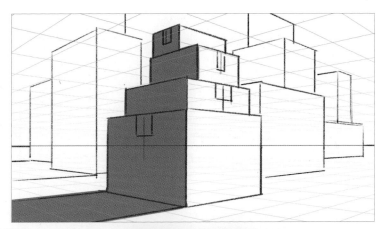

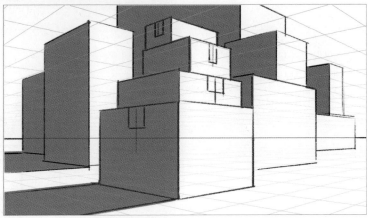

09 앞에서 해봤던 채색 과정과 마찬가지로 진행할게요. 먼저 사물이 가지고 있는 고유색을 채색합니다.

모노라인

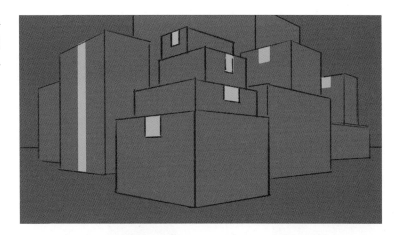

10 새 레이어를 추가하여 레이어 혼합모드를 **[곱하기]**로 변경한 후 광원이 닿지 않는 어두운 부분을 채색합니다.

구름 브러시

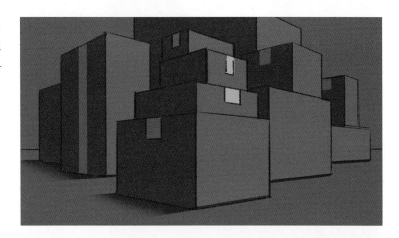

11 새 레이어를 한번 더 추가 후 레이어 혼합모드를 **[스크린]**으로 변경합니다. 노란 색상으로 빛이 닿는 부분을 채색했어요. 멀리 있는 사물은 더 옅고 흐리게 하여 분위기를 낼 수도 있어요.

구름 브러시

완성입니다. 장면을 구성하는데 있어 큰 도움을 주는 **[그리기 보조기능]** – **[원근]**은 빈 공간을 채워 넣고 싶은 느낌이 들게 합니다.

상자 그리기가 익숙해졌다면 투시법을 사용하여 도시 전경 그리기도 도전해 보세요.

1점 투시 도시 전경

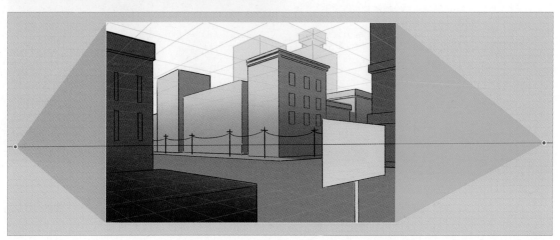

2점 투시 도시 전경

LESSON 04 아이패드에 폰트 설치하기

그림에 글씨를 넣을 경우 폰트(서체)는 매우 중요해요.
폰트는 일러스트의 분위기를 조성하고, 메시지를 전달하며,
시각적 흥미를 더하는 역할을 합니다. 예를 들어, 독특한 모양의 폰트나
색다른 색상의 폰트를 사용하면 일러스트의 개성을 살릴 수 있어요.
따라서 폰트의 종류, 크기, 색상, 위치 등을 고려하여
일러스트의 분위기와 메시지를 잘 전달할 수 있는 폰트를 선택해야 합니다.

01 기본 폰트 중 마음에 드는 게 없다면 직접 파일을 구해서 설치하면 되는데, 이를 위해서는 설치를 도와주는 앱이 하나 필요합니다. 여러 앱 중에 무료로 사용 가능한 [iFont] 앱을 사용할게요. 먼저 앱스토어에서 [iFont] 앱을 다운로드 합니다.

02 다음은 설치할 폰트 파일을 구해볼게요. 다양한 폰트가 모아져 있는 사이트 두 곳을 추천해요.

한글 폰트
https://noonnu.cc/

영어 폰트
https://www.dafont.com/

03 눈누에서 보여주는 무료 폰트들은 대부분 상업적으로도 이용 가능합니다. 또한 다운로드 하기 전에 사이트에서 예시문구를 입력하여 어떤 느낌인지 볼 수 있어 좋아요.

04 저는 **롯데리아 촵땡겨체**를 다운로드 해볼게요. 대부분 상업적으로도 무료지만 서체마다 다른 경우도 있으니 라이선스를 꼭 읽어보세요. 그리고 다운로드 페이지로 이동하여 파일을 다운로드 받습니다.

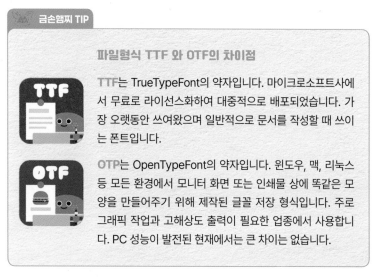

금손앰찌 TIP

파일형식 TTF 와 OTF의 차이점

TTF는 TrueTypeFont의 약자입니다. 마이크로소프트사에서 무료로 라이선스화하여 대중적으로 배포되었습니다. 가장 오랫동안 쓰여왔으며 일반적으로 문서를 작성할 때 쓰이는 폰트입니다.

OTP는 OpenTypeFont의 약자입니다. 윈도우, 맥, 리눅스 등 모든 환경에서 모니터 화면 또는 인쇄물 상에 똑같은 모양을 만들어주기 위해 제작된 글꼴 저장 형식입니다. 주로 그래픽 작업과 고해상도 출력이 필요한 업종에서 사용합니다. PC 성능이 발전된 현재에서는 큰 차이는 없습니다.

05 일반적인 용도에서는 두 타입의 차이를 느끼기 어려우니 특정 목적이 있는 게 아니라면 아무거나 다운로드 해 주시면 됩니다. 다운로드한 파일이 zip 파일이라면 한번 더 눌러 압축을 풀어줍니다.

06 폰트 파일을 아이패드 저장소에 저장했다면 아이폰트를 실행한 후 좌측 [Open Files] 버튼을 눌러 폰트 파일을 가져와 주세요.

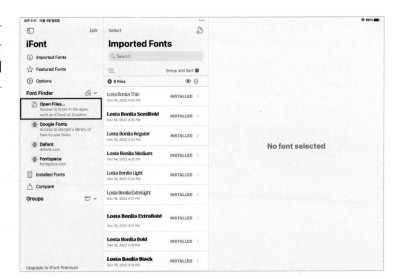

07 [Imported Fonts] 리스트에 서체가 추가된 걸 볼 수 있습니다.

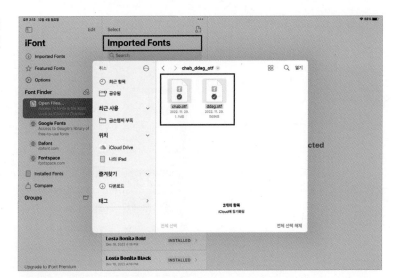

08 [INSTALL] 버튼을 탭 하여 설치합니다.

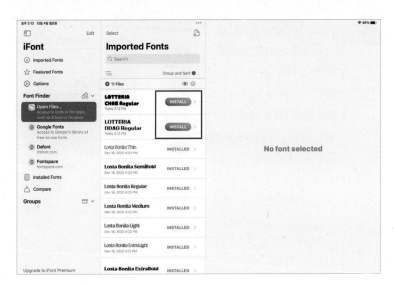

09 [허용]을 눌러주세요.

10 그러면 [프로파일이 다운로드 됨] 이라는 안내 창이 나옵니다. 그리고 [닫기]를 눌러주세요.

11 [Open Settings]를 누르면 아이패드 설정으로 이동합니다.

12 프로필 하단에 [**프로파일이 다운로드됨**]이라는 새로운 메뉴가 생성되어 있을 거예요. 탭 해주세요.

13 우측 상단에 있는 [**설치**] 버튼을 누르고 여러분의 비밀번호 입력한 후 설치를 진행합니다. 이렇게 아이패드에 폰트 설치를 완료했어요.

14 아이패드에 설치된 폰트들은 [**설정**] – [**일반**] – [**VPN 및 기기 관리**]에서 확인할 수 있어요. 삭제를 원하면 해당 폰트를 선택한 후 [**프로파일 제거**]를 탭 하면 됩니다.

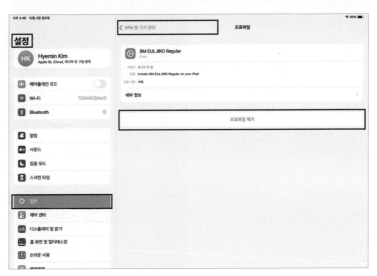

01 프로크리에이트를 실행하고 **[동작 🔧] – [추가] – [텍스트 추가]** 후 원하는 문구를 적어줍니다. 펜슬로 글씨를 세 번 톡톡톡 쳐주면 전체 선택이 됩니다. 그 후 **[Aa]** 아이콘을 누르고 다운로드 받은 서체를 적용해 봅니다.

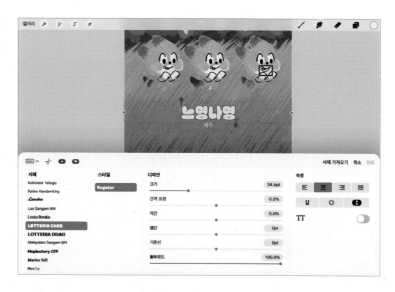

02 동글동글한 서체, 잘 어울리나요? 폰트 설치 그렇게 어렵지 않죠? 오늘 배운 방법으로 여러분이 원하는 예쁜 폰트를 설치해서 그림에 더 도움이 되었으면 합니다.

나만의 폰트 만들기

프로크리에이트가 기본적으로 제공하는 폰트가 마음에 들지 않는다면
직접 마음에 드는 폰트를 만들어 사용할 수 있어요.
이번 Lesson에는 나의 손글씨를 폰트로 등록하여 사용해 볼 거예요!
매번 글씨를 쓰지 않아도 편하게 사용할 수 있으니 하나쯤 만들어 두면 아주 좋을 거예요.

먼저 폰트를 만들려면 프로그램이 필요해요. 글꼴 파일을 만들어주는 다양한 프로그램들이 있습니다. 그 중에서 무료로 사용 가능한 Caligraphr (https://www.calligraphr.com/en/)로 진행해볼게요.

참고사항

❶ Calligraphr로 만든 모든 창작물은 귀하의 단독 재산이며, 귀하는 원하는 조건에 따라 이를 사용하거나 공유할 수 있습니다.

❷ 외부 프로그램에서 글꼴을 사용하려면 컴퓨터에 해당 글꼴을 설치해야 합니다.

❸ 아쉽게도 Calligraphr는 한국어 또는 일본어 글꼴을 만드는 데 필요한 많은 수의 문자를 처리할 수 없습니다.

01 회원가입 및 로그인을 진행합니다. 복잡한 절차가 없으므로 쉽게 가입할 수 있어요.

02 로그인 후 화면입니다. 왼쪽 상단 [TEMPLATES]를 탭해주세요.

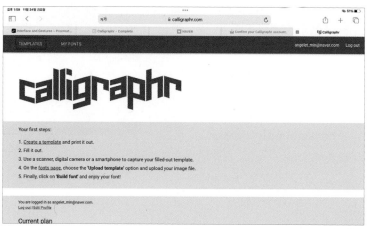

03 다음 화면입니다. 왼쪽에 보면 여러 나라의 언어들이 준비되어 있습니다. 이 중에서 만들고 싶은 것을 고르면 돼요. 아쉽게도 무료 버전에는 사용할 수 있는 최대 문자 수가 75자로 제한되어 있습니다.

04 [Basics] 탭에 있는 [Minimal English 60개]와 [Minimal Numbers 10개]를 클릭하여 오른쪽 템플릿에 추가해 줍니다. 총 70개를 만들어 볼 거예요. 이런 식으로 만들 수 있는 문자 세트가 준비되어 있어 우리는 편하게 클릭 몇 번으로 조합하면 됩니다.

05 [Download Template]을 탭 하면 다운로드 전에 옵션 창이 뜹니다. 템플릿 셀의 크기를 조정하여 편안하게 작성할 수도 있어요. 문자를 작게 쓰기도 하지만 붓글씨 느낌의 서체를 만든다면 더 많은 공간이 필요할 수 있어요. [Draw helplines]는 서체를 쓸 때 가이드 선이 필요하다면 체크해주면 되고, [Characters as background]는 뒷배경에 연하게 기본 글씨를 제공해 줍니다. 저는 모두 체크해서 다운로드 받아볼게요.

06 템플릿을 다운로드한 후 압축을 풀어줍니다. zip 파일은 한번 클릭하면 압축이 풀리며 파일이 생성됩니다.

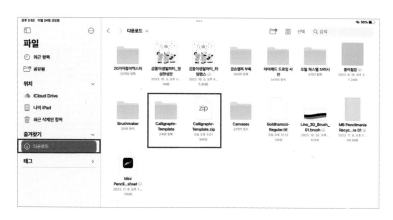

프로크리에이트에서 손글씨 쓰기

01 프로크리에이트 갤러리에서 우측 상단 [가져오기]를 탭한 후 다운받은 템플릿 중 1번을 먼저 열어 볼게요.

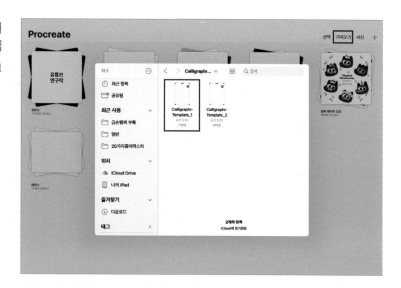

02 새 레이어를 생성하고 가이드를 따라 나만의 손글씨를 차곡차곡 써볼게요.

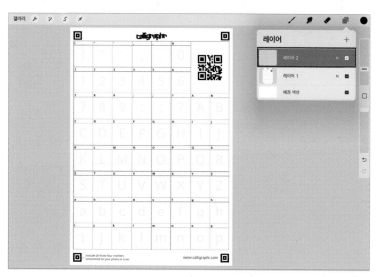

03 저는 [서예] – [쿠나니] 브러시를 사용해서 거친 느낌을 표현해 봤어요. 여러분이 원하는 브러시를 선택하여 진행해 보세요.

쿠나니 / 크기 10%

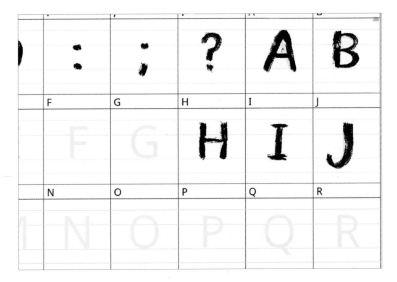

04 모두 적었다면 이미지를 [동작 🔧] – [공유] – [png]로 저장해 줍니다.

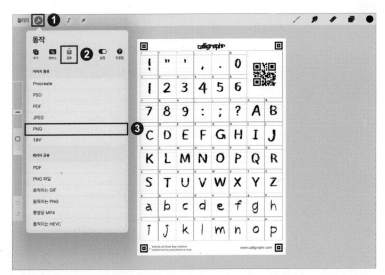

05 두 번째 장도 같은 방법으로 마무리해서 png 파일로 저장해 주세요.

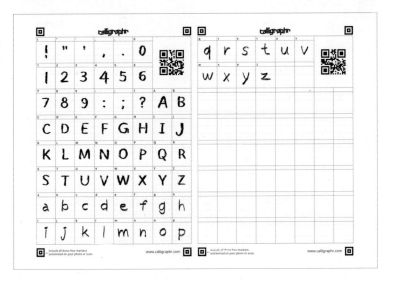

01 Calligraphr로 돌아와 [MY FONTS] 탭을 클릭합니다. 아직 만든 폰트가 없다고 뜨죠? [Upload Template]을 클릭하여 만들어 둔 폰트를 등록해 볼게요.

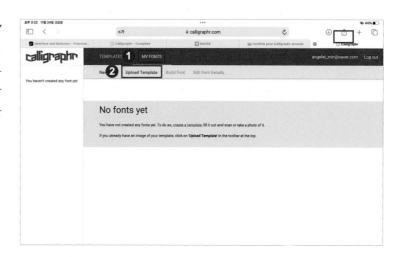

02 [파일 선택]을 누르고 이전에 저장했던 png 파일 두 장을 차례대로 등록합니다. [UPLOAD TEMPLATE]을 진행해 볼게요.

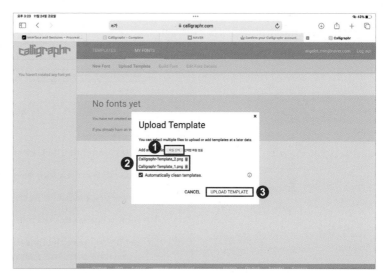

03 완성되기 전에 Character Preview를 보여줍니다. [ADD CHARACTERS TO YOUR FONT]를 클릭하여 폰트 파일을 생성합니다. 시간이 조금 걸릴 수 있어요.

04 [Build font]에서 폰트의 이름을 정해주세요.

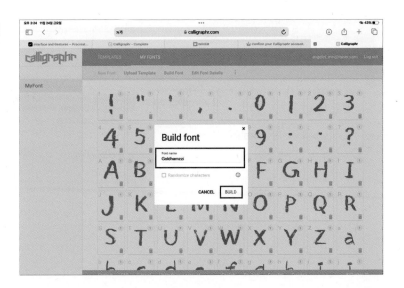

05 폰트 파일이 완성되었습니다! Calligraphr로 만든 글꼴은 표준 글꼴 파일(ttf 또는 otf 형식)입니다. 자, 이제 폰트 파일을 눌러 다운로드 받아줍니다.

06 다운받은 파일에서 [공유] 아이콘을 누르고 프로크리에이트 아이콘을 탭 해서 폰트를 가져옵니다. 프로크리에이트 아이콘이 안 보이면 [더 보기]를 눌러보세요.

01 직접 만든 폰트를 사용해 볼까요? [동작 🔧] – [추가] – [텍스트 추가]를 해주세요.

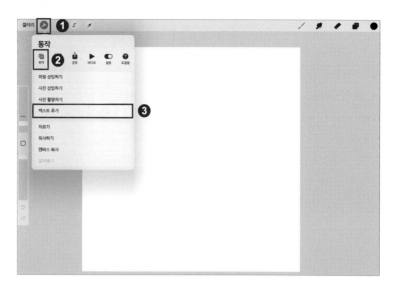

02 텍스트를 입력하고 펜슬로 세 번 탭을 하면 전체 선택됩니다. [Aa] 아이콘을 눌러서 우리가 만든 손글씨 서체로 변경해 볼게요.

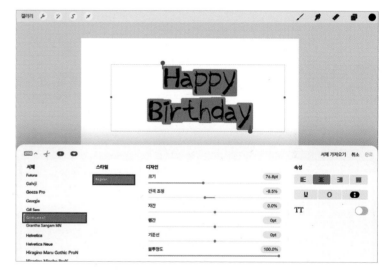

03 크기나 간격 조정, 자간, 행간을 변경해 가면서 마음에 드는 느낌을 찾아보세요! 자, 여기까지 나만의 글씨체로 폰트 만들기 완성입니다.

마음에 안 드는 서체 파일을 정리하고 싶을 때가 있죠? 그럴 땐 이렇게 삭제해 주세요. 아이패드 내에 있는 [파일] – [나의 iPad] – [Procreate] – [Fonts] 폴더에서 삭제하고 싶은 폰트 파일을 삭제하면 됩니다.

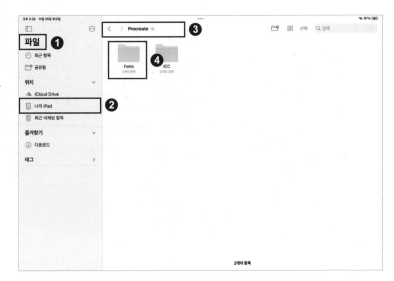

금손앰찌 TIP

내 폰트를 프로크리에이트 말고도 다른 앱에서도 사용하려면 Lesson 4에서 배운 것처럼 IFONT로 설치하면 됩니다.